UN HIVER
EN ÉGYPTE

ALEXANDRIE

UN HIVER
EN ÉGYPTE

PAR

M. EUGÈNE POITOU

CONSEILLER A LA COUR D'APPEL D'ANGERS

TROISIÈME ÉDITION

TOURS

ALFRED MAME ET FILS, ÉDITEURS

M DCCC LXXVI

CHAPITRE I

LE DÉPART — LA TRAVERSÉE

CHAPITRE I

LE DÉPART — LA TRAVERSÉE

Le vieil Orient a longtemps ressemblé à cette statue voilée d'Isis qu'on adorait, dit-on, à Éphèse ; mais, depuis un demi-siècle, il voit tous les jours se déchirer les nuages qui l'enveloppaient. Peu à peu il sort du lointain mystérieux où l'entrevoyaient les imaginations. D'un côté, l'espace et le temps, presque supprimés par nos rapides moyens de transport, semblent le rapprocher de nous ; tandis que de l'autre, sous l'effort de la science qui lui arrache ses secrets, s'éclairent chaque jour davantage les obscurités de son histoire et se déchiffrent les énigmes de ses langues primitives.

Depuis un demi-siècle, la guerre, le commerce, la science et les arts de l'Europe poussent incessamment vers ce monde si longtemps fermé, si longtemps hostile, une croisade infatigable ; et la civilisation chrétienne, aidée de nouvelles forces, reprend aujourd'hui pour la mener à terme, il faut l'espérer, cette œuvre de réaction contre la barbarie que nos pères ont commencé d'accomplir.

Il y a quarante ans, le voyage d'Égypte était encore un long et difficile voyage. Aujourd'hui, grâce à la vapeur, l'Égypte n'est plus qu'à six jours de la France; le Caire n'est plus qu'à une semaine de Paris. La route d'Alexandrie à Suez est la grande route de l'Inde, et l'on y trouve presque autant d'Anglais que de Douvres à Calais. Déjà un chemin de fer relie la Méditerranée à la mer Rouge, et bientôt, on est fondé à le croire, un canal coupera l'isthme et ouvrira aux vaisseaux la communication des deux mers. Le commerce de la moitié du monde passera par là [1].

Mais il est temps d'aller visiter la vieille Égypte. Dans cent ans, il est à croire qu'il n'en restera pas grand'chose. Dans cent ans, elle sera devenue aussi banale que le sont aujourd'hui la Suisse et l'Italie. Déjà d'étranges contrastes y frappent les regards : on y voit de toutes parts fumer les usines; les raffineries élèvent parmi les palmiers et les minarets leurs noires et gigantesques cheminées; des bateaux à vapeur sillonnent le Nil, au grand effroi des crocodiles sacrés. L'affluence des touristes y augmente d'année en année; les Américains surtout, qui tous les étés s'abattent dans l'ancien monde, y apportent en foule leur opulence ennuyée et leur sans-façon démocratique. Bientôt le vieux Nil, le fleuve divin, ne sera plus qu'un fleuve profane, une grande voie commerciale comme l'Escaut ou la Tamise. On le remontera, non plus comme aujourd'hui en barque et à la voile, au chant monotone des Arabes, mais comme on remonte le Rhin, sur de rapides steamers, en troupeau de touristes, qui sait

[1] Voy. Appendice (ch. xvii): L'isthme de Suez et le canal maritime.

même?... peut-être en *train de plaisir*. Alors, adieu l'originalité, adieu la poésie de ces bords silencieux et mélancoliques. J'ai peur même que ces ruines qui sont aujourd'hui la seule gloire de l'Égypte ne disparaissent bientôt, ou sous l'avidité industrielle qui en fait de la chaux et en bâtit des usines, ou sous la curiosité destructive des voyageurs qui en emportent chacun un morceau : si bien que la civilisation ne leur aura pas été moins funeste que la barbarie.

Il faut donc se hâter si l'on veut encore voir l'Égypte telle que l'imagination l'a rêvée, telle que l'histoire et la poésie nous l'ont peinte, belle de sa solitude et de sa tristesse, endormie comme le sphinx au pied de ses pyramides, majestueuse comme le désert, mystérieuse comme son fleuve, et gardant, dans les plaines muettes de Karnac et la vallée des Tombeaux, les plus grandes ruines du monde et les plus étonnants monuments des civilisations antiques.

Ce sont là, entre plusieurs autres, les raisons qui me décidèrent, au commencement de l'hiver de 1857, à faire une excursion au bord du Nil. Obligé d'aller demander à un climat plus doux le rétablissement d'une santé profondément altérée, j'étais, je l'avoue, attiré vers cette terre fameuse par la poésie des souvenirs, par la grandeur des monuments, plus encore peut-être que par la beauté tant vantée de son ciel et l'éclat de son soleil sans nuages.

Le 29 novembre, nous prenions passage à bord du *Gange*, magnifique paquebot à hélice qui faisait route directement de Marseille pour Alexandrie. Le temps était superbe : il semblait que l'automne, si beau dans le midi de la France, prolongeât plus que de coutume ses tièdes journées, comme pour nous faire regretter davantage la patrie. Un soleil éclatant illuminait la mer, et égayait aux yeux les rues si animées de Marseille, ses quais encombrés de marchandises, ses ports qui regorgent de vaisseaux.

La vue de Marseille donne l'idée d'une ville qui grandit chaque jour. Nulle ville de France, sauf le Havre, situé à l'autre extrémité de la grande artère commerciale qui va de l'Océan à la Méditerranée, n'a pris depuis vingt ans un accroissement pareil. Après avoir amené de vingt-cinq lieues une rivière tout entière pour laver ses rues, Marseille élève une cathédrale, construit des docks, creuse un nouveau port qui sera à lui seul plus grand que les deux ports anciens et contiendra quinze cents navires, rase une montagne et sur son emplacement bâtit une ville nouvelle. Avant un demi-siècle, Marseille sera la reine de la Méditerranée. Trieste, qui un instant avait semblé balancer sa fortune, est déjà dépassée.

Nous partons à neuf heures du matin. Pendant quelque temps encore on reste en vue des côtes âpres et rocheuses de la Provence. Mais bientôt le cap Saint-Tropez s'abaisse au loin, et la terre de France s'efface dans la brume légère qui voile l'horizon.

Les passagers sont nombreux à bord du *Gange*. Comme la mer est calme et la température douce, tout le monde se tient sur le pont : on s'observe, on cause, on fait connaissance. Il y a beaucoup d'Anglais et d'Américains : ils sont partout en majorité sur les paquebots et sur les chemins de fer, et partout à l'aise comme chez eux; il y a des Russes et des Polonais, les uns et les autres impatients de mettre à profit la liberté que leur a rendue la paix; des négociants qui vont acheter les cotons ou les blés de l'Égypte; des officiers français au service du vice-roi; des consuls qui retournent à leur poste; des marchands grecs, syriens, turcs. Parmi ces derniers sont deux étranges personnages qui attirent tous les regards; c'est un marchand indien et son domestique : le maître, petit homme chétif, visage bistré, barbe rare, traînant ses pas lents dans une longue robe de cachemire bleu, les yeux obliques, la bouche fine et demi souriante; le valet aussi maigre, aussi grêle que le maître, enveloppé d'un vieux châle, la figure couleur de suie et criblée comme une écumoire, la même expression douce et indolente, le même regard indécis; deux types d'une race énervée, mais astucieuse et, on le sait trop, quelquefois féroce.

Au nombre des passagers est un homme qui a occupé en Égypte une haute position, et s'est fait en Europe une certaine célébrité; c'est Clot-Bey. Favori de Méhémet-Ali, il est le premier Européen qui ait reçu le titre de bey sans avoir abjuré sa religion et sa nationalité. Le docteur Clot avait fondé au Caire, sous les auspices du pacha, une école de médecine qui prospéra quelque temps. Mais, Méhémet-Ali mort, l'école de médecine, comme toutes ses autres institutions, se désorganisa sous le mauvais vouloir de son stupide successeur, Abbas-Pacha. Ainsi que la plupart des Européens employés par le précédent gouvernement, Clot-Bey fut renvoyé avec un cadeau.

Le pacha actuel a semblé d'abord disposé à reprendre la politique de Méhémet-Ali. Il a rappelé plusieurs de ses conseillers; il a rouvert les écoles, notamment l'école de médecine. Mais tout cela paraît devoir se borner à de belles paroles et de bonnes intentions : rien du génie, rien de la volonté puissante du chef de la dynastie n'a passé dans ses descendants.

Clot-Bey est un homme d'esprit, et d'un esprit très-fin et très-délié. Avec quelque réserve qu'il parle du gouvernement actuel de l'Égypte, on devine qu'il ne partage aucune des illusions qu'on se fait en Europe sur la prétendue régénération de ce pays, et sur l'aptitude des Turcs à s'initier à notre civilisation. Il me paraît même que cet homme, qui a passé sa vie en Orient, est très-sceptique sur ce point. Il ne croit ni à l'avenir de la race qui gouverne l'Égypte, ni à son éducation possible. Les Turcs, dans son opinion, sont encore et seront toujours des barbares; seulement ce sont des barbares dégénérés, énervés, qui ont perdu leur seule qualité, le courage guerrier; perfides, astucieux; non sans intelligence, mais d'une intelligence superficielle; incapables d'instruction sérieuse et surtout de progrès; non moins incapables de reconnaissance et de sentiments généreux.

Le 30, nous apercevons les côtes verdoyantes de la Corse et ses montagnes aux lignes gracieuses, à demi noyées dans la brume orangée du matin. Le paquebot s'engage dans cette passe étroite qu'on appelle les Bouches de Bonifaccio, détroit dangereux et fécond en naufrages. Mais la mer est unie comme un lac. A peu de distance, à gauche, nous distinguons nettement la petite ville de Bonifaccio, placée comme une aire d'aigle sur un rocher à pic, dans les flancs duquel la mer a creusé de profondes cavernes. A droite s'avance la pointe âpre et aride de la Sardaigne. Devant nous, des îlots escarpés, des rochers menaçants sont semés au travers des passes. Un souvenir lugubre et récent attriste cette plage : c'est là que s'est perdue la *Sémillante,* avec sept cents soldats qu'elle portait en Crimée. Qui ne se rappelle ce lamentable épisode d'une guerre héroïque? Partie à la hâte de Toulon, sous des ordres impérieux et précipités, quand son armement n'était pas achevé et que le temps était déjà menaçant, elle fut portée vers ces parages redoutables par une tempête d'une violence inouïe. On ne sait rien des accidents qui la perdirent : pas un homme ne fut sauvé. Le gardien du petit phare qui s'élève sur la pointe de Sardaigne raconta seulement qu'au plus fort de la tourmente il avait vu passer devant lui, comme un fantôme, un bâtiment désemparé, qui semblait courir vers la côte, emporté par l'ouragan. Trois jours après, on retrouvait sur le sable le corps du commandant, revêtu de son uniforme, plusieurs cadavres et des débris. Un monument funèbre, que nous avons salué en passant, a été élevé sur un des îlots par les marins français à la mémoire de leurs camarades, morts aussi, on peut le dire, sur le champ de bataille.

La Sicile est en vue le 1er décembre de bonne heure. Au-dessus de la petite ville de Trapani s'élève le sommet bleuâtre du mont Saint-Julien : c'est le mont Éryx des anciens. Un temple, rival de celui de Paphos, y avait été érigé en l'honneur de Vénus Érycine. Mille prêtresses, dit-on, étaient consacrées au service de la déesse; des essaims de colombes habitaient le sommet de la montagne. Il ne reste rien de ce temple; mais on dit que les colombes aiment toujours ces lieux, et rappellent encore le culte de la déesse qui y fut adorée.

Bientôt la côte méridionale de la Sicile se déploie à nos yeux. Nous rasons la terre à une portée de canon; et ces rivages, jadis si célèbres et si fertiles, qui ont vu fleurir tour à tour et disparaître plusieurs civilisations, et où sont semées aujourd'hui tant de ruines dignes de la Grèce, se déroulent devant nous comme un splendide panorama. Que de souvenirs ils éveillent! Que de grands noms ont retenti, que de grandes choses se sont accomplies sur ces bords! Sur ce petit coin de terre se sont rencontrées, mêlées, combattues toutes les civilisations, toutes les religions, toutes les puissances commerçantes ou guerrières qui ont, depuis les premiers temps historiques, marqué leur trace sur les rives de la

Méditerranée. Les Pélasges y ont laissé leurs constructions cyclopéennes. Les Phéniciens y ont eu des établissements. Transplanté dans ces vallées fécondes, le génie hellénique y brilla d'un éclat presque aussi vif que dans la Grèce même. Rome et Carthage se rencontrèrent là pour la première fois, et s'y heurtèrent comme en champ clos. Les Vandales et les Goths y ont passé comme un torrent. Sur ses ruines fleurirent un instant la civilisation et l'agriculture des Arabes. Chevaliers normands, barons allemands, comtes d'Anjou, rois d'Aragon, l'ont tour à tour possédée et perdue. Pays digne d'envie et de pitié, comblé de tous les dons du ciel, riche à la fois des productions des climats tempérés et de celles d'une nature presque africaine, et qui semble, éternel enjeu des ambitions jalouses, ne devoir jamais s'appartenir à lui-même, ni pouvoir jouir en paix des biens que la Providence lui a prodigués.

Voici la plage, autrefois fertile, aujourd'hui marécageuse et malsaine où fut Sélinunte, Sélinunte aux bosquets de palmiers, comme l'appelle Virgile, *palmosa Selinus*. Nous passons presque au pied des collines où s'élevait la riche Agrigente, rivale de Syracuse : avec une longue-vue, et si la vapeur ne nous emportait si rapidement, on distinguerait presque les restes du temple de Junon Lucine et les cariatides du palais des Géants. Les montagnes gracieuses qui s'abaissent par une pente douce vers la mer ou se creusent en profondes vallées, sont encore en cette saison couvertes d'une verdure aux tons chauds et dorés. On voudrait s'arrêter un jour sous ce ciel qui sourit au voyageur, sur ces rivages qui l'invitent, et jeter au moins un regard à ces ruines célèbres. Mais le vaisseau fuit : le cap Passaro blanchit à l'horizon. Nous n'avons pas même vu fumer l'Etna. Cette nuit, dit-on, nous serons à Malte.

La soirée est si belle, l'air si calme.et si tiède, qu'après dîner nous restons sur le pont, enveloppés dans nos manteaux, jusqu'à onze heures du soir. Dieu veuille nous faire jusqu'à Alexandrie une mer aussi clémente ! On signale les feux de Malte à onze heures. Deux heures après, nous sommes dans le port de la Quarantaine.

Tout le monde, le lendemain matin, est de bonne heure sur le pont. C'est une grande joie de descendre à terre pour quelques heures.

L'aspect de Malte est triste, malgré le splendide soleil qui éclaire ses blancs rochers et ses blanches maisons. Des fortifications formidables élèvent au-dessus de nos têtes leurs batteries à double et à triple étage ; tandis qu'en face et à droite, sur les pentes abruptes qui dominent la mer, s'étendent des jardins sans verdure, disposés en escalier, et qui d'en bas n'offrent à l'œil que l'aspect aride des murs qui les soutiennent. C'est là tout Malte : une citadelle et un rocher de craie fertilisé par le travail. On dit que le sol de l'île est d'une merveilleuse fécondité, et que le blé y rend souvent jusqu'à soixante fois la semence. Mais ce sol végétal, c'est l'homme qui l'a fait, on peut le dire, en broyant avec la bêche la roche friable qui est partout à fleur de terre. On prétend même que plus d'un de ces Maltais, à la fois cultivateurs et marins, est allé chercher dans sa barque de la terre jusqu'en Sicile. C'est de là, dit-on, qu'a été apportée celle du jardin du gouverneur, qu'on va voir comme une rareté à une lieue de la ville.

Une multitude de barques entourent notre paquebot, pour conduire à terre les passagers. Les bateliers crient, se provoquent, se querellent avec toute la vivacité méridionale, dans ce dialecte à la fois rude et sonore, qui est comme un mélange des idiomes de l'Europe et de l'Afrique, guttural comme l'arabe, pittoresque comme l'italien. La race des Maltais tient, aussi bien que leur langue, de ce double caractère : bruyants comme les Napolitains, ils sont énergiques comme les Arabes, industrieux comme les Juifs. Sur tout le littoral de la Méditerranée, et principalement dans le Levant, cette active et entreprenante population est répandue. On dirait que de son île, trop étroite pour la contenir, elle déborde sur tous les rivages voisins. Ils sont marchands, domestiques, drogmans, cuisiniers : tous les métiers leur sont bons, et ils sont bons à tous les métiers. Plus intelligents que scrupuleux, superstitieux et rusés, voleurs, querelleurs et loquaces, ils ont aisément l'injure à la bouche et le couteau à la main.

Quoique neuve et bâtie régulièrement, la Cité-Valette a une physionomie assez originale. Ses grandes rues, tirées au cordeau et se coupant à angle droit, descendent vers la mer par des pentes rapides disposées souvent en escalier. On sait qu'elle fut reconstruite par le grand maître qui lui a donné son nom, après le siége fameux que soutinrent, en 1565, sept cents chevaliers et huit mille Maltais contre quarante mille Turcs. L'architecture des maisons n'a rien de remarquable; mais déjà les terrasses remplacent les toitures, comme en Orient. Ce qui a plus encore le caractère oriental, ce sont les balcons fermés de vitres et de jalousies.

Les femmes ont une coiffure bizarre : par-dessus la tête elles jettent, en manière de capuchon, une sorte de mantelet de soie noire, appelé *faldetta*. Cet ajustement n'a par lui-même rien d'élégant; mais les Maltaises le portent avec une désinvolture qui n'est pas sans grâce, et, sous les plis de ce long voile, leur physionomie piquante, leurs cheveux noirs et leurs yeux vifs brillent de beaucoup d'éclat.

ILE DE MALTE — CITÉ-VALETTE

Bien que nous soyons en décembre, la chaleur est forte. Il semble qu'on soit déjà sous le ciel d'Afrique. Les officiers anglais se promènent en veste blanche. Quel soleil doit se répercuter, au mois de juin, sur les dalles de ces larges rues ! Les vieilles villes du Midi et de l'Orient, bâties par les siècles, n'ont pas cette régularité qui nous plaît tant, à nous autres gens du Nord; mais en revanche elles sont merveilleusement appropriées au climat : des rues étroites et tortueuses, de hautes maisons empêchent le soleil de brûler la tête du passant. On reconnaît tout de suite ici la ville moderne et construite en un jour.

Il n'y a de monuments, à Malte, que le palais des grands maîtres, qui n'offre rien de remarquable, et l'église Saint-Jean, qui est une des plus curieuses du monde. Comme architecture, comme détail, comme ornementation, c'est tout le mauvais goût des églises italiennes des trois derniers siècles. Mais ce qui est vraiment magnifique, c'est le pavé de l'église, formé tout entier des pierres sépulcrales des chevaliers de l'ordre. On ne compte pas moins de quatre cents tombes, rangées ainsi côte à côte : chacune d'elles est revêtue d'une mosaïque en pierres de couleur, incrustée dans le marbre, et représentant les armoiries, les emblèmes, les devises du défunt. Ce dallage est d'une richesse et d'une beauté extrêmes : Florence même n'a rien de plus beau.

Il n'y a pas dans l'histoire moderne de plus héroïques souvenirs que ceux de ces hospitaliers, derniers soldats de la foi en Orient, défendant pied à pied ses conquêtes pendant cinq siècles, reculant lentement de Jérusalem à Acre, d'Acre à Rhodes, de Rhodes à Malte, et là, sentinelles perdues de la chrétienté trop oublieuse, résistant avec un invincible courage aux assauts redoublés du Croissant. La France peut s'enorgueillir de compter pour siens le tiers des noms inscrits sur les tombes de Saint-Jean, et parmi ces noms sont ceux des grands maîtres qui ont le plus illustré l'ordre et soutenu ses plus rudes combats.

Si l'ordre de Malte, en cessant de combattre, avait dégénéré, il est permis de regretter du moins que son héritage ne soit pas tombé dans des mains plus généreuses. On sait que Malte fut occupée, en juin 1798, par le général Bonaparte, lorsqu'il se rendait en Égypte. Son audace, son ascendant déjà grand, aidés de quelques intelligences pratiquées dans la place, lui ouvrirent sans coup férir une citadelle réputée imprenable; ce qui fit dire au spirituel Caffarelli : « Nous sommes bien heureux qu'il y ait eu quelqu'un dans la place pour nous en ouvrir les portes. »

Reprise par les Anglais, en 1800, sur une garnison réduite par famine, Malte devait être rendue par eux, aux termes du traité d'Amiens, à l'ordre de Saint-Jean de Jérusalem. Mais l'Angleterre, en dépit du traité, garda un gage qu'elle jugeait précieux.

Située à mi-chemin entre l'Europe d'un côté, l'Asie et l'Afrique de l'autre, munie d'admirables ports grands à pouvoir contenir deux ou trois escadres, entourée de fortifications qui défient toutes les attaques, Malte est à la fois une station pour les bâtiments de commerce, un entrepôt sur la route de l'Inde, un arsenal, un refuge et un point d'appui pour les vaisseaux de guerre. On comprend que l'Angleterre y tienne. Maîtresse des ports de la Méditerranée par Gibraltar, elle la surveille au centre, du haut de sa forteresse de Malte. Mais on ne peut s'empêcher de sourire quand on lit sur la place d'Armes, à

Malte, cette pompeuse inscription où s'étale tout l'orgueil anglais :

MAGNÆ ET INVICTÆ BRITANNIÆ
MELITENSIUM AMOR ET EUROPÆ VOX
HAS INSULAS CONFIRMANT.
A. D. 1814.

« A la grande et invincible Angleterre, l'amour des Maltais et la voix de l'Europe ont confirmé la possession de ces îles. »

A quatre heures du soir, nous retournons à bord. Nous avons pris de nombreux passagers, venus à Malte par les paquebots de la ligne d'Italie. On part : la mer est un peu houleuse. Nous entrons dans la région des grands vents; plus d'îles et de côtes voisines pour nous abriter. Le *Gange*, contrarié dans sa marche, roule davantage sous l'impulsion de sa puissante hélice. Le pont devient désert. Au dîner, les convives sont moins nombreux : beaucoup se sont assis à table qui ne vont pas jusqu'au dessert, et la plupart de ceux qui se couchent ce soir ne se relèveront qu'à Alexandrie.

Le second jour, nous longeons à une assez petite distance la côte d'Afrique : c'est le désert dans ce qu'il y a de plus aride et de plus affreux. Nulle trace de végétation, nul vestige d'habitations humaines, sauf une petite crique, où l'on distingue quelque chose qui paraît être un village, nid de pêcheurs ou de pirates.

Le samedi soir, on signale le feu d'Alexandrie. Nous sommes devant le port vers le milieu de la nuit; mais nous n'entrerons que demain. Les passes sont, dit-on, étroites et dangereuses : il faut attendre le pilote, qui ne viendra qu'au jour. Nous restons au large, rudement bercés par la lame, qui ne s'est pas amollie depuis Malte.

CHAPITRE II

ALEXANDRIE — LA COLONNE DE POMPÉE — LES AIGUILLES
DE CLÉOPATRE — LE CANAL MAHMOUDIEH

CHAPITRE II

ALEXANDRIE — LA COLONNE DE POMPÉE — LES AIGUILLES
DE CLÉOPATRE — LE CANAL MAHMOUDIEH

Une plage nue et désolée, qui s'élève à peine au-dessus du niveau de la mer, s'étend à l'ouest d'Alexandrie : c'est le désert Libyque, qui pousse jusqu'aux portes de la ville sa morne stérilité. Sur les dunes ondulées on voit s'aligner une file de moulins à vent, rangés en bataille au bord de la mer; plus à gauche, au-dessus de grandes constructions basses et uniformes, se dresse, comme une ligne noire dans le ciel, la colonne de Pompée, qui sert de point de reconnaissance aux navigateurs; enfin la ville, avec les mâts des vaisseaux qui remplissent son port, avec ses minarets, ses forts, ses arsenaux, et le palais du vice-roi sur la presqu'île de l'Est, semble sortir des flots, basse, plate et grise comme la côte aride où elle s'étend.

Nous arrivons dans ce pays du soleil sous une triste impression. Le ciel est chargé de gros nuages, que charrie un vent d'ouest violent; la pluie tombe par averses. On nous dit qu'en cette saison, et particulièrement cette année, il pleut souvent à Alexandrie. C'est jouer de malheur. Espérons qu'au Caire nous trouverons le soleil.

Le port est rempli de bâtiments de commerce, à voile et à vapeur, anglais la plupart. A l'entrée, une frégate anglaise est à l'ancre. Dans le port militaire qui est à gauche, devant le palais du pacha, plusieurs grands bâtiments de guerre appartenant à la marine égyptienne sont en réparation. Ce sont quelques-uns des vaisseaux de cent et de cent vingt canons que des ingénieurs français ont construits pour Méhémet-Ali : déjà à demi-ruinées, ces énormes machines de guerre pourrissent aujourd'hui sur les cales où on fait semblant de les réparer; symboles éloquents de la décadence de cette monarchie, qu'a élevée le génie d'un homme et qui ne paraît pas destinée à lui survivre longtemps.

A peine avons-nous jeté l'ancre, que le pont est envahi par une nuée d'Arabes, criant, gesticulant, s'offrant aux voyageurs, se disputant leurs personnes et leurs bagages. Ce n'est pas chose aisée de se tirer d'affaire au milieu de cette cohue et de ces vociférations, vraie Babel où se mêlent toutes les langues de l'Europe, de l'Asie et de l'Afrique. On parle de la turbulence des *facchini* de Naples et de Livourne : ils sont calmes et discrets auprès des bateliers et portefaix arabes. Enfin nous parvenons à nous faire déposer, nous et nos malles, dans une barque que deux vigoureux rameurs ont bientôt poussée au quai.

Là nous attend la douane. Au-devant d'une sorte de magasin ou de hangar, sur le bord de la rue encombrée de ballots, de charrettes, d'ânes, de chameaux, de chiens et de mendiants, on dépose nos bagages; la pluie tombe : nous piétinons dans une boue liquide et blanchâtre. Les cris, l'agitation, la confusion redoublent. Il faut se faire à cela en Orient : beaucoup de bruit pour peu de besogne ; c'est ce que nous rencontrerons partout. Soyons justes cependant pour les douaniers de Son Altesse : ils entendent raison. Nous fîmes mine d'ouvrir nos malles, et moyennant quelques piastres on nous laissa passer. Qui donc disait les Turcs étrangers à toute civilisation?

On entre dans la ville par de grandes et larges rues. Ce quartier est neuf. Sauf quelques petites boutiques turques, les maisons ont presque l'apparence européenne. Une boue horrible forme çà et là des mares profondes, où pataugent les bêtes de somme et leurs conducteurs à demi nus. Les rues d'Alexandrie ne sont pas pavées, et leur sol crayeux se détrempe aisément. Tout dans ce pays est fait au point de vue du soleil; la pluie n'entre jamais dans les calculs de personne : tant pis s'il pleut !

Notre hôtel est situé sur la place des consuls. Cette place est un vaste carré long, d'un aspect assez maussade. Pas un arbre n'en égaie la froide régularité : au milieu, on a planté une façon d'obélisque tout neuf, haut de quelques mètres, et qui, dans ce pays des obélisques géants, a l'air tout honteux de la triste figure qu'il fait là. L'été, cette place doit être un désert torride : en ce temps-ci, c'est un marais, bordé de quelques trottoirs et traversé par quelques sentiers glissants.

Tout alentour sont de grands bâtiments, couverts en terrasses, d'une assez laide architecture, avec force ornements de mauvais goût, et peints en rose ou en jaune, à la mode italienne. Tout cela date de Méhémet-Ali. Des magasins européens occupent presque partout les rez-de-chaussée. Nous sommes dans le quartier franc, et là domine tout à fait l'habit européen.

La population d'Alexandrie est, au surplus, européenne

pour un tiers au moins. Quoiqu'elle appartienne géographiquement à l'Égypte, Alexandrie est une ville qui n'est, à vrai dire, ni égyptienne, ni turque, ni arabe : c'est une ville franque, c'est-à-dire quelque chose comme un grand caravansérail où se rencontrent les marchands de toutes les nations. On y parle toutes les langues, on y voit tous les costumes, on y trouve toutes les races de l'Orient et de l'Occident : Persans, Indiens, Arméniens, Grecs et Juifs, Nubiens et Bédouins du désert, marchands de Tunis et d'Alger, d'Alep et de Damas, du Soudan et du Darfour, c'est un assemblage de tous les types et de toutes les couleurs de la figure humaine. Et c'est cette variété même, ce mélange, ce pêle-mêle qui forme véritablement le caractère d'Alexandrie, si c'est un caractère de n'en avoir point.

A peine installé à mon hôtel, impatient de sortir enfin de l'Europe, où il me semble que je suis toujours quand je regarde de ma fenêtre cette grande place des Consuls et ses maisons alignées comme des casernes, je vais courir la ville : j'ai hâte de découvrir dans ses quartiers retirés quelque chose de cette physionomie orientale que je cherche et n'ai pas encore rencontrée. A la porte de l'hôtel je suis assailli par une bande d'âniers qui m'offrent leurs services. Il y a des fiacres et des voitures de toute sorte à Alexandrie, et qui stationnent sur la place même : nouvelle ressemblance avec nos villes d'Occident. Mais les ânes sont la monture la plus habituelle et la plus commode pour parcourir les rues de la ville. Européens et Égyptiens, riches et pauvres, tout le monde s'en sert. Pour nous, Français, qui avons pour ce modeste animal un dédain très-aristocratique et très-injuste, une promenade à âne a toujours quelque chose de ridicule. Un voyage d'Égypte corrige bien vite de ces sottes préventions. Je déclare, quant à moi, que j'en suis revenu plein d'estime pour les ânes d'Orient. Il est vrai que je les crois d'une race supérieure à celle de notre pays.

Ce premier jour, toutefois, il faut que je le confesse, soit préjugé, soit besoin d'user un peu de mes jambes après une traversée d'une semaine, j'ai préféré m'enfoncer à pied dans les rues d'Alexandrie. Elles sont presque toutes modernes. Le quartier arabe a cependant sa physionomie à part. De petites boutiques à la mode turque, élevées de deux pieds environ au-dessus du sol, bordent les rues; le marchand est assis sur le bord, les jambes croisées : dans ces boutiques et au-devant sont des monceaux de fruits et de légumes, pastèques, dates, bananes, grenades. Dans la rue une population d'aspect assez misérable : les hommes à demi vêtus d'une sorte de blouse en cotonnade, les femmes enveloppées de la tête aux pieds dans une longue robe bleue, la plupart voilées et ne laissant apercevoir que les yeux; les enfants complétement nus et courant dans la boue parmi les chiens et les ânes; au milieu de tout cela, de grands chameaux s'avançant d'un pas grave et promenant sur la foule leur regard doux et mélancolique. J'avais déjà là un coin de l'Orient, une échappée sur un monde tout nouveau.

Notre première visite, le lendemain, fut pour la colonne de Pompée. On sort de la ville par de grandes rues presque désertes; de chaque côté sont de vastes jardins plantés de palmiers; au-dessus des murs flottent les larges feuilles des bananiers, et des nopals gigantesques dressent leurs tiges bizarres et contournées. Quand on a franchi les fortifications par la porte du sud, à un quart de lieue environ de la ville, au bord d'une longue avenue d'acacias, on voit s'élever sur un monticule ce singulier monument. C'est un monolithe de granit rose, aujourd'hui bruni par le temps, ou plutôt par les brumes de la mer et les pluies d'un climat humide.

La colonne a trente-deux mètres de hauteur, y compris le chapiteau, et trois de diamètre. Elle repose sur un piédestal à demi sapé et qui menace ruine. On croit qu'elle était autrefois surmontée d'une statue colossale. Des Anglais, dit-on, se sont fait hisser sur la plate-forme du large chapiteau, à l'aide de cordes qu'un cerf-volant y avait accrochées, et ils ont eu la gloire d'y déjeuner.

On sait que c'est très-improprement que la tradition a donné le nom de Pompée à ce monument, où Pompée n'est pour rien. Bien qu'il soit grec par le style, il remonte jusqu'aux Pharaons, dont quelques-uns employèrent des artistes grecs. Une inscription lue sur le piédestal apprend que cette colonne, distraite de sa première destination qu'on ignore, fut érigée à cette place, en l'honneur de l'empereur Dioclétien, par Pomponius ou Pompéianus, gouverneur de l'Égypte.

C'est près de là, devant cette porte, que Kléber, marchant à l'assaut de la ville, le 2 juillet 1798, fut frappé au front d'une balle qui le renversa. Au pied de la colonne furent ensevelis ceux de nos soldats qui avaient succombé dans l'attaque.

La place où s'élève maintenant la colonne de Pompée était autrefois comprise dans l'enceinte d'Alexandrie. L'éminence qui la porte était vraisemblablement l'acropole. On croit que le fameux temple de Sérapis était situé non loin de là; tout alentour se développait la vieille Alexandrie. Un déplacement insensible et très-singulier a, dans le cours des siècles, porté la ville nouvelle à une assez grande distance au nord-est : celle-ci est bâtie, en effet, sur la chaussée qui unissait jadis le continent à l'île de Pharos, chaussée peu à

KLÉBER BLESSÉ A L'ASSAUT D'ALEXANDRIE

peu élargie par l'accumulation des ruines et les atterrissements de la mer. Aujourd'hui, à la place que couvrait la vieille ville, il n'y a que des monceaux de débris et de sables arides; près de là est un cimetière arabe, triste et nu, avec ses tombes blanches, couronnées de petites colonnes tronquées.

Pour aller de la colonne de Pompée aux Aiguilles de Cléopâtre, on suit les bords du canal Mahmoudieh. C'est une charmante promenade, où, dans la belle saison, les habitants d'Alexandrie viennent, le soir, goûter le frais, soit à cheval, soit en voiture. Elle est bordée de maisons, de villas, quelques-unes riches et élégantes, plusieurs d'un goût douteux, toutes d'un aspect gai et pittoresque, et entourées de beaux jardins. Au moment où nous parcourions cette promenade, le sol en était délayé par les pluies; mais les jardins étaient brillants de verdure, les rosiers couverts de fleurs, et les murs disparaissaient sous la parure odorante des géraniums et des clématites.

Les deux obélisques qui portent le nom d'Aiguilles de Cléopâtre sont à l'est de la ville, au bord de la mer. L'un d'eux est couché à terre en trois morceaux. L'autre est debout, à peu près intact; seulement sa base est enfouie dans le sable. On croit qu'ils étaient autrefois à Héliopolis, d'où Cléopâtre les fit transporter à Alexandrie pour décorer l'entrée du Cæsaréum, ou temple de César.

L'obélisque qui est debout appartient à l'Angleterre, à qui Méhémet-Ali en a fait cadeau. Mais les hiéroglyphes en sont si détériorés, que les Anglais ne l'ont pas jugé digne d'être emporté. Comme la colonne, il se noircit et se dégrade à l'air humide et salin de la mer.

On ne saurait, si peu érudit qu'on soit, parcourir Alexandrie sans que les prodigieuses vicissitudes de son histoire se représentent presque involontairement à l'esprit. Il est peu de villes dans le monde qui aient éprouvé de plus étranges retours de fortune, et d'une plus haute prospérité soient tombées à un plus extrême degré d'abaissement. Elle a été mêlée aux plus grands événements, aux plus éclatantes révolutions politiques et religieuses des temps anciens et modernes. Un mot suffit à en donner idée : les trois hommes qui ont imprimé sur la face du monde la trace la plus profonde, Alexandre, César et Napoléon, ont écrit leurs noms dans ses annales.

Le conquérant macédonien la fonda pour remplacer Tyr, la reine des mers, qu'il venait de détruire : comme les véritables grands hommes, Alexandre avait la puissance qui crée non moins que la puissance qui détruit. La situation de la ville nouvelle était admirablement choisie. Placée aux bouches du Nil, aux confins de l'Asie et de l'Afrique, touchant à l'Europe par la Méditerranée, à l'Inde par la mer Rouge, elle était le point central du vieux monde, et naturellement appelée à devenir le lien de ses relations commerciales, le rendez-vous commun et le champ de bataille de toutes les idées, de toutes les sciences et de toutes les religions : merveilleuse divination du génie, qui faisait dire à Napoléon que le vainqueur d'Arbelles fut plus grand par cette seule création que par toutes ses victoires.

Sous les Ptolémées, Alexandrie parvint à un degré de richesse et de splendeur qui en faisait la première ville du monde après Rome. Un canal la reliait par le lac Maréotis au Nil, et lui apportait les eaux douces du fleuve. Sur l'île de Pharos, en face d'elle, s'élevait cette tour de marbre, surmontée d'un fanal, qui passait pour une des merveilles du monde, et qui a légué son nom à tous les autres phares. Ses palais, son musée, vaste collége de savants; sa bibliothèque, où se voyaient réunis tous les trésors de l'antiquité, couvraient un espace immense, bien plus étendu que celui qu'occupe la ville actuelle. Elle comptait cinq à six cent mille habitants. Héritière du génie de la Grèce, elle était alors la capitale intellectuelle du monde : c'est là que brillèrent Euclide, le grand géomètre; Théocrite, le poëte de l'idylle; Manéthon, l'historien, et plus tard Aristarque, Lucien, Athénée, Philon.

De la domination romaine date le commencement de sa décadence. A plusieurs reprises, des insurrections attirent sur elle la colère de ses maîtres. César, assiégé dans le quartier royal, allume en se défendant l'incendie qui dévore la fameuse bibliothèque des Lagides; Caracalla et Dioclétien éteignent dans le sang son esprit d'agitation et de révolte. Mais longtemps encore Alexandrie tient une grande place dans l'histoire. La vieille civilisation égyptienne, s'y rencontrant avec la civilisation grecque, fait encore d'elle un des foyers les plus actifs de l'esprit humain et le dernier boulevard du paganisme. Les dieux de la Grèce et de Rome y ont des autels à côté des dieux de Thèbes et de Memphis. La philosophie y fleurit comme en son arrière-saison; et l'école d'Alexandrie, fille dégénérée mais ingénieuse de Platon, essaie, dans un puissant et stérile effort, de fondre ensemble la science grecque et la tradition orientale.

« Alexandrie, » dit un écrivain célèbre qui a peint en traits éloquents cette époque de décadence et de rénovation, « Alexandrie, ville de commerce, de science et de plaisirs, « fréquentée par tous les navigateurs de l'Europe et de « l'Asie, avec ses monuments, sa vaste bibliothèque, ses « écoles, semblait l'Athènes de l'Orient; plus riche, plus « peuplée, plus féconde en vaines disputes que la véritable

« Athènes, mais n'ayant pas cette sagesse d'imagination et
« ce goût vrai dans les arts. Alexandrie était plutôt la Babel
« de l'érudition profane. Là se formait cette philosophie
« orientale, suspendue entre une métaphysique tout idéale
« et une théurgie délirante ; remontant par quelques tradi-
« tions antiques à la pureté du culte primordial, à l'unité de
« l'essence divine ; s'égarant par un nouveau polythéisme
« dans ces régions peuplées de génies subalternes que la
« magie mettait en commerce avec les mortels[1]. »

Mais déjà le christianisme a ouvert, en face du musée, ses écoles où brillent Clément d'Alexandrie et Origène. Saint Athanase, saint Cyrille déploient leur éloquence et leur dialectique contre les hérésies qui se multiplient de toutes parts. Des émeutes ensanglantent les rues : la belle et savante Hypatie est mise en pièces par une populace furieuse, et dans le pillage des temples païens s'accomplit la destruction de la seconde bibliothèque.

La conquête arabe porta sans doute à Alexandrie un coup funeste. Mais déjà, on vient de le voir, ses bibliothèques avaient été deux fois détruites, quand Omar fit (selon une tradition qui a été révoquée en doute) jeter au feu la troisième, dont l'importance au moins devait être réduite à peu de chose. Peu d'années auparavant, les Perses l'avaient aussi prise et ravagée.

Négligée pour le Caire, Alexandrie ne dut de garder un reste de vie qu'à sa merveilleuse situation. Mais bientôt, avec les Turcs, la barbarie l'envahit définitivement ; et la découverte du cap de Bonne-Espérance, en détournant d'elle le courant du commerce, la frappa d'une complète décadence. Depuis cette époque jusqu'à nos jours, Alexandrie

---

[1] Villemain, *Tableau de l'éloquence chrétienne au IVe siècle*.

ne s'était pas relevée de sa chute; sous l'anarchie des mameluks, sa ruine et sa dépopulation avaient même fait des progrès tels, qu'à la fin du siècle dernier elle ne comptait plus que six mille habitants.

C'est à Méhémet-Ali qu'elle a dû sa résurrection. Le canal, creusé par les Ptolémées pour la mettre en communication avec le Nil, s'était peu à peu obstrué, à ce point qu'à l'époque de l'expédition française il n'était plus navigable que pendant un mois de l'année; les produits de l'intérieur, pour arriver jusqu'à Alexandrie, port principal de l'Égypte, n'avaient que la voie coûteuse et lente des transports à dos de chameau. Bonaparte conçut la pensée de réparer le canal : il fit même faire à ce sujet des études préparatoires et des devis. Mais le temps lui manqua pour ce projet, que le pacha eut la gloire d'exécuter.

Le canal a vingt lieues d'étendue. Moins de trois années suffirent pour le creuser. Mais, si cette restauration de l'œuvre des Ptolémées a été un bienfait pour le pays, ce bienfait a été obtenu, il faut le dire, au prix d'une dépense odieuse de la vie humaine. Plus de trois cent mille fellahs furent employés aux travaux. C'est au moyen de la *presse* (procédé ingénieux emprunté par le pacha à la marine anglaise) qu'on rassemblait ces malheureux, hommes, femmes, enfants et vieillards. Amenés sous le bâton aux bords du canal, on ne s'occupait d'eux que pour l'accomplissement de la corvée. D'outils ou de machines, on ne leur en fournissait presque d'aucune sorte : sauf quelques pioches pour fouiller la terre, c'est avec les mains seules et de mauvais paniers en feuilles de palmier que les Égyptiens aujourd'hui encore, comme du temps d'Hérodote[1], font les travaux de terrasse-

---

[1] « Ils pétrissent la farine avec les pieds, et se servent de leurs mains pour enlever la boue et les fumiers. » (*Euterpe*, § 36.)

ment et de curage. Nulle précaution n'avait été prise, nul approvisionnement fait. Non-seulement les vivres, mais l'eau manqua souvent à ces multitudes attelées, comme un vil bétail, à un labeur écrasant sous un ciel de feu. La fatigue, les privations, les mauvais traitements, joints aux influences ordinaires des grands mouvements de terre, engendrèrent des maladies épidémiques. Trente mille de ces malheureux, quelques-uns disent davantage, restèrent ensevelis sous le chemin de halage qui borde le canal.

Il est vrai que le pacha allouait aux ouvriers un minime salaire. Seulement, au lieu de le donner en argent ou en nature, on en fit déduction sur les contributions qu'ils avaient à payer. Et comme un arriéré énorme d'impôts pesait toujours sur les villages, à raison de la solidarité de tous les imposables entre eux, l'opération était tout bénéfice pour le pacha et ne rapportait pas un para aux pauvres travailleurs. Voilà comme se font en Orient, quand elles se font, même les meilleures choses.

Quoi qu'il en soit, grâce à cette œuvre vraiment grande, Alexandrie, déjà relevée en partie par les Français, qui avaient creusé son port, rétabli ses fortifications, redressé ses rues, a vu renaître peu à peu sa prospérité passée. Aujourd'hui sa population approche de cent mille habitants. Son commerce, qui a plus que doublé depuis quinze ans, c'est-à-dire depuis l'abolition du monopole organisé par Méhémet-Ali, prend tous les jours plus d'extension et d'activité. Si, comme il y a lieu de l'espérer, cette magnifique entreprise du percement de l'isthme de Suez aboutit, Alexandrie sans doute pourra perdre quelque chose du mouvement commercial qui se fait aujourd'hui par son intermédiaire ; mais cet événement sera loin d'avoir pour elle les conséquences qu'eut, il y a trois siècles, la découverte de la route du Cap. C'est cette dernière route qui verra se détourner vers Suez le courant des marchandises lourdes et encombrantes. Les voyageurs et les marchandises légères viendront toujours prendre à Alexandrie la voie plus rapide du chemin de fer. Et enfin, grâce au canal, grâce à son port, Alexandrie sera toujours la clef du Nil, le marché et l'entrepôt des richesses de l'Égypte. C'est le commerce de l'Égypte seule qui a fait depuis trente ans sa prospérité : et ce commerce suffit pour assurer ses progrès dans l'avenir.

CHAPITRE III

D'ALEXANDRIE AU CAIRE — LE CHEMIN DE FER — LE DELTA

CHAPITRE III

D'ALEXANDRIE AU CAIRE — LE CHEMIN DE FER — LE DELTA

Quand on a vu à Alexandrie la colonne et les obélisques, on a vu tout ce qu'Alexandrie contient d'intéressant en fait de ruines. Sous l'action destructive des invasions, des révolutions politiques et religieuses, des luttes de croyances et de races qui ont, depuis dix-huit siècles, dévasté, bouleversé, labouré en tous sens ce petit coin de terre, les ruines mêmes ont disparu et les derniers vestiges des monuments qui l'ont couvert se sont effacés. Venant après les hommes et achevant leur œuvre de destruction, le désert a étendu son linceul de sable sur les parvis des temples et des palais, sur les colonnes brisées, sur les chapiteaux renversés ; si bien que l'érudition même a peine, aujourd'hui, à reconstruire en idée cette ville si puissante, si riche, et qui, au VIIe siècle de notre ère, faisait encore, malgré tant de désastres, l'admiration de ses conquérants arabes.

On mène bien le voyageur visiter, à la pointe de la presqu'île, le palais que Méhémet-Ali y a fait construire; mais franchement cela ne vaut pas qu'on se dérange. Imaginez un vaste bâtiment, sans style, sans élégance, sans majesté; de grands appartements meublés à l'européenne, et où règne un mélange singulier de recherche et de mauvais goût, de luxe et de vulgarité; un escalier avec des toiles cirées pour tapis, et sur les murs, en guise de fresques, d'affreux papiers peints comme on en voit dans les cafés de France; des parquets magnifiques (c'est le grand luxe du palais), et des lustres en bronze dédoré, du temps de l'empire; enfin, suspendus aux murailles nues, quelques portraits des enfants de Méhémet-Ali et d'Ibrahim-Pacha, dont les cadres sont superbes et les peintures dignes d'une arrière-boutique de la rue Saint-Denis.

Donc, ce qu'on a de mieux à faire quand on a passé vingt-quatre heures à Alexandrie, c'est de quitter bien vite cette ville neuve, plate et maussade, qui n'est en réalité qu'un grand marché, et de partir pour le Caire.

Autrefois on allait au Caire par le canal. Un petit bateau à vapeur vous conduisait, entre deux rives monotones et tristes, jusqu'à la ville d'Atfeh, où le canal débouche dans le Nil. Là vous étiez transbordé sur un autre bateau plus grand, lequel, remontant le fleuve, vous conduisait jusqu'à Boulaq, qui est le port de la capitale égyptienne. Ce voyage demandait trois à quatre jours. On le fait aujourd'hui, grâce au chemin de fer, en huit heures; et quand le pont qui se construit sur la branche droite du Nil sera achevé, le trajet s'accomplira en bien moins de temps encore.

C'est seulement depuis le 1er janvier 1857 que ce chemin de fer est livré à la circulation; il n'a même encore qu'une voie. Sa création a été un immense avantage pour l'Égypte : il traverse ses provinces les plus fertiles et les plus peuplées,

PALAIS DU PACHA A ALEXANDRIE

relie entre elles ses deux grandes villes, et facilite prodigieusement le transit de l'Inde. L'achèvement récent de la ligne de Suez doit activer encore ce mouvement déjà considérable.

On se demande comment Méhémet-Ali, qui a creusé le canal, n'a pas construit le chemin de fer; comment, si enclin à imiter notre industrie et à s'approprier nos progrès, ce prince est resté sourd aux instances qui lui furent faites à ce sujet. C'est que ces instances venaient de l'Angleterre, et que le vieux pacha démêlait, sous les offres brillantes, les tortueux calculs d'une ambition lointaine. Ce qu'on lui proposait, en effet, c'était un chemin qui, conçu au point de vue seulement des intérêts anglais, créé par l'Angleterre, administré par elle, eût mis bientôt toute l'Égypte sous sa main. C'est une belle proie que l'Égypte; elle a toujours tenté la convoitise britannique. Sous Abbas-Pacha, en 1848, un nouveau projet, ne soulevant plus les mêmes objections, fut présenté et accueilli. Les résultats de l'exploitation dépassent toutes les espérances. Les Arabes eux-mêmes ont promptement adopté cette voie nouvelle de circulation; et ses produits sont pour le vice-roi une source de revenu considérable.

La gare du chemin de fer est située assez loin de la ville, au bord du canal. On traverse pour s'y rendre le quartier pauvre, celui des portefaix et des marins. Tout le long du canal règne un grand mouvement : l'encombrement est énorme; et la rue, si l'on peut appeler cela une rue, ressemble à un chemin de traverse défoncé et coupé de fondrières où les charrettes disparaissent jusqu'au moyeu. Emportée par deux chevaux vigoureux, notre voiture vole au travers de ces flots fangeux, mal dirigée par un cocher arabe (arabe, c'est tout dire : autant ils sont cavaliers habiles, autant ils font de maladroits cochers). A un détour, nous heurtons un pauvre âne, chargé d'une poche de maïs : sous le choc, l'animal trébuche, s'abat; l'ânier pousse des cris de détresse. Je me penche pour regarder : on n'apercevait plus, au-dessus d'une mer de boue, qu'une oreille de la pauvre bête émergeant de l'abîme.

Je m'étais étonné du désordre et du bruit au milieu desquels s'était fait notre débarquement à Alexandrie; ce n'était rien, à dire vrai, en comparaison de ce qui nous attendait à la gare du chemin de fer : cela défie toute description. Pour faire enregistrer nos bagages, il a fallu livrer un véritable combat.

Il y a foule au départ d'aujourd'hui; on se promène, sur les quais de la gare, comme dans la rue : parents, amis, disent adieu aux voyageurs. Enfin nous avons pris place dans un wagon. L'heure est passée : pourquoi ne part-on pas? Je m'informe à un Égyptien qui porte le tarbouche à plaque de cuivre, signe distinctif du fonctionnaire de l'État : « *Mon cher ami*, me répondit-il en français, on partira quand on sera prêt. » Sur cette belle assurance, je me renfonce dans mon wagon : prenons patience. C'est pour la forme, en effet, qu'il y a un programme des heures. Ici, on part quand on est prêt, et on arrive quand on peut. Quelquefois on ne part pas du tout; comme, par exemple, s'il a plu au pacha, ce jour-là, de faire transporter des troupes d'Alexandrie au Caire, ou de les ramener du Caire à Alexandrie.

L'administration du chemin de fer, dans laquelle étaient entrés d'abord pour la constituer et la faire marcher beaucoup d'Européens, est aujourd'hui composée presque exclusivement d'Égyptiens : cela explique bien des choses. Le vice-roi actuel, Saïd-Pacha, a, me dit-on, cette idée fixe de substituer partout des indigènes aux Européens qui occupent encore des fonctions publiques. Élevé par des Européens, ayant manifesté dans sa jeunesse un grand goût pour les idées et la civilisation de l'Europe, il avait, en montant sur le trône, inspiré les plus magnifiques espérances à tous ceux qui ont encore foi dans la régénération de l'Orient par les Orientaux. Ces espérances, tout fait craindre aujourd'hui qu'elles ne soient déçues. Il semble que le pacha, délaissant un rôle qui lui pesait, soit déjà revenu à sa vraie nature, qui est celle du Turc. Moitié par défiance des Européens, moitié par orgueil de barbare qui croit pouvoir maintenant se passer d'eux, il éloigne peu à peu tous les Français et Anglais qui dirigeaient les établissements nouveaux ou les grandes entreprises en cours d'exécution, prétendant que les Égyptiens sont aujourd'hui capables de faire aussi bien que leurs maîtres. Tant que cette mesure ne s'appliquera qu'aux choses d'administration, le mal pourra n'être pas grand, ou du moins l'État seul en souffrira ; mais le jour où les locomotives seront menées par des mécaniciens turcs, j'avoue que je tremblerai pour les voyageurs.

Enfin un dernier coup de cloche a retenti : nous partons. Le chemin de fer, au sortir d'Alexandrie, passe entre le canal Mahmoudieh, qu'il laisse à gauche, et le lac Maréotis, qui s'étend à perte de vue sur la droite. Les bords du canal sont verdoyants et couverts de riches cultures ; mais l'aspect du lac est profondément triste. C'est comme un immense marais, à demi desséché, où s'élèvent de loin en loin des grèves arides ou des bancs de vase couverts de plantes aquatiques. De grands vols de pluviers, de canards, d'oies sauvages s'élèvent à chaque instant : quelque héron mélancolique, quelque ibis solitaire s'envole effrayé au coup de sifflet strident de la locomotive.

Autrefois, ce lac était rempli d'eau douce que lui apportait le Nil. En 1801, les Anglais, pendant la guerre qu'ils nous faisaient en Égypte, y introduisirent l'eau de la mer en rompant les digues qui le protégeaient. Cela seul a stérilisé ses bords, où se dépose une couche de sel. Plusieurs fois il a été question de le dessécher et de le rendre à la culture : mais c'est une entreprise coûteuse, et qui sans doute ne s'exécutera pas de longtemps.

Quand on a dépassé le lac, et à mesure qu'on avance, les cultures se montrent de plus en plus riches et variées. Ce sont d'abord des rizières; puis des champs de maïs, d'orge, de froment, de tabac, de sésame; puis d'immenses champs de cotonniers tout blancs de leurs gousses entr'ouvertes, et que les fellahs sont en train de récolter. Le coton, introduit en Égypte par Méhémet-Ali, est devenu une de ses productions les plus abondantes et les plus précieuses. Depuis surtout qu'un Français, M. Jumel, y a naturalisé le coton à longue soie, cette culture a pris des accroissements considérables et a donné lieu à un commerce très-important. Le coton et le riz ne se cultivent que dans le Delta, qui peut, grâce au système admirable de canaux qui se croisent sur sa surface comme les mailles d'un filet, être incessamment arrosé par les eaux fécondantes du Nil.

La terre est une merveille ici. Apportée tout entière par le fleuve, formée des dépôts successifs et lentement accumulés de son limon, elle a l'aspect noirâtre du terreau le plus gras et le plus fertile. On peut la fouiller impunément : vous creuserez jusqu'à dix mètres et plus de profondeur avant de trouver le sable ou la pierre.

La plaine qui s'étend uniforme et verte, sans accident de terrain, sans clôture, sans arbres qui arrêtent le regard, ressemble un peu à certaines parties de la Brie. Avec cet horizon sous les yeux, assis dans ce confortable wagon construit en

Europe et qui porte encore le nom de son fabricant de Birmingham, on ne se croirait pas assurément aux bords du vieux Nil, à quelques lieues des Pyramides. Mais, de temps à autre, la perspective change : çà et là, sur la plaine, s'élève un bouquet de palmiers; au milieu de leurs troncs élégants surmontés de panaches flottants se dresse un minaret dont la flèche aiguë les domine; alentour s'étendent quelques constructions basses, tantôt grises, tantôt d'un blanc éclatant, et qui de loin simulent des fortifications et des tours. C'est un village, avec ses pigeonniers blanchis à la chaux : et ce seul coin de tableau vous reporte en plein Orient.

Ces villages, du reste, c'est de loin qu'il faut les voir pour leur trouver quelque pittoresque : de près, rien de plus misérable, de plus hideux. Les maisons sont en briques crues. Comme la plupart n'ont point de toit, ces amas de huttes couleur de boue, avec leurs murs dégradés, leurs portes sans fermetures, font l'effet de villages incendiés où ne resteraient plus debout que des murailles noircies par la flamme.

Les pigeons sont mieux logés que les hommes. Ces hautes constructions qui ressemblent, comme je le disais tout à l'heure, à des tours, ou plutôt qui affectent la forme de ces grandes meules de foin qu'on voit dans certaines contrées de la France, ne sont autre chose que des *fuies* ou colombiers. Je ne crois pas qu'il y ait, en aucun pays du monde, autant de pigeons qu'en Égypte. On les voit voler par myriades dans les campagnes. Jamais le paysan ne les tue; mais les Européens les tirent sans que personne le trouve mauvais. En réalité, ces pigeons ne sont la propriété de personne : ceux qui les logent, et pour les attirer chez eux leur bâtissent ces vastes colombiers, n'en retirent d'autre profit que celui de la fiente, qui est un engrais estimé.

La population de ces villages paraît profondément misérable, et flétrie par le travail. Hommes et femmes sont à peine vêtus d'un lambeau de toile, sous lequel ils grelottent; car, malgré un soleil brillant, un vent froid souffle de l'ouest.

A Damanhour, petite ville assez pittoresque sur un des petits bras du Nil, le convoi s'arrête : nous prenons des voyageurs. Ce sont de pauvres diables qui ne voyagent pas pour leur plaisir : ils sont enchaînés deux à deux, et escortés de soldats. On les mène aux galères. De quel méfait sont-ils coupables? Ils ont refusé l'impôt peut-être, ou volé leur prochain sans avoir patente du vice-roi. Au pied du talus sur lequel passe le chemin de fer, un groupe de femmes est assemblé : ce sont les mères ou les femmes de ces malheureux. Rangées en cercle, elles poussent des lamentations lugubres, entremêlées de cris aigus. Leurs cheveux tombent en désordre sur leurs joues. De temps en temps, elles lèvent les bras en l'air, puis se laissent tomber sur les genoux en se prosternant jusqu'à terre, puis se relèvent en se frappant le sein, et recommencent leur chanson triste où éclatent de temps à autre des cris rauques et sauvages. C'est une scène à la fois émouvante et bizarre.

Le convoi a repris sa marche. Tout à coup il s'arrête. Un accident est-il survenu? La voie est-elle interrompue? — C'est tout simplement un chien qui s'est échappé du wagon où il était renfermé. Il s'enfuit à travers champs : deux Arabes courent après. Nous repartirons quand il plaira à Dieu !...

Vers onze heures, on est à Dahari. Ici la voie est coupée par le grand bras du Nil, la branche de Rosette. On y construit un pont; mais plusieurs années sont encore nécessaires pour son achèvement. En attendant, on passe le fleuve sur un petit bateau à vapeur.

C'est ici qu'a eu lieu, peu après mon retour d'Égypte, l'accident étrange qui a coûté la vie à Achmet-Pacha, l'héritier présomptif du vice-roi. Le wagon où il se trouvait avec Halim-Pacha et toute leur suite était poussé par des Arabes sur un ponton à vapeur, qui devait le transporter sur l'autre rive. Il paraît qu'un élan trop fort fut donné : le wagon, lancé par-dessus le ponton, alla faire le plongeon dans la rivière. Halim-Pacha seul a été sauvé. On a fait une enquête; mais il a été officiellement déclaré qu'il n'y avait eu faute de personne, le malheur étant arrivé par excès de zèle des Arabes, et par cette circonstance fortuite que l'employé chargé de les surveiller était absent dans ce moment... Il n'y a rien à répondre à cela.

Achmet était fils d'Ibrahim-Pacha. Il ne paraît pas que sa mort soit de nature à inspirer en Égypte de bien vifs regrets : j'ai entendu parler de lui comme d'un homme avare et dur. Halim-Pacha, qui se trouve par cet événement appelé à la succession du trône, est, comme le vice-roi actuel, fils de Méhémet-Ali : on sait qu'en Égypte le pouvoir n'est pas transmis par ordre de primogéniture, mais qu'il est toujours déféré au plus âgé des princes de la famille.

Nous traversons cette pointe du Delta que les Arabes, à raison de sa fécondité prodigieuse, ont appelée le *Ventre de la vache*. Bien que l'aspect général du pays soit le même, c'est-à-dire plat et assez monotone, la végétation semble ici déployer plus de puissance encore : la terre se couvre de moissons plus épaisses; des champs de cannes à sucre ondulent au vent; les arbres deviennent plus nombreux. Aux palmiers s'ajoutent les acacias, les mûriers, les figuiers, les sycomores, les orangers et les grenadiers, tantôt plantés en lignes, tantôt groupés en masses serrés. Des canaux sillonnent le pays en tous sens, et çà et là de grandes nappes d'eau étincellent au soleil et forment comme de larges plaques d'argent sur ce manteau de riche verdure.

Après Tantah, ville importante où se concentre tout le commerce du Delta, le chemin qui courait à l'est change de direction et tourne au sud. Nous approchons du Caire. Bientôt sur la droite, entre des massifs d'arbres, nous apercevons au-dessus de l'horizon deux petits nuages triangulaires, d'un gris pâle, nettement découpés sur les bords, mais se confondant presque avec la brume légère qui flotte dans le ciel : ce sont les deux grandes Pyramides de Ghizeh. On dirait deux montagnes, vues à vingt lieues de distance. L'impression de cette première vue est profonde ; tous les voyageurs l'ont ressentie. Quelle grandeur ! quelle majesté ! Comment la main des hommes a-t-elle pu élever à de telles hauteurs ces masses qui rivalisent avec les œuvres éternelles de la nature ? Il faut avouer seulement qu'il y a un contraste bizarre et quelque chose qui heurte violemment l'imagination à contempler ces antiques monuments des Pharaons de la fenêtre d'un wagon emporté à travers les plaines du Delta par une locomotive haletante. Quelle distance, quelle suite de siècles, entre ces deux merveilles, l'une de l'orgueil, l'autre du génie de l'homme !

On franchit encore une fois le Nil, branche de Damiette, mais cette fois sur un pont. A peu de distance de là, à gauche, sur un monticule aride et sablonneux qui domine les rives du fleuve, un vaste ensemble de constructions inachevées frappe les yeux. C'est un palais qu'Abbas-Pacha a bâti, et dont il affectionnait le séjour. Lui mort, le palais a été abandonné : les fenêtres n'ont plus de vitres ; les jalousies disjointes se penchent sur leurs gonds et battent au vent le long des murailles. C'est déjà une ruine, et ce qu'il y a de plus laid, une ruine neuve. Ainsi se passent les choses en Égypte. Tout pacha, en arrivant au pouvoir, se bâtit régulièrement un ou plusieurs palais, qui sont régulièrement, le lendemain de sa mort, abandonnés par son successeur, lequel se hâte à son tour d'en construire de nouveaux. Aussi est-ce une chose fabuleuse que le nombre de palais qu'on rencontre en Égypte. Il y en a partout; il y en a même dans le désert : témoin celui qu'Abbas-Pacha fit bâtir à moitié chemin du Caire à Suez, dans un lieu où il n'y a ni eau, ni arbre, ni herbe, ni habitations d'aucune sorte.

Bientôt, en face de nous, se dressent, projetées du nord au sud, les crêtes d'une montagne aride, âpre, brûlée, complétement dépouillée de végétation, et dont les flancs rougeâtres sont tantôt sillonnés de ruisseaux de sable blanc, tantôt hérissés de roches noires. Sur la croupe de cette montagne qui s'abaisse brusquement vers le sud, on distingue des fortifications : deux longues flèches aiguës et blanches percent le ciel; entre les deux brille comme un dôme de cristal. C'est le Mokattam, sur lequel est bâtie la citadelle du Caire; c'est la coupole de la grande mosquée de Méhémet-Ali. A leurs pieds s'étend une forêt de minarets, de dômes, entremêlés de hauts palmiers. La ville proprement dite se dérobe encore à nos yeux; mais, sous les rayons obliques du soleil qui commence à s'abaisser vers l'horizon, toute cette ville aérienne, si je puis dire, toutes ces flèches, toutes ces coupoles d'innombrables mosquées, tous ces minarets aux galeries légères et dentelées, empourprés par le couchant et se détachant sur le bleu vif du ciel, forment un de ces tableaux qui restent comme une vision lumineuse dans le souvenir d'un voyageur. On pressent la reine de l'Orient, la cité merveilleuse des contes arabes. J'avoue que je ne pouvais me défendre d'une certaine émotion. C'était l'Orient enfin que j'allais contempler, l'Orient après lequel je courais depuis trois jours, et dont je n'avais vu encore que des lambeaux épars ou des images altérées.

Nous étions impatients d'entrer dans la ville. Mais les ennuis du départ se retrouvent à l'arrivée : même désordre, mêmes tribulations; il faut livrer une nouvelle bataille. Heureusement pour nous, un officier français au service du pacha, et qui est venu avec nous de Marseille, prend pitié de notre embarras et nous vient en aide. Quelques mots arabes, vigoureusement appuyés de quelques coups de courbache, font prestement enlever nos bagages. Je commence à m'apercevoir que le courbache est véritablement le fond de la langue arabe [1].

Pendant qu'on chargeait nos malles sur le dos de pauvres ânes qui disparaissaient sous le fardeau, nous regardions, non sans intérêt, sur la place qui est au-devant de la gare, des groupes d'Arabes et de chameaux couchés à l'ombre des sycomores. Je me souviens surtout d'un grand et beau jeune homme, du type juif le plus pur, de la physionomie la plus intelligente, qui se tenait debout, non loin de nous, accoudé sur son âne : coiffé d'un turban blanc, drapé dans son ample manteau de laine brune, il avait dans la pose une noblesse naturelle, dans le regard une fierté pensive qui eussent fait de lui un admirable modèle pour un peintre composant quelque scène biblique. Tout, sur cette terre antique, se revêt de grâce ou de poésie; tout, jusqu'aux choses les plus vulgaires, y parle à l'imagination !

---

[1] Le *courbache* est une longue cravache taillée dans la peau de l'hippopotame, souple comme un jonc, résistante comme l'acier. C'est une arme terrible, devant laquelle tremblent les pauvres fellahs : le premier coup enlève la peau, le second fait jaillir le sang.

L'hôtel où nous descendons est situé à l'entrée même du Caire. Provisoirement installé dans une maison particulière bâtie par quelque riche Levantin, cet hôtel a lui-même un caractère oriental qui déjà nous enchante. Un jardin d'orangers l'entoure; près de la porte, de grands bananiers balancent leurs larges éventails. L'appartement qu'on nous offre, au rez-de-chaussée, est une immense salle, toute dallée en marbre blanc, avec des lambris de marbre, une fontaine à cascades dans un des panneaux, et au milieu un bassin; le tout, il est vrai, veuf de ses eaux jaillissantes. Malgré la séduction du premier moment, nous trouvons le logement un peu frais pour la saison; et nous préférons, au premier étage, une chambre dont les dalles sont couvertes de nattes de jonc. La maîtresse de l'hôtel est Française, et l'ameublement tout européen : nous ne nous en plaignons pas; il reste, malgré tout, assez de ce qu'on appelle la couleur locale. Par exemple, vous chercheriez vainement dans tout l'hôtel un cordon de sonnette. Comme au temps des *Mille et une Nuits,* on frappe dans ses mains pour appeler les domestiques. Des fenêtres de notre appartement, nous avons vue sur de grands jardins. En face, le soleil se couche derrière un bouquet de palmiers : l'horizon est en feu, et sur le ciel embrasé se dessinent les silhouettes noires de ces beaux arbres.

Malgré notre impatience, il était trop tard pour faire, ce soir-là, une première promenade dans le Caire : le crépuscule est court, et l'on imagine bien que l'éclairage des rues est ici chose inconnue. Je ne répondrais pas que dans vingt ans le gaz n'y allumât pas ses candélabres; mais aujourd'hui, si l'on sort la nuit venue, il faut porter sa lanterne, comme faisaient il y a cent ans les bons bourgeois de nos petites villes. Au moment où nous sortions de table, deux jeunes Français avec qui nous avions dîné, et qui allaient passer la soirée chez le consul de France, donnèrent ordre qu'on fît approcher leurs équipages : nous vîmes alors s'avancer au pied du perron deux ânes, précédés de leurs conducteurs qui portaient chacun une lanterne à la main. Ce sont là les fiacres du Caire.

CHAPITRE IV

LE CAIRE — LA PLACE DE L'EZBEKIEH — LES RUES
— LES BAZARS

CHAPITRE IV

LE CAIRE — LA PLACE DE L'EZBEKIEH — LES RUES — LES BAZARS

De toutes les villes de l'Orient, la plus belle est le Caire, au dire unanime des voyageurs. Constantinople a son incomparable panorama du Bosphore; Smyrne a ses bazars; Damas, ses maisons élégantes et somptueuses; mais ni Damas, ni Smyrne, ni Constantinople n'ont la physionomie originale, l'aspect vivant et animé du Caire. « C'est la seule ville, dit « M. de Chateaubriand, qui m'ait donné l'idée d'une ville « orientale, telle qu'on se la représente ordinairement [1]. » Et il y a longtemps que le Caire jouit de cette réputation. Les contes arabes des *Mille et une Nuits* en parlent sur le ton de l'enthousiasme poétique : « Qui n'a pas vu le Caire « n'a rien vu; son sol est d'or, son ciel est un prodige; ses « femmes sont comme les vierges aux yeux noirs qui ha- « bitent le paradis. Et comment en serait-il autrement,

[1] *Itinéraire de Paris à Jérusalem.*

« puisque le Caire est la capitale du monde[1]? » Je n'ai pas pu vérifier si les femmes du Caire ressemblent toujours aux houris ; car, sauf les femmes du bas peuple, toutes sont sévèrement voilées ; mais je crois qu'aujourd'hui, comme du temps de Haroun-al-Raschid, le Caire est encore, bien que singulièrement déchu, une des villes du monde les plus curieuses et les plus faites pout émerveiller.

On entre dans le Caire par la place de l'Ezbekieh. Entourée de palais, d'hôtels, de maisons de riche apparence, cette place a la figure d'un immense quadrilatère, plus large d'un bout que de l'autre. Une double rangée de gommiers magnifiques forme tout alentour de larges avenues, sur lesquelles ils versent une ombre épaisse. Le long de ces avenues sont installés des cafés, simples baraques faites de planches ou de treillis ; au-devant on a placé de petites tables et des chaises : usage et mobilier tout européens, importés ici depuis peu d'années. C'est là que les négociants et les banquiers européens se réunissent tous les soirs pour causer des affaires et des nouvelles du jour, en fumant et en prenant le café ou les sorbets. Quelques-uns de ces cafés sont exclusivement fréquentés par les Turcs, les Arméniens ou les Juifs, et sur les bancs placés à la porte on voit à toute heure les joueurs d'échecs obstinément penchés sur leurs damiers.

Autrefois le centre de la place, plus bas de quelques pieds, formait comme un vaste bassin que remplissaient les eaux du Nil à l'époque de sa crue, et où se célébrait avec de grandes réjouissances la fête de l'Inondation. Ce sont les Français qui, lors de la conquête, ont desséché cette sorte

---

[1] On place au commencement du xvie siècle la rédaction des contes des *Mille et une Nuits*. Elle ne peut pas au moins être postérieure, car il n'y est question ni de la pipe ni du café.

LE CAIRE

de lac ou de marais, l'ont exhaussé et planté d'arbres. Aujourd'hui c'est un beau jardin, percé de deux grandes allées qui se coupent en croix et d'allées sinueuses qui circulent à travers d'épais massifs de mimosas, de lauriers, de tamarix. J'y ai remarqué aussi quelques arbres d'Europe qui à cette époque (10 décembre) portaient encore toutes leurs feuilles.

Il faut bien convenir que la place de l'Ezbekieh, toute belle qu'elle est, rappelle encore beaucoup l'Europe, et par les constructions qui l'entourent, et par le nombre assez considérable d'étrangers qui s'y donnent continuellement rendez-vous. Pour voir le vrai Caire, montons à âne et enfonçons-nous dans les rues de la ville.

Devant chaque hôtel stationnent des bandes d'ânes tout harnachés, avec leurs grosses selles de maroquin rouge et leurs housses rouges bordées de galons d'or. Quelques-uns sont très-coquets, peignés, rasés, tondus comme des chevaux pur sang, à l'exception des jambes, où le poil est conservé et artistement découpé de façon à leur dessiner comme des bas à jour. Ici, bien plus encore qu'à Alexandrie, l'âne est le moyen de locomotion universel. Grâce aux selles anglaises, les dames européennes elles-mêmes peuvent se conformer à l'usage. C'est plus qu'un usage au surplus, c'est presque une nécessité. Il y a quelques voitures particulières au Caire, mais fort peu, et encore moins de voitures de louage. La raison en est bonne : c'est que, à l'exception de deux ou trois grandes rues qui traversent la ville dans sa largeur, toutes les rues du Caire sont tellement étroites, tortueuses et encombrées, qu'une voiture n'y saurait passer. Un âne passe partout, au contraire, partout où peut passer un homme. Sur son âne, on pénètre dans les ruelles les plus étroites, on traverse les encombrements les plus inextricables, on entre même et l'on se promène dans les bazars, où l'on peut faire ses emplettes sans descendre.

Seulement, quand vous irez choisir votre monture, je vous conseille de vous armer de votre canne et d'en user énergiquement pour protéger votre liberté. Autrement vous êtes en un instant entouré par une troupe d'âniers à demi nus qui, avec toutes sortes de cris et de gesticulations, vous offrent leurs services, vous saisissent qui par un bras, qui par une jambe, qui par la basque de l'habit, et, vous enlevant de terre, malgré vos menaces et vos réclamations, se mettent en devoir de vous hisser sur leurs bêtes. J'ai failli pour ma part être, le premier jour, victime de ces empressements exagérés, et sans la canne dont je m'escrimai de mon mieux, je courais risque d'être tiré de la sorte, non à quatre chevaux, mais à quatre ânes et autant d'âniers. C'est d'ailleurs un assez triste spectacle, et, quand on y réfléchit, un signe profond de dégradation morale, que la résignation, l'indifférence, pour mieux dire, avec laquelle cette race reçoit les coups. Elle y est si habituée, que c'est pour elle, ce semble, chose toute naturelle et de droit ; elle plie les épaules et baisse la tête, sans jamais faire entendre ni une réclamation ni une plainte.

Un autre signe de l'abaissement de ce peuple, c'est la mendicité universellement pratiquée. Il y a un mot que l'étranger entend sans cesse retentir ici autour de lui, et dont il a bien vite les oreilles fatiguées ; c'est le mot de *bakchich*. Le *bakchich*, c'est la *buona mano* des Italiens, c'est le pourboire des Français. Partout, à toute heure, vous êtes harcelé, poursuivi par ce cri qui s'élève incessamment de la bouche des hommes, des femmes, des enfants. Mais je reviens à nos ânes de l'Ezbekieh.

Une fois en selle, vous êtes sauvé. L'animal part à fond de

ANIERS DU CAIRE

train, excité par son conducteur, qui suit en criant et le piquant d'un bâton pointu. Ces ânes, généralement petits, bruns, portant les oreilles droites, ont une allure bien autrement rapide et fringante que leurs frères d'Europe; et cette allure, toute rapide qu'elle est, est extrêmement douce et agréable. Ils galopent aussi fort bien; mais leur pied n'est sûr que dans une marche modérée : si on les force, ils buttent parfois, et alors cavalier et monture roulent dans la poussière. Laissés à leur allure naturelle, ils sont infatigables : leur vigueur et leur sobriété rivalisent avec celles du chameau; une poignée de fèves les nourrit, et l'on en a vu qui restaient trois jours sans boire.

A l'extrémité nord de la place, quand on a passé devant l'hôtel du consulat de France, on tourne tout à coup à gauche, puis à droite, et l'on se trouve en face de la grande rue du quartier Franc, qu'on appelle le *Mousky*. Déjà, bien que la voie publique soit encore large, l'encombrement est extrême, la foule est énorme, et le spectacle que vous avez sous les yeux est des plus curieux et des plus amusants. A tous les coins des carrefours, au-devant des maisons, sont établies des marchandes de pastèques, d'oranges, de bananes, de cannes à sucre; des marchands ambulants vous offrent des confitures, des éventails, des chasse-mouches : tout cela crie à tue-tête. Le milieu de la rue est obstrué par des charrettes basses, à quatre roues, attelées de deux bœufs, et dont l'essieu de bois gémit d'une façon lamentable; par des bandes d'ânes chargés de terre ou de paille; par de longues files de chameaux portant de grandes outres pleines d'eau, ou des moellons mal attachés sur leurs flancs avec des cordes et qui menacent la tête des passants. Parmi tout cela, une population de toutes les couleurs, affublée de tous les costumes, y compris les gens qui n'en ont point ou peu s'en faut : des femmes de fellahs, grandes et sveltes, enveloppées, comme des fantômes, de leur longue souquenille bleue ouverte sur la poitrine, et portant sur la tête d'énormes fardeaux; des femmes turques ou coptes, juchées sur leur âne qu'un serviteur conduit par la bride, hermétiquement voilées jusqu'aux yeux, et enveloppées de grandes capes de soie noire qui les font ressembler à d'immenses chauves-souris; de gros Turcs, en pantoufles, majestueusement assis sur leur âne richement harnaché, fumant une longue pipe, graves et solennels comme des sénateurs romains; des officiers égyptiens passant à cheval, dans leur ample et pittoresque costume, la tête couverte de la cuffieh jaune, avec un arsenal de pistolets à la ceinture, précédés de leur saïs qui fait ranger la foule.

La première impression, au milieu de tout ce monde bariolé, criant, courant, gesticulant, est celle d'un étonnement mêlé de quelque anxiété. On n'a pas assez de ses yeux pour voir, de ses oreilles pour entendre. Assourdi par les clameurs des marchands et des âniers, ahuri de ce mouvement prodigieux dont rien ne peut donner l'idée dans nos villes d'Occident, distrait par mille objets à la fois, par tant de costumes et de physionomies étranges, le voyageur a peine à garder assez de sang-froid pour diriger sa monture, pour ne pas renverser les aveugles, heurter les femmes, écraser les enfants, et pour se garer des ânes qui passent au galop ou préserver sa tête des grandes poutres chargées en travers sur le dos des chameaux. Tout cela passe et tourne devant vous comme un kaléidoscope ; où plutôt vous vous croiriez emporté dans une course au clocher, ou dans la ronde infernale d'un bal masqué. Au premier moment, c'est à donner le vertige.

Mais on s'y habitue bien vite; et, passé cette espèce d'étourdissement dont on ne peut se défendre d'abord, rien de plus gai, de plus animé, de plus divertissant que ce spectacle des rues du Caire. Et pourtant nous ne sommes ici que dans le quartier Franc, dans le Mousky, c'est-à-dire dans une grande rue nouvellement rebâtie, large et bien alignée, bordée de magasins européens tels qu'on en voit à Alexandrie et à Malte, garnis de toutes les denrées, de tous les produits de l'industrie européenne : modes de Paris, épiceries de Marseille, vins de Bordeaux, coutellerie de Sheffield.

Ce qui contribue, à part la population qui la remplit et où sont noyés de rares Européens, à donner à la rue du Mousky un aspect très-oriental, c'est qu'elle est en partie couverte de grandes nattes ou de treillages en feuilles de palmier. Plusieurs rues du Caire, celles du moins qui sont un peu larges, ont ainsi une sorte de tenture destinée à protéger les passants et les marchands contre l'ardeur du soleil et à y entretenir un peu de fraîcheur.

Aucune des rues du Caire n'est pavée. On les arrose même en hiver, pour empêcher la poussière. C'est un agrément de marcher partout sur un sol doux, uni, et qui ne retentit pas, comme dans nos villes, sous les roues des charrettes et les pieds des chevaux; mais c'est aussi un inconvénient et presque un danger, en ce que, sur cette terre spongieuse et sourde comme un tapis, nul bruit n'annonce l'approche d'un cheval ou d'une voiture. Il y a, en effet, quelques voitures, dans les grandes rues, ce qui au premier abord peut paraître presque impossible. On prétend que le général Bonaparte a été le premier qui se soit fait conduire dans les rues du Caire en calèche à quatre chevaux; et l'on a dit spirituellement que, s'il a fait de plus grandes choses, il n'en a guère fait de plus difficiles. Aujourd'hui ce tour de force a perdu de son merveilleux, au moins dans le Mousky moderne et agrandi. Cependant la foule est telle et les obstacles si nombreux, que toute voiture est obligée de se faire précéder par un coureur qui crie aux passants de se garer, et qui même, de la longue baguette dont il est armé, va frappant à droite et à gauche les baudets trop lents à se ranger.

Il ne pleut guère au Caire, et surtout la pluie, qui tombe quelquefois l'hiver, y dure peu : c'est fort heureux, car avec ces rues sans pavé on ne pourrait s'en tirer. Une ondée d'une demi-heure les transforme en marais : impossible de marcher dans cette argile grasse et tenace. C'est alors un spectacle lamentable : les ânes glissent, les chameaux s'abattent ; les pauvres Turcs perdent leurs babouches dans la boue. Il n'y a que les Arabes, toujours nu-pieds, qui s'en tirent.

Au bout du Mousky est le quartier Juif. La rue est encore large, droite, de construction moderne; seulement les boutiques arabes remplacent les magasins européens. Mais parvenu à l'extrémité de cette grande rue récemment bâtie, soit que vous tourniez à droite ou à gauche, vous entrez dans la vieille ville : rues étroites et tortueuses; petites maisons, noires d'aspect, serrées les unes contre les autres dans un désordre pittoresque ; au-devant, de petites boutiques, larges de quelques pieds, encombrées de marchandises qui pendent aux parois, aux piliers, et envahissent souvent la moitié du passage. Ici la foule est plus pressée, la circulation plus difficile, le tapage et les cris aussi assourdissants.

Plus on avance, plus les rues sont étroites, anguleuses et sombres. Nous voici dans un passage couvert, large d'un à

UNE RUE DU CAIRE

deux mètres à peine, garni de petites boutiques toutes remplies de fioles et de flacons de toutes formes ; un parfum pénétrant s'en exhale : c'est le bazar des marchands d'essences et d'eau de rose, un des produits célèbres de l'Égypte. Plus loin, c'est le bazar des étoffes, où s'entassent les soies de Brousse, les mousselines de Damas, les burnous de l'Algérie, les châles de la Perse et de l'Inde. Il faut avouer que ces bazars répondent peu, par leur aspect général, à l'idée brillante qu'on s'en fait. Ceux d'Alger, de Tunis, de Damas sont plus riches, dit-on, que ceux du Caire.

Des fontaines publiques décorent presque tous les carrefours de la ville. Ces fontaines sont des monuments charmants, aussi remarquables par l'élégance de l'architecture que par la richesse et la grâce des détails. Généralement, elles sont de forme semi-circulaire, la plupart construites en marbre blanc. La façade est ornée de colonnes, dont les intervalles sont revêtus de grillages dorés : des sculptures délicates, dans le goût arabe, décorent la frise, sur laquelle sont peints ou gravés des versets du Koran. Ces fontaines sont presque toutes des fondations pieuses. Le défunt, dans les inscriptions qu'on y lit, sollicite les prières du passant en échange de l'eau qu'il lui offre : usage simple et touchant qu'expliquent assez les nécessités d'un climat torride. L'eau, en Orient, est le premier des besoins et la première des richesses : c'est le bienfait par excellence, car c'est la vie même ; là où elle coule, coulent avec elle l'abondance et la joie ; là où elle manque, règnent la détresse et la mort. On comprend que des familles riches aient attaché leur nom à ces monuments populaires. Près des bazars est une fontaine magnifique que Méhémet-Ali a fait ériger ainsi en mémoire de sa sœur.

Il y a toujours foule autour de ces fontaines. Les femmes

y viennent remplir leurs amphores rouges au long col, qu'elles portent sur la tête. Les passants s'y désaltèrent ; les chameaux et les ânes s'y abreuvent. Presque toujours à la fontaine est jointe une école publique et gratuite.

Les monuments qui, avec les fontaines, contribuent le plus à embellir le Caire, sont les mosquées. Le nombre en est considérable : on en compte, je crois, plus de trois cents. Souvent j'en ai vu deux, trois et quatre dans une même rue, et à quelques pas de distance. Leurs minarets ont des formes très-variées, toujours hardies et légères : les frises sont ornées de dentelures et de sculptures. Mais ce qui frappe d'abord le regard et donne à ces édifices un aspect original, c'est que leurs hautes murailles sont peintes de larges bandes horizontales, d'un rouge pâle, disposées à des distances égales : décoration qui s'harmonise merveilleusement et avec cette architecture arabe, gracieuse et fleurie, et avec le ton général de la pierre, qui a pris partout les teintes chaudes et dorées de ce beau ciel.

C'est bien ici le pays de la couleur et de la lumière ! La couleur, elle s'étale partout, riche et splendide ; la lumière, elle ruisselle et éblouit. C'est une fête perpétuelle pour les yeux. Tout leur est spectacle et enchantement. A côté d'un chef-d'œuvre d'architecture, un rien les étonne et les charme ; une porte de mosquée en ruine, une échoppe de marchand, un coin de rue tortueux avec ses fenêtres sculptées et ses balcons treillagés : voilà tout un tableau, et un tableau charmant si un rayon de soleil vient en animer les détails. Que de fois, en parcourant les rues du Caire, nous nous sommes arrêtés tout à coup pour admirer quelqu'un de ces effets magiques de couleur, de ces jeux merveilleux de l'ombre et de la lumière ! Je me souviens entre autres d'un carrefour situé, je crois, à l'extrémité du bazar des étoffes. Une vieille mosquée s'élevait d'un côté, avec ses murs rayés de blanc et de rose; de l'autre, de grandes maisons aux fenêtres étroites et grillées. Des frises de la mosquée aux terrasses des maisons étaient tendues des toiles, des nattes, des tapis, destinés à tempérer l'ardeur du jour. Mais, à travers ces tentures à demi pendantes, glissaient jusqu'à terre quelques rayons de soleil qui, projetant sur les masses d'ombre comme des îles de lumière, faisaient briller par places la foule bariolée et mouvante, et étinceler aux étalages des marchands les soies chatoyantes et les étoffes brochées d'or et d'argent. Cadre et personnages, caractère et costumes, contraste vigoureux des clartés et des ombres, nous avions là sous les yeux une de ces scènes qu'affectionne et qu'a reproduites vivantes sur la toile le pinceau de Decamps.

Sauf le Mousky et deux ou trois grandes rues marchandes, impossible à l'étranger de se reconnaître et de s'orienter dans les rues du Caire : c'est un labyrinthe inextricable; c'est un dédale et un lacis sans fin de rues, de ruelles, de passages obscurs, où les âniers seuls peuvent retrouver leur chemin. Beaucoup de ces ruelles sont tout juste assez larges pour deux hommes de front, et l'on a peine à passer sans encombre si l'on se croise avec un âne chargé ou un chameau. Nous autres gens du Nord, nous cherchons, nous appelons le soleil : ici on le fuit; c'est l'ennemi. Les maisons se serrent les unes contre les autres, pour l'empêcher de passer. Souvent elles ont, comme nos vieilles maisons du moyen âge, plusieurs étages qui s'avancent en saillie l'un sur l'autre. Mais ce qui ajoute le plus à l'obscurité des rues, tout en les décorant d'une façon charmante, ce sont les *moucharabieh*, ou balcons, dont presque toutes les fenêtres sont garnies.

Ces balcons, tout en bois, fermés exactement sur les trois faces par des grillages serrés ou des panneaux élégamment sculptés et découpés à jour, avec toutes sortes de fantaisies et d'arabesques, sont disposés de façon à ce qu'on puisse voir de l'intérieur sans être vu. Plusieurs ont comme de petits avant-corps au moyen desquels l'observateur, en avançant la tête, peut plonger le regard perpendiculairement au-dessous de lui. Ces cages délicieuses ne laissent jamais entrevoir les charmants oiseaux qu'elles tiennent captifs. A peine, de temps à autre, voit-on une main furtive entr'ouvrir discrètement le châssis, ou deux yeux de gazelle briller à travers le treillage. Pour le voyageur, dont ils attirent involontairement le regard et dont l'imagination les peuple de gracieuses figures, ces balcons ouvragés sont l'ornement des rues du Caire; mais, hélas! ce ne sont, en effet, que des fenêtres de prison; ce ne sont que les grilles des harems, cette plaie de l'Orient. Derrière, vous trouveriez la servitude, la dégradation, tous les vices du maître et tous ceux de l'esclave. Ainsi en est-il partout en ce pays : au dehors l'éclat et la poésie, au dedans la misère et la corruption.

Dans les rues étroites, les *moucharabieh* se rejoignent presque d'un côté de la rue à l'autre; et lorsque les maisons ont plusieurs étages qui surplombent l'un sur l'autre, les balcons supérieurs s'entre-croisent littéralement, et, fermant presque la rue par en haut, n'y laissent pas pénétrer le soleil, à peine le jour. Dans la saison chaude, ces ruelles doivent être très-fraîches; en revanche, comme l'air n'y circule guère, elles doivent être assez malsaines. Pour se défendre du soleil, on s'expose à la peste.

Du reste, il faut rendre justice à la police de la voirie

égyptienne : je n'ai pas vu beaucoup de villes en Europe qui puissent, pour la propreté des rues, être comparées au Caire. Tout le monde sait qu'à Constantinople ce sont les chiens seuls qui sont chargés de nettoyer les rues ; et il en est ainsi, je crois, à peu près dans tout l'Orient. Ici, tous les matins, les rues sont balayées et les immondices enlevées. Cette propreté merveilleuse était, je l'avoue, un de mes étonnements. Comme tout ce qui se voit de bon en Égypte, cette police date de l'occupation française ; mais c'est au gouvernement de Méhémet-Ali qu'elle a dû d'être organisée et de durer.

Despote impitoyable, Méhémet-Ali était du moins un grand administrateur. Il avait fait de l'administration en Égypte un mécanisme de fer, écrasant les individus, exploitant la terre comme les hommes, mais marchant avec régularité. Il n'a pas eu de successeurs ; mais l'impulsion donnée par lui s'est continuée ; la machine qu'il avait construite fonctionne encore, bien qu'au centre la force organisatrice et la pensée supérieure soient désormais absentes.

CHAPITRE V

LE CAIRE (SUITE) — LA CITADELLE — LES MOSQUÉES

CHAPITRE V

LE CAIRE (SUITE) — LA CITADELLE — LES MOSQUÉES

Nous sommes allés aujourd'hui visiter la citadelle. Elle est, je l'ai déjà dit, bâtie sur la croupe du Mokattam, qui s'élève au nord de la ville et la domine. Comme nous sommes logés dans la partie méridionale, près de la place de l'Ezbekieh, il nous faut, pour nous y rendre, traverser le Caire dans toute sa largeur. Après avoir franchi le Mousky, le quartier des Juifs et celui des Bazars, nous entrons dans les quartiers des artisans. Un bruit assourdissant de marteaux annonce de loin la rue des chaudronniers : à la suite sont les bourreliers, puis les corroyeurs, puis les marchands de pipes, et ainsi de suite. Au Caire, chaque commerce, chaque industrie a son quartier et sa rue, comme dans nos villes du moyen âge. Une ressemblance de plus avec nos villes d'autrefois, c'est que chaque quartier avait ses portes qui se fermaient à la nuit : les portes subsistent encore en beaucoup d'endroits; mais elles sont déjetées, vermoulues, et depuis longtemps elles ont cessé de tourner sur leurs gonds.

On monte à la citadelle par une rampe en spirale, assez douce pour que les voitures puissent la gravir : à droite et à gauche s'élèvent de vieilles mosquées en ruine, avec leurs minarets ébréchés par le temps et comme calcinés par le soleil. C'est à Méhémet-Ali qu'est due cette route nouvelle, large, commode, plantée d'arbres. Il n'y avait autrefois, pour arriver à la citadelle, qu'un chemin étroit, escarpé, taillé dans le roc, qui allait, plus à l'est, déboucher sur la place de Roumelieh par une porte en demi-ogive, flanquée de deux tourelles.

C'est dans ce vieux chemin, à droite en montant, que se passa, en 1811, le drame terrible qui consolida dans le sang la domination du pacha. Arrivé au pouvoir à force d'habileté et d'audace, de persévérance et de souplesse; confirmé par la Porte dans le gouvernement de l'Égypte, qu'on lui laissait par cette raison principalement qu'on n'eût pas pu le lui ôter, Méhémet-Ali n'avait plus d'adversaires que les mameluks, milice turbulente et redoutable qui, pendant cinq siècles, avait dominé la province et lui avait donné des maîtres. Bien que décimée et singulièrement affaiblie par la conquête française, elle tenait en échec le nouveau gouvernement, et faisait peser sur le pays le poids d'une féodalité brutale et d'une anarchie dévorante. Longtemps ce fut entre le pacha et les mameluks une suite de combats, de vengeances, de représailles : chassés du Caire, mais toujours menaçants, ils s'étaient retirés dans la haute Égypte et de là entretenaient dans tout le pays une agitation continuelle. Enfin, à la veille de sa grande expédition contre les Wahabites, ne pouvant laisser derrière lui des ennemis aussi dangereux,

MASSACRE DES MAMELUKS

Méhémet-Ali demanda à la ruse ce que la force ouverte n'avait pu lui donner.

Avec des paroles de réconciliation, avec des promesses et des présents, il attira au Caire ses adversaires. Des fêtes somptueuses devaient avoir lieu pour le départ de l'expédition d'Arabie. Le 1er mars 1811, tous les mameluks sont invités à la citadelle : c'était là que résidait le pacha. Ils s'y rendent avec douze à quinze cents cavaliers de leur suite, revêtus de leurs plus riches costumes et de leurs plus belles armes. Méhémet-Ali les reçoit sous une tente magnifique, et leur offre les sorbets et le café avec une cordialité faite pour dissiper tous les soupçons. La fête terminée, les mameluks se retirent aux sons d'une musique militaire; mais, parvenus au bas de ce chemin étroit et abrupt dont j'ai parlé, ils trouvent fermée la porte massive qui donne sur la place de Roumelieh. Des Arnautes, troupes dévouées au pacha, les enveloppent par derrière : ils se voient cernés, traqués dans une gorge profonde, bordée de hautes murailles. Au même instant, un feu terrible éclate de tous côtés : de toutes les meurtrières pleut sur eux une grêle de balles. La résistance était impossible ; ils n'avaient pas même de cartouches. Quelques-uns, avec la rage du désespoir, poussant leurs chevaux au travers de la mousqueterie, reviennent sur leurs pas et tentent, le sabre à la main, de se faire jour. Ceux qui tombent aux mains des Arnautes sont conduits devant le pacha et décapités. Un seul échappa : il se nommait Amyn-Bey. Parvenu dans la grande cour du palais, poursuivi par la fusillade jusqu'à la plate-forme du mur d'enceinte, et n'ayant qu'à choisir entre deux genres de mort, il lança son cheval de la terrasse haute de plus de vingt mètres. Le vaillant animal fut tué sur le coup; l'homme, quoique meurtri, se releva, et, grâce à quelques

Arabes qui eurent pitié de lui, put quelques jours après se réfugier en Syrie[1].

Certes, si la politique explique un pareil acte, rien ne peut l'absoudre; pour avoir eu un précédent dans le massacre des Strélitz par Pierre le Grand, pour avoir servi de modèle au massacre des janissaires par le sultan Mahmoud, il n'en est pas moins odieux. Ce qu'on peut dire de mieux pour l'excuser, c'est qu'à l'anarchie stupide entretenue par cinquante tyrans il fit succéder un despotisme unique et intelligent qui devait être un bienfait pour l'Égypte. Quoi qu'il en soit, de ce jour le pouvoir de Méhémet-Ali fut affermi; et le pacha put travailler sans obstacle à la réalisation de ses projets d'agrandissement et de réforme.

La citadelle du Caire est une véritable ville. Ses trois enceintes, qui ont un développement de plus de trois kilomètres, renferment, en effet, plusieurs palais avec leurs jardins, douze mosquées, des casernes, des arsenaux, des tribunaux, des places d'armes, sans compter des ministères et des archives. Nous laissons nos ânes dans la première cour, et nous nous acheminons à pied vers la grande mosquée. C'est Méhémet-Ali qui l'a construite : commencée vers 1820, elle n'a été achevée que peu d'années avant sa mort.

Un vieux Turc, qui fume assis sur ses talons, vient nous mettre aux pieds des chaussons de grosse toile blanche, qui s'attachent avec des ficelles par-dessus nos souliers. Cette

---

[1] On a écrit que ce mameluk, saisi huit jours plus tard, avait été décapité. Le fait paraît faux. Le R. P. Laorty, auteur d'un livre récent sur l'Égypte, raconte avoir vu lui-même Amyn-Bey à Jérusalem et avoir recueilli de sa bouche les détails de sa fuite.

TOMBEAUX DES CALIFES — CITADELLE DU CAIRE

cérémonie accomplie, on nous introduit dans une vaste cour carrée qui précède la mosquée. Cette cour est magnifique; la richesse de la matière éblouit vraiment le regard : le pavé, la fontaine qui est au milieu, tout ornée de riches sculptures, la galerie soutenue de colonnes, qui forme les trois côtés de la cour opposés à la mosquée, tout est en marbre blanc; et sous ce ciel d'une inaltérable sérénité on ne voit jamais, comme dans nos climats humides, comme en Italie même, le marbre se noircir ou se couvrir de mousses vertes ; il garde éternellement sa blancheur immaculée et l'éclat que lui a donné la main de l'ouvrier.

L'intérieur de la mosquée est plus riche encore. Le revêtement des murailles et les colonnes qui portent la voûte sont en albâtre oriental, cette belle pierre d'un jaune pâle, aux larges ondes transparentes et laiteuses. Les frises sont peintes de couleurs vives; et autour de la coupole centrale pendent, au bout de longues chaînes ornées de touffes de soie, une innombrable quantité de lampes. Dans l'angle à droite en entrant s'élève, derrière une grille dorée, le tombeau de Méhémet-Ali. Tout cela est splendide, et le premier aspect est merveilleux. Mais si la matière est admirable, l'art est médiocre. Ce n'est plus là cette architecture arabe, si légère et si hardie, si élégante dans ses caprices, dont nous avons déjà pu en passant contempler les monuments dans les rues du Caire; et l'on est tenté de répéter au pacha le mot du sculpteur grec : « Ne pouvant la faire belle, tu l'as faite riche. » Mais est-il besoin d'aller jusqu'en Égypte pour trouver des exemples d'une semblable décadence, et voir dans l'art religieux la richesse remplacer le beau ?

A côté de la grande mosquée se trouve le palais du vice-roi. C'est un édifice moderne et de pauvre apparence. L'intérieur répond au dehors : luxe et mauvais goût, mélange de barbarie et de civilisation ; des antichambres délabrées, des corridors sales et enfumés, où pendent d'ignobles quinquets, conduisent à des salles dorées et entourées de riches divans. A côté de meubles de Boule ou de palissandre sculpté, on voit une mauvaise table de noyer, boiteuse et couverte d'une toile cirée. Près du trône est le fauteuil de repos du vice-roi, un fauteuil gigantesque, où trois hommes tiendraient à l'aise. L'obésité, on le sait, est l'infirmité des Turcs : on dirait d'un mal endémique, et qui les atteint tout jeunes. Bien que Méhémet-Ali fût Grec d'origine [1], sa race semble déjà s'être abâtardie sous l'influence énervante du climat et subir cette loi d'appesantissement précoce. Son petit-fils, Abbas-Pacha, était un véritable Turc, au physique et au moral; son fils Mohammed-Saïd, le pacha actuel, affligé avant l'âge d'un embonpoint monstrueux, ne paraît pas être d'une autre nature. C'est un fait général et souvent observé, sans qu'on en rende bien compte, que les races étrangères, les races européennes surtout, s'altèrent et dépérissent en Égypte. Les enfants européens y meurent presque tous avant la dixième année. Dans les familles mêmes qui résistent à cette influence pernicieuse, le type primitif dégénère promptement ; et dès la seconde ou la troisième génération, il a dépouillé à peu près toutes ses qualités premières. Les Ptolémées en ont laissé dans l'histoire un curieux exemple : la race de l'héroïque Lagus vient finir en cet être difforme qui fut flétri du sobriquet de *Physcon,* c'est-à-dire le Ventru ou l'Enflé. La dynastie des mameluks

---

[1] Il était né à Cavala, en Macédoine ; et c'était même pour lui un sujet de vanité que cette communauté d'origine avec le vainqueur de Darius.

UNE SAKIEH

n'a échappé à cette dégénérescence que parce qu'elle se renouvelait incessamment, comme chacun sait, au moyen de l'esclavage.

Il y avait, naguère encore, près du palais du vice-roi, des ruines du plus haut intérêt : c'étaient les restes d'un palais de Saladin, que la tradition appelait de son nom (Yousouf) *le Divan de Joseph*. Ce monument, qui datait de la meilleure époque de l'art arabe, n'avait pas, dit-on, pour la pureté du style, son pareil dans toute l'Égypte. Les derniers restes en ont disparu : on a brisé ses colonnes de granit pour bâtir quelque caserne.

C'est Saladin qui a construit la citadelle. C'est lui aussi qui, pour la fournir d'eau, a fait creuser dans la montagne sur laquelle elle est assise cette citerne prodigieuse qu'on appelle *le Puits de Joseph*. Ce puits a une profondeur de cent mètres ; on peut descendre presque jusqu'au fond au moyen d'une rampe en spirale creusée dans l'épaisseur du rocher, et si douce qu'un âne peut la monter. L'eau est élevée par une roue à chapelet que font tourner des bœufs ou des chevaux. C'est vraiment là une œuvre colossale et digne d'un grand homme. Nous descendîmes jusqu'à mi-chemin à peu près. Je remarquai que plus de la moitié des pots de la chaîne étaient brisés. La machine n'en continue pas moins à marcher, bien que donnant à peine la moitié de l'eau qu'elle peut donner. Qu'importe ? Elle doit tourner ; elle tourne. Quand les pots seront tous cassés, on songera peut-être à les remplacer.

En sortant de la citadelle, nous nous avançons jusqu'au bord de la terrasse qui domine le Caire : on appelle cet endroit *le Saut du Mameluk*, en souvenir de l'audacieuse évasion d'Amyn-Bey. De là on a une vue admirable. A nos pieds s'étend la ville immense, avec ses toits gris en terrasses,

7

avec ses dômes et ses minarets innombrables ; à gauche, on aperçoit le vieux Caire et les arcades élevées de l'aqueduc du sultan Touloun, qui apportait l'eau du Nil à la citadelle ; à droite, les tombeaux des califes, vaste champ de ruine et de désolation; en face, Boulaq et ses entrepôts ; puis, étincelant sous le soleil et enveloppant de ses flots dorés des îles verdoyantes, le Nil qui traverse majestueusement ces plaines fécondes, toutes couvertes de jaunes moissons, de palais, de villas, de jardins. Au loin, une ligne jaune tranche sur les champs de verdure : c'est le désert, au-dessus duquel se dressent, posées à la limite même où il s'arrête, les grandes pyramides de Ghizeh, et, en remontant le fleuve jusqu'aux bornes de l'horizon, les quatorze pyramides plus petites de Sakkarah. Il y a peu de spectacles au monde qui soient plus variés et plus saisissants : il n'y en a pas peut-être qui réunissent ainsi les splendeurs du ciel, les richesses de la nature, la poésie des souvenirs, la grandeur des monuments et la solennité du désert.

Nous sommes sortis de la citadelle par la porte qui s'ouvre au sud sur la place de Roumelieh. Cette place est une des plus grandes et des plus animées du Caire. Près de là se trouve la mosquée du sultan Hassan, que nous devions visiter.

Il y a seulement trente ans, l'entrée des mosquées n'était pas ouverte sans quelque difficulté aux Européens : il fallait être accompagné d'un janissaire du consulat; souvent même il était prudent de revêtir le costume oriental. Quant aux femmes, elles n'y étaient jamais admises. A cette époque, il n'était pas rare même que l'habit européen fût insulté dans les rues. Le savant Belzoni, en 1815, fut frappé d'un coup de sabre à la jambe par un Turc qui trouvait qu'il ne se

MOSQUÉE DU SULTAN HASSAN AU CAIRE

rangeait pas assez vite. La longue domination de Méhémet-Ali a singulièrement modifié sous ce rapport l'état des choses, et introduit la tolérance dans les mœurs égyptiennes. Soit indifférence religieuse, soit calcul politique, il voulut que les diverses religions et les divers cultes fussent respectés dans ses États. Intéressé à attirer et à retenir les Européens près de lui, son premier soin devait être de leur assurer une sécurité entière. Aujourd'hui, grâce aux relations de plus en plus fréquentes de l'Europe avec l'Égypte, et au nombre croissant des voyageurs qui visitent ce pays, les habitants du Caire voient sans étonnement les *giaours* parcourir leurs rues et même entrer dans leurs mosquées, conduits par un simple drogman. La seule condition imposée est qu'on quitte ses chaussures, ou qu'on mette des babouches par-dessus.

La mosquée du sultan Hassan est de la plus belle époque (1356), et, bien qu'à demi ruinée, mérite une attention particulière. Ses minarets sont les plus élevés et les plus élégants du Caire : sa coupole est d'une grande hardiesse. Comme d'habitude, les murs, à l'extérieur, sont peints de bandes alternativement rouges et blanches; une large corniche les surmonte.

La mosquée s'ouvre, sur une rue latérale, par un portail en ogive décoré de pendentifs ou grecques : ce portail est un admirable morceau d'architecture, orné avec goût, noble et gracieux à la fois. On traverse un beau péristyle, et par un passage obscur où se tiennent les gardiens on entre dans une vaste cour carrée, pavée en marbre, entourée de trois côtés de chapelles et de bâtiments où logent les ulémas; les murailles qui en forment l'enceinte sont couronnées de trèfles sculptés; au milieu de la cour, une fontaine avec une colonnade octogone, et recouverte d'une jolie coupole, verse l'eau des ablutions. Au fond est le sanctuaire, élevé seulement d'un degré au-dessus de la cour, et dont le pavé est entièrement revêtu de nattes. Les murs portent des inscriptions à demi effacées, des incrustations de marbre, de nacre ou d'émail.

Derrière le sanctuaire est une grande salle, dite salle du tombeau, carrée, surmontée d'un dôme, et qui n'offre plus que le spectacle de la ruine et de l'abandon le plus affligeants. A peine peut-on distinguer encore sur les murs les caractères gigantesques qui y retraçaient les versets du koran; la coupole effondrée laisse passer le jour en plus d'un endroit, et sert d'asile aux corbeaux et aux chauves-souris. Dans les angles, des pendentifs en bois merveilleusement sculptés, vermoulus et disjoints, s'affaissent et menacent ruine : demain peut-être ils tomberont en poussière sur la tête des croyants, qui ne mettraient pas un clou pour les soutenir.

Au milieu de cette salle délabrée s'élève, entouré de sa balustrade en fer, le tombeau du sultan Hassan, aussi poudreux et aussi dégradé que tout ce qui l'entoure. Le cercueil est tourné vers la Mekke. Aux pieds du sultan est placé un livre à fermoirs d'argent : c'est un koran que Hassan copia tout entier de sa main.

En dépit de l'état de dégradation où les Turcs ont laissé tomber ces magnifiques monuments, on ne peut se lasser d'en admirer l'élégance hardie, la fantaisie pleine de grâce, la richesse pleine de bon goût. On imagine aisément quel devait en être l'éclat, quand s'ajoutaient à l'effet de cette architecture tant de détails aujourd'hui ternis ou disparus : vitraux coloriés, boiseries découpées à jour, plafonds peints et dorés, lambris de marbres précieux, pavés de marqueterie, lampes innombrables se balançant du haut des coupoles. De tout cela, il ne reste guère que les débris : les monuments des Arabes, vieux de cinq à six cents ans, semblent à peine plus épargnés par le temps que les temples des Pharaons.

Après la mosquée du sultan Hassan, les plus intéressantes du Caire sont celle du sultan Touloun et celle d'El-Azhar, ou mosquée *des fleurs*. Toutes deux comptent parmi les modèles de l'architecture arabe. Je n'en donnerai pas la description, tous ces monuments étant à peu près, et sauf quelques détails, construits sur le même plan. Au reste, la mosquée de Touloun est aujourd'hui défigurée : Ibrahim-Pacha en a fait un hôpital militaire. On a démoli la fontaine, construit des murs entre les colonnes, dans les galeries. Il y avait en Égypte, au Caire même, dix palais inhabités, abandonnés, qui eussent pu servir au même emploi : on a mieux aimé déshonorer un admirable monument.

El-Azhar est à la fois une mosquée et une université où se donnent divers enseignements scientifiques et religieux, et une sorte de caravansérail où trouvent asile les pèlerins de toute nation qui font le voyage de la Mekke. On raconte que ce fut là que logea Soleyman-el-Halegy, l'assassin de Kléber, en arrivant de Syrie. Il y enflamma son fanatisme aux prédications des docteurs de la loi; fanatisme qui n'était point, au surplus, celui d'une âme basse ni d'une nature vulgaire. Il eût été capable d'héroïsme comme il fut capable de crime, l'homme qui, pendant qu'on lui brûlait le poignet, impassible et fier, n'ouvrit la bouche que pour se plaindre qu'un charbon ardent fût tombé sur son bras, « cela, disait-il, n'étant pas dans la sentence. »

Une mosquée, dans les idées des musulmans, n'est point

un temple où Dieu habite et fait sentir sa présence : c'est tout simplement une maison de prière, un lieu de recueillement et de contemplation où les hommes se réunissent pour adorer le Dieu unique et éternel. Leur religion, en effet, n'a d'autre dogme que celui de l'unité de Dieu; point de culte proprement dit, ni de symboles : à l'origine même elle n'avait pas de prêtres, ou du moins tout fidèle pouvait en remplir les fonctions. Une pensée élevée et pieuse fit bientôt placer auprès de ces monuments destinés à la prière des établissements utiles, des colléges, des bibliothèques, des asiles pour les pauvres, les infirmes et les pèlerins. Sous ce rapport El-Azhar fut de tout temps un des plus riches et des plus importants établissements de l'islamisme. Ses écoles réunissaient autrefois jusqu'à vingt mille élèves de tous pays. Aujourd'hui encore les cours de son université sont suivis par tous ceux qui se destinent aux professions civiles et religieuses. L'instruction y est gratuite. Dans les dépendances, se trouve un hospice appelé *la Chapelle des aveugles* : trois cents aveugles de tout âge y sont entretenus aux frais de la mosquée. Cette mosquée était autrefois propriétaire de grands biens : elle en a été, comme toutes les autres, violemment dépouillée par ce fameux décret de confiscation qui fit passer entre les mains de Méhémet-Ali le sol tout entier de l'Égypte. Le pacha, en s'emparant des immeubles qui appartenaient aux établissements religieux et charitables, s'était bien engagé à leur servir des revenus suffisants pour leur entretien ; mais cet engagement ne paraît pas avoir été tenu toujours bien fidèlement, et l'importance de ces grandes fondations a par suite considérablement diminué.

CHAPITRE VI

LE VIEUX-CAIRE — RHODAH — LA MOSQUÉE D'AMROU
— LES DERVICHES HURLEURS

CHAPITRE VI

LE VIEUX-CAIRE — RHODAH — LA MOSQUÉE D'AMROU
— LES DERVICHES HURLEURS

Le Vieux-Caire mérite une visite à part. Il est situé sur le bord du Nil, à une demi-lieue environ de la capitale actuelle. Sa fondation remonte aux temps de la conquête arabe (641). Amrou, maître de l'Égypte, qui avait perdu depuis longtemps déjà sa vieille capitale Memphis, voulut lui en donner une nouvelle. Il la bâtit sur le lieu où il avait campé, et la nomma *Fostat,* c'est-à-dire la Tente. Une légende gracieuse raconte que, pendant qu'il assiégeait une forteresse romaine appelée Babylone d'Égypte et située en ce lieu même, une colombe fit son nid sur la tente du terrible conquérant, et que celui-ci défendit qu'on levât sa tente, pour ne point déranger l'innocente couvée : de là le nom de la ville nouvelle. Le Caire actuel fut fondé. trois siècles plus tard, par le premier calife fatimite. Moëz : son nom, *Cahira,* veut dire « la Victorieuse ».

On va au Vieux-Caire par une belle avenue, plantée de

grands arbres, bordée de jardins et de champs de cannes à sucre. Plusieurs de ces champs ont pour clôture des haies de gigantesques cactus : il y en a qui s'élèvent jusqu'à quinze ou vingt pieds.

La route est soigneusement entretenue et arrosée. Le système d'arrosement employé partout aux environs de la ville est très-simple et très-primitif. Au bord de la route est ménagé un petit canal, où passe un courant d'eau continuel, alimenté par des roues à chapelet qui puisent ou dans le Nil ou dans les grands canaux communiquant avec le Nil. Ces eaux servent à arroser pendant l'été les arbres. Pour arroser la route, des hommes qui portent une outre de peau de bouc suspendue derrière le dos vont remplir cette outre au canal : ils se promènent ensuite sur la route, tenant serré avec la main l'orifice de l'outre, et l'ouvrant et le fermant alternativement de façon à lancer devant eux un jet d'eau demi-circulaire. Les rues du Caire sont arrosées de la même manière, avec l'eau que fournissent ses abondantes fontaines.

Bien que situé sur le bord du fleuve, le Vieux-Caire est une ville à peu près morte : toute la vie, tout le commerce se sont concentrés à Boulaq, qui est le vrai port du Caire et qui n'est situé qu'à une distance moitié moindre de cette capitale. Ce qu'on vient voir ici, ce n'est pas la ville, c'est une ruine, la vieille mosquée d'Amrou. Elle est complétement abandonnée. C'est le plus ancien monument religieux que le mahométisme ait élevé en Égypte : comme le Vieux-Caire lui-même, elle date, le nom de son fondateur le dit, de la conquête. Elle se compose d'une vaste cour découverte; au milieu est une fontaine ; tout autour, une sorte de cloître ; au fond, une partie couverte formée par sept rangs de colonnes. Le nombre de ces colonnes est de trois

LA MOSQUÉE D'AMROU

cent soixante-dix; elles sont toutes en marbre ou en granit, et ont été enlevées pour la plupart à des monuments gréco-romains. Des chapiteaux de formes très-variées, et surtout quelques-uns représentant des feuillages sculptés avec une perfection rare, sont dignes d'attention. Cette forêt de colonnes est d'ailleurs d'un très-bel effet.

On visite encore, au Vieux-Caire, une petite et pauvre église, dédiée à saint Sergius, et desservie par des Coptes. Elle a de vieilles peintures grecques. Sous l'autel est une crypte; c'était, selon la tradition, une grotte où la sainte Famille trouva asile pendant son séjour en Égypte.

En face du Vieux-Caire est l'île de Rhodah. Ce nom veut dire *jardin*, et l'île, en effet, est un jardin charmant, rempli d'arbres de l'Inde et des tropiques. A la pointe, un palais a été bâti : de ses terrasses on a une vue magnifique sur le fleuve et la ville lointaine. Près de là on voit le nilomètre : c'est une colonne graduée qui sert, comme on sait, à mesurer la hauteur de l'inondation; elle est placée au milieu d'une large citerne carrée, où l'on descend par un petit escalier. Ce nilomètre ne date que des Arabes, et du IXe siècle; mais les anciens Égyptiens en avaient élevé bien des siècles auparavant.

L'île de Rhodah fut de tout temps célèbre comme un lieu de plaisir. Il en est parlé en ce sens dans les *Mille et une Nuits*. Une légende populaire en fait le théâtre des amours d'Antoine et de Cléopâtre. Une tradition religieuse veut aussi que ce soit à la pointe de l'île que se soit arrêté le berceau qui portait Moïse, quand la fille du Pharaon le recueillit sur les eaux.

Nous ne rentrons pas dans le Caire par le même chemin :

un sentier poudreux qui passe au travers d'une plaine couverte de monceaux de ruines et de débris, où errent des chiens affamés et sur lesquels planent de grands vautours, nous ramène dans les faubourgs situés au pied de la citadelle. De là, pour regagner l'Ezbekieh, nous avons à traverser toute la vieille ville, tout le massif des quartiers arabes. Sauf quelques rues marchandes et assez animées, tout dans cette partie du Caire est silence et solitude. C'est là un des caractères et des contrastes singuliers de cette ville : au sortir de la foule, du tapage, de l'encombrement de certaines rues, vous tombez tout d'un coup dans des rues désertes, muettes et qu'on dirait inhabitées. Toutes ces maisons hermétiquement closes, avec leurs fenêtres grillées, avec leurs portes basses et massives comme des portes de prison, auraient même quelque chose de sinistre, n'était ce soleil éblouissant qui, malgré les toiles, les nattes, les balcons entre-croisés, jette une teinte chaude et gaie sur les murailles grises.

Nous eûmes cette fois la sensation inverse : après avoir cheminé longtemps à travers un labyrinthe de ruelles obscures et silencieuses, nous débouchâmes brusquement dans les grandes rues qui avoisinent les bazars et le Mousky, et nous tombâmes comme d'un saut au milieu de ce tourbillon humain qui les parcourt sans cesse : c'est un changement de décoration à vue, et la surprise est toujours extrême. J'avoue du reste que, la dixième fois comme la première, j'ai toujours été étonné, ahuri de cette agitation et de ce bruit qui remplissent les grandes rues du Caire, et auxquels rien ne ressemble dans nos villes d'Occident les plus populeuses. Nous avons le mouvement des affaires, quelquefois l'affluence des promeneurs, quelquefois la foule des fêtes populaires : mais notre activité est morose et silencieuse; nos joies mêmes sont sans gaieté et sans expansion. Chez les Arabes, rien ne se fait qu'avec des cris, avec des chants : travail ou plaisir, c'est toujours une profusion de gestes, une abondance et une volubilité de paroles inexprimables.

Mais si vous voulez, à côté de cette turbulence de la rue, admirer la gravité orientale et la majesté turque, regardez dans ces petites boutiques, semblables à des cellules carrées, et qui sont, côte à côte, rangées sur chaque face de la rue. A l'un des angles est assis le marchand, les jambes croisées, sur une natte ou un tapis. Immobile, les yeux à demi clos, il fume silencieusement sa pipe au long tuyau de cerisier, ou dévide son chapelet à gros grains. Si, d'aventure, vous vous adressez à lui pour acheter quelque objet de son commerce, gravement, lentement, et d'un air ennuyé, il se lèvera sans dire un mot, et se mettra, toujours sans se presser, en devoir de chercher ce que vous demandez. Jamais une de ces paroles engageantes, de ces offres de services, encore moins de ces vanteries que prodigue le marchand européen. Lui, vous avez l'air de le déranger; il vous reçoit comme un importun qui trouble sa méditation ou sa prière; en vous vendant, il a l'air de vous rendre service. On entend bien du reste que je ne parle pas ici des marchands juifs, syriens ou grecs, qui ont de tout autres allures et sont très-actifs et très-déliés. Au surplus, tout grave, tout silencieux qu'il est, le marchand turc n'en est pas moins disposé à tromper l'Européen et à surfaire sa marchandise : avec lui comme avec les autres, il est bon d'être sur ses gardes. Si vous voulez avoir de meilleures conditions, allez le trouver le matin, de bonne heure : pour commencer sa journée sous de favorables auspices, il ne vous fera, si vous êtes son premier acheteur, payer la marchandise que ce qu'elle vaut.

Comme nous passions dans le Mousky, nous entendons tout à coup, au milieu du bruit général, un cri plus perçant et plus singulier que les autres. On eût dit du gloussement d'une poule appelant ses poussins, ou du glouglou d'un dindon effrayé, mais dans un ton suraigu. Ce cri était poussé par des femmes marchant à côté et en avant d'une voiture où se trouvaient d'autres femmes richement vêtues. On nous dit que c'était un mariage, et que ce cortége conduisait la fiancée chez son époux. Ce gloussement étrange, appelé en arabe *zagarit,* et qui se produit en agitant vivement la langue dans la bouche entr'ouverte, est un signe de réjouissance qui se fait entendre dans toutes les fêtes de famille, comme le mariage, la circoncision, et dans les fêtes religieuses. Je crois même qu'aux funérailles il est pareillement en usage, mais alors avec un accent propre à exprimer la douleur.

Au retour de nos courses dans la ville et aux environs, nous nous asseyons d'ordinaire sous les beaux ombrages de la place de l'Ezbekieh ; et, en attendant l'heure du dîner, nous prenons le café devant ces baraques dont j'ai parlé et qui bordent la promenade. Les cafés d'Orient ne ressemblent guère aux nôtres. Ce ne sont, je parle surtout de ceux qu'on voit dans l'intérieur de la ville, que de petites boutiques, sombres, étroites, enfumées, au fond desquelles est installé le cafetier avec ses fourneaux. Généralement le bas peuple seul les fréquente. On s'assied, au-devant, sur des bancs de bois ou de pierre ; et là vous pouvez voir, graves et silencieux, des Turcs qui fument pendant de longues heures, savourant de temps en temps une tasse de café. C'est le spectacle de l'indolence, et, si l'on veut, de l'apathie orientale : mais j'aime mieux cela que le désordre et les rixes, les chants grossiers et la débauche brutale dont nos cafés et nos cabarets populaires sont trop souvent le théâtre. Ici, du moins, la dignité humaine ne subit pas cette affligeante dégradation de l'ivresse que causent les liqueurs fermentées.

C'est, à mon avis, un breuvage délicieux, que le café tel que le boivent les Orientaux; et je le déclare pour ma part bien supérieur au nôtre. Ils le font tout simplement en infusion et à vase ouvert. Fait de la sorte, c'est une liqueur légère, blonde, transparente, doucement parfumée, à la fois agréable et salubre, très-tonique et admirablement convenable aux climats chauds : vous pouvez en prendre vingt tasses par jour sans inconvénient. En Europe, nous avons fait de notre café un breuvage noir, âcre, irritant, qui exaspère l'estomac et enflamme le cerveau, quand nous ne le gâtons pas en y mêlant des flots de lait.

Le lendemain de notre course au Vieux-Caire se trouvait être un vendredi. C'est le jour où, chaque semaine, les derviches hurleurs, qui ont un couvent sur la route même du Vieux-Caire, se livrent à leurs exercices religieux en présence des fidèles et des curieux admis à ce spectacle édifiant. A défaut de derviches tourneurs, — il n'y en a point au Caire, — nous voulûmes du moins voir, ou plutôt entendre ceux-ci.

Un peu avant deux heures, qui est l'heure dite, nous étions rendus au couvent, dont l'apparence est fort modeste. On nous introduisit dans une cour plantée de grands arbres, et autour de laquelle sont disposés de larges bancs en pierre, revêtus de nattes et formant divan. La réunion était déjà nombreuse. Outre plusieurs Européens, il y avait vingt à trente Turcs et Arabes, assis sur les divans, fumant la pipe ou le narguilé, quelques-uns récitant leur chapelet, d'autres, qui semblaient des soldats, occupés pacifiquement à tricoter.

On nous donna des chaises, et, quelques instants après, on nous offrit le café. Le service était fait par des domestiques du couvent, derviches eux-mêmes, ou du moins convers, comme j'eus lieu de le voir plus tard. Ces serviteurs avaient bien les plus étranges figures qui se puissent imaginer, l'un d'eux surtout : de grands cheveux couleur de filasse, qui lui tombaient en mèches effiloquées sur les épaules et jusqu'au milieu du dos ; sur la tête, une sorte de bonnet persan, haut et pointu, garni tout alentour d'un bourrelet de fourrure ; une figure longue, imberbe, hébétée ; le regard terne, l'œil éteint, la bouche entr'ouverte : une vraie physionomie de crétin ou d'idiot. Ce personnage long, maigre, fluet, était vêtu d'une espèce de sarrau en indienne rayée de rouge et de jaune, qui descendait jusqu'aux talons et que serrait une ceinture à la taille : il s'en allait d'un pas d'automate, traînant ses babouches sur les dalles de la cour, et offrant d'un air solennel le café ou la pipe aux assistants.

Après une demi-heure d'attente, nous fûmes introduits dans une vaste salle en hémicycle, voûtée, les murailles complétement nues ; on nous fit asseoir au fond, dans la partie circulaire. En face de nous, dans la muraille formant le diamètre de l'hémicycle, s'ouvrait la niche de la *kébla*, orientée, comme dans toutes les mosquées, du côté de la Mekke. Le chef des derviches était assis, les jambes croisées, sur un tapis au-devant de la niche : c'était un homme jeune encore, d'une belle et grave figure, barbe noire, turban blanc, robe noire. Devant lui, en demi-cercle, et accroupis de même sur des nattes, étaient rangés les derviches et tous ceux qui devaient prendre part à la cérémonie. Je remarquai alors parmi ceux-ci plusieurs des personnages que j'avais vus dans la cour, attendant comme nous que la salle fût ouverte : c'étaient apparemment ou des membres libres de l'association, ou des fidèles qui venaient, par zèle pieux, se joindre aux exercices des derviches. Les serviteurs qui nous avaient offert le café prirent place aussi dans le demi-cercle. Deux ou trois vieux musulmans, à barbe grise, et qui paraissaient être des dignitaires de l'ordre, arrivèrent successivement, et prirent les places d'honneur, qui étaient les premières à la gauche du chef. En levant les yeux, j'aperçus des fenêtres grillées, pratiquées dans la muraille qui nous faisait face, et à travers les grillages il me sembla voir des visages curieux qui devaient appartenir à des femmes.

Au moment où nous étions entrés, les prières étaient commencées. Sous la direction du chef, qui marquait le rhythme par des balancements de la tête et du corps, chaque assistant récitait avec lui une sorte de rosaire. Cela continua quelque temps, jusqu'à ce que tout le monde fût arrivé. Puis le chef se leva; tous les assistants se levèrent aussi, et commencèrent par se débarrasser de leurs manteaux, châles ou burnous, et par mettre bas leurs bonnets et leurs turbans. Une musique aigre et stridente, une musique turque, pour tout dire, se fit entendre. Les musiciens étaient à droite du chef : l'orchestre se composait d'un fifre ou espèce de flûte de bambou, et de divers tambours ou tam-tam. Ils exécutaient un air monotone, dont la cadence toujours la même rappelait l'air sur lequel les bateleurs de nos foires faisaient jadis danser les ours.

Alors, et comme sous l'impulsion musicale, tous les assistants, rangés debout, côte à côte, commencèrent d'un mouvement lent l'exercice pieux qui est l'objet de la cérémonie. Chaque fidèle, immobile à sa place, les bras pendants, jette le corps en avant de façon à abaisser la tête jusqu'au niveau des genoux, puis se relève en rejetant les épaules et la tête en arrière ; c'est au moment où il se redresse ainsi en se renversant violemment, que chacun d'eux fait entendre un cri rauque, une sorte de gémissement âpre et sourd qui semble sortir du fond des entrailles. Cette espèce de hurlement a quelque chose de sauvage et d'effrayant : on dirait un rugissement de bête fauve plutôt qu'un accent de la voix humaine.

J'ai dit qu'il n'y avait pas au Caire de derviches tourneurs. Nous en vîmes cependant deux qui, à ce moment, s'introduisirent dans le demi-cercle, et coiffés de longs bonnets pointus, le corps droit, la tête fixe, les bras tendus horizontalement, commencèrent à pivoter sur eux-mêmes avec la régularité d'une mécanique. Mais à coup sûr ceux-là n'étaient pas du même ordre que les célèbres derviches de Constantinople, qui tournent, dit-on, jusqu'à perdre haleine et à tomber étourdis. Durant une heure environ, ils continuèrent de tourner avec la même régularité, mais aussi avec la même lenteur et la même solennité monotone.

Nos derviches hurleurs, au contraire, n'y épargnaient pas leur peine. Le mouvement de tangage, réglé par l'orchestre, va peu à peu s'accélérant. Le chef, resté à sa place, marque la mesure en frappant dans ses mains, et en imprimant de temps en temps à son corps les mêmes oscillations. A mesure que le mouvement s'accélère, les hurlements deviennent aussi plus pressés, plus âpres, plus profonds.

Bientôt toutes les poitrines sont haletantes, tous les fronts sont ruisselants de sueur ; les genoux des malheureux patients fléchissent sous ces efforts violents et répétés ; leurs longs cheveux battent la terre, ou se collent sur leur visage humide. Une fatigue atroce semble ployer tous les corps.

Mais la musique infernale redouble de bruit et précipite la cadence. Le chef et les grands dignitaires placés à sa gauche quittent alors leur place, et à tour de rôle s'avançant dans le demi-cercle, marquant la mesure avec les mains et avec le corps, allant de l'un à l'autre, les excitent et les encouragent. Une sorte d'ivresse frénétique semble s'être emparée d'eux, et l'exaltation nerveuse les soutient seule dans l'épuisement visible des forces physiques. Enfin, à un signe du chef, la musique cesse ; le mouvement furieux de balancement s'arrête : le supplice est fini.

La plupart des acteurs de cette atroce cérémonie tombent anéantis sur leur natte. Mais il arrive que quelques-uns, doués d'une organisation plus sensible ou arrivés à un plus haut degré d'irritation nerveuse, ne peuvent plus, même après le signal, s'arrêter, et, comme un pendule trop fortement lancé, continuent malgré eux à suivre cet affreux balancement, entrecoupé de hoquets convulsifs. C'est comme une trépidation spasmodique et involontaire qui les secoue d'avant en arrière et d'arrière en avant, et qui se prolonge parfois assez longtemps. Leurs confrères sont obligés de les saisir à bras le corps pour arrêter ce mouvement automatique. J'en ai vu un qui se serait brisé la tête contre les murs si deux hommes, en y employant toute leur force, n'étaient parvenus à le maîtriser.

Ce spectacle est horrible, et j'avoue qu'à ce dernier acte de la cérémonie le cœur me manqua tout à fait. Une jeune Anglaise, qui était venue avec nous, faillit se trouver mal. Nous sortîmes en hâte, et ce ne fut pas sans quelque volupté que je retrouvai à la porte l'air pur et la splendeur du ciel : j'étais comme un homme qui s'éveille après un cauchemar.

CHAPITRE VII

DÉPART POUR LA HAUTE ÉGYPTE — BOULAQ
— LA CANGE — JOURNAL DU NIL — LES FEMMES DU NIL —
LA MONTAGNE DES OISEAUX — LE COUVENT DES COPTES
— LES CHADOUFS — LA PLAINE DE SYOUT —
GHIRGHEH — LE JOUR DE NOEL
— ARRIVÉE À LOUQSOR

CHAPITRE VII

DÉPART POUR LA HAUTE ÉGYPTE — BOULAQ
— LA CANGE — JOURNAL DU NIL — LES FEMMES DU NIL —
LA MONTAGNE DES OISEAUX — LE COUVENT DES COPTES
— LES CHADOUFS — LA PLAINE DE SYOUT —
GHIRGHEH — LE JOUR DE NOEL
— ARRIVÉE A LOUQSOR

Nous ne sommes que depuis peu de jours au Caire; et, malgré l'intérêt que nous offre cette ville, nous avons songé déjà à partir pour la haute Égypte. La saison s'avance, en effet; les eaux du Nil sont déjà basses, et à mesure qu'elles baisseront davantage la navigation va devenir plus difficile et plus lente. Il vaut donc mieux ne pas tarder : au retour nous pourrons à loisir prolonger notre séjour. Et puis, nous sommes impatients de commencer cette seconde partie de notre voyage. Nous n'avons vu encore que l'Égypte moderne, que l'Égypte arabe, qui date d'hier : il nous reste à visiter l'Égypte antique, l'Égypte des Ptolémées, surtout celle des Pharaons; à parcourir cette vallée du Nil qui fut un des premiers berceaux de la civilisation, et le long de laquelle sont semées les ruines de tant de cités; à saluer au fond de leurs solitudes les ruines de Memphis et de Thèbes aux cent portes.

On nous parle des bateaux à vapeur qui, une ou deux fois par an, vont jusqu'à Assouan et y transportent des voyageurs : il y a aussi des remorqueurs, qui font un service plus régulier, et par lesquels on peut faire remonter sa barque, sauf à redescendre avec le courant. Rien de tout cela ne nous tente; et, pour ma part, je ne conseillerai à personne de faire ainsi le voyage du Nil. Il y a dans cette manière de voyager à la vapeur je ne sais quoi qui désenchante l'imagination et sied mal surtout au vieil Orient, au désert, aux ruines. Quelle chose déplaisante, je m'imagine, de se voir traîné sur ce beau fleuve, comme un chargement de blé ou de coton, par une machine qui vomit incessamment dans le ciel les flots d'une fumée noire, et trouble de son rauque gémissement le silence de ces rives !

Il n'y a qu'un moyen raisonnable de voyager sur le Nil : c'est la *cange* traditionnelle, la barque pontée, aux deux grandes voiles latines, avec son équipage arabe. De la sorte, on va moins vite, mais on voit mieux : on marche au caprice du vent, mais on a tous les hasards et tous les charmes de l'imprévu; on est chez soi, on jouit sans trouble du climat, du ciel et du fleuve. La cange, c'est le voiturin du Nil : même originalité, même lenteur, même liberté d'allures; et si vous avez eu, en Italie, le bon esprit de préférer le classique *vetturino* au chemin de fer ou à la diligence, n'hésitez pas en Égypte à fréter une barque pour aller aux cataractes.

Quelques voyageurs traitent directement avec le patron d'une barque, et avisent ensuite à la munir de toutes les provisions nécessaires au voyage. C'est un grand ennui et un grand embarras. Le plus simple, et le mieux sans contredit, est de faire marché avec un drogman qui, pour un prix convenu, se charge de vous conduire et de vous nourrir. Le seul point important est de trouver un homme sûr et honnête. Sous ce rapport la fortune nous servit bien : nous n'avons eu qu'à nous louer du drogman avec lequel nous traitâmes pour le voyage de la haute Égypte. C'était un homme plein d'intelligence et d'activité, très-expérimenté et très-énergique, poli, empressé, attentif, enfin honnête, quoique Maltais. Son nom était Agostino Gianni.

Nous sommes allés, il y a quelques jours, à Boulaq, choisir notre cange : il y en avait une cinquantaine amarrées au quai, qui attendaient les voyageurs, plus rares cette année que d'habitude. Notre choix fait, les conditions du marché ont été rédigées en double écrit. Nous sommes cinq voyageurs : à nous trois, ma femme, mon frère et moi, se sont adjoints deux jeunes Américains, M. P*** et sa femme, dont nous avons fait connaissance à bord du *Gange*. Agostino doit nous fournir, outre l'équipage, un valet de chambre et un cuisinier européen ; il se charge de tous les approvisionnements, et veillera à embarquer tout le matériel nécessaire. Ces préparatifs ont demandé plusieurs jours.

14 décembre.

Aujourd'hui nous avons fait une dernière visite à la cange. Tout est prêt, ou peu s'en faut : notre équipage est au complet ; les provisions de bouche sont embarquées ; nous avons des fusils et des livres, pour remplir les loisirs de la navigation.

Au grand mât flotte le pavillon tricolore; à l'arrière, le drapeau étoilé de l'Union. Toute barque, en effet, a ses couleurs sur le Nil : chaque voyageur arbore sa nationalité. On se signale de loin; on interroge curieusement le pavillon de chaque barque qui passe; et l'on se salue, au passage, de quelques coups de feu.

Le vent est propice; il souffle du nord avec une régularité qui promet de se prolonger pendant plusieurs jours. Le départ est définitivement fixé à demain soir, 15 décembre.

En revenant à notre hôtel, nous parcourons les rues de Boulaq. Ce n'est, à vrai dire, qu'un faubourg du Caire, triste, noir, mal bâti, mais très-vivant. Il ne s'y trouve rien de remarquable qu'une très-ancienne mosquée, et un vaste palais bâti par Ismaïl-Pacha, et aujourd'hui abandonné comme la moitié des palais de ce pays-ci.

Dans la rue principale de Boulaq, une douzaine de fellahs, sous la direction d'un homme armé d'un bâton, nettoyaient un carrefour obstrué d'immondices et couvert d'une boue noire et infecte. J'ai vu là appliqué le système de travaux publics dont j'ai parlé plus haut : ces malheureux enlevaient les ordures et la boue avec les mains, en emplissaient un panier, et, portant ce panier sur la tête, allaient en courant le vider dans le fleuve. Ces hommes étaient de corvée. Chaque village fournit douze hommes, qui sont conduits et surveillés par un chef. Le gouvernement, bien entendu, ne les nourrit ni ne les paie. A mi-route de Boulaq au Caire, nous avons vu, en revenant, plusieurs centaines d'hommes employés ainsi aux terrassements d'une petite ligne de chemin de fer.

15 décembre.

Vers trois heures, nous quittons l'hôtel, pour aller dîner sur la cange. Montés sur nos indispensables baudets, nous parcourons gaiement la route du Caire à Boulaq. Notre drogman nous précède, escortant un cheval qui porte les bagages. Équipage et serviteurs, nous trouvons tout le monde à son poste, et nous prenons possession de la maison flottante que nous devons habiter pendant un mois.

Les canges sont en général assez commodément installées, quelquefois même richement meublées. La nôtre est convenable, quoique modeste. C'est une barque longue de seize à vingt mètres, large de cinq. A l'avant est placée la cuisine. Sous le pont, les matelots et les domestiques s'entassent pêle-mêle, quand le froid ne leur permet pas de dormir à la belle étoile. L'arrière se compose d'un habitacle, formant une dunette élevée sur laquelle se tiennent le timonier et le *reïs* ou patron; on entre d'abord dans une pièce assez grande où règne de chaque côté un divan, et qui nous servira à la fois de salon et de salle à manger, et le soir se transformera en chambre à coucher pour deux d'entre nous. Une cabine et une petite chambre, tout au fond, sont destinées à nos compagnons.

L'équipage se compose, outre le reïs et le timonier, de dix matelots et du marmiton chargé de leur faire la cuisine. Nous avons de plus, avec le drogman, deux valets de chambre et un cuisinier. Ajoutez à ce personnel deux chats, un mouton, une chèvre avec son chevreau, pour nous fournir du lait quand le lait de vache manquera, et dans une cage placée à l'arrière des poules et des dindons qui ne manquent jamais de saluer l'aurore de la façon la plus bruyante.

Au moment où nous nous mettons à table pour dîner, la barque s'ébranle, et nous quittons Boulaq. Ce premier repas est fort gai. Nous pouvons déjà apprécier les talents de notre maître d'hôtel, qui ne laissent pas d'être assez recommandables. Peut-être aussi l'eau excellente du Nil et son air vif qui excite l'appétit contribuent-ils à nous rendre indulgents. L'eau du Nil, on le sait, a une grande réputation, et elle la mérite : filtrée dans de grandes amphores de terre poreuse, elle est légère, agréable et très-salubre. On dit qu'on en expédie à Constantinople pour le harem du Grand Seigneur ; mais il paraît qu'une raison particulière l'y fait rechercher : on lui attribue la vertu de rendre les femmes fécondes.

Après le repas nous montons sur la dunette. La nuit est presque venue. A l'avant, nous avons une immense voile triangulaire qui semble plus haute que la barque n'est longue ; à l'arrière, une autre voile, de même forme, mais plus petite, et qui s'incline du côté opposé à la grande. Le vent est frais, et nous filons bon train. Déjà nous sommes à la hauteur des pyramides ; mais l'obscurité ne permet pas de les apercevoir. C'est au retour seulement de la haute Égypte que nous les visiterons, en même temps que Sakkarah et le Sérapéum, qui forment avec elles tout un ensemble de monuments qu'il ne faut pas séparer. Cette première soirée de navigation m'a laissé un vif souvenir. La vue du large fleuve sur lequel nous glissions d'un mouvement insensible était imposante. A notre droite, de grands bois de palmiers projetaient leurs ombres noires sur l'eau calme et profonde : le croissant, qui montait dans un ciel resplendissant d'étoiles,

LE NIL

blanchissait légèrement leurs cimes, et faisait briller la partie du fleuve restée dans la lumière comme une étoffe de soie moirée d'argent. Au-dessus des bois sombres se découpaient sur l'azur les flèches élancées des minarets de Ghizeh. Involontairement je me rappelai le tableau célèbre de Marilhat, le chef-d'œuvre du jeune maître, *un Crépuscule au bord du Nil :* c'était la scène, c'était l'heure, c'était presque tous les détails du paysage; et cette poésie rêveuse, cette tristesse pleine de grandeur et de calme que le peintre m'avait fait entrevoir, je la sentais cette fois avec toute la puissance d'impression qu'exerce la nature dans ces scènes solennelles de la nuit et du désert.

Les nuits sont fraîches sur le Nil; la rosée, même en hiver, est abondante, et il est prudent de ne pas s'y exposer. Les ophthalmies, si fréquentes dans ce pays, paraissent en grande partie devoir être attribuées à cette cause. On rentre donc de bonne heure au salon : on lit, on fait le whist ; à dix heures chacun se retire, et les divans sont transformés en couchettes. Ces couchettes sont un peu étroites; les matelas sont un peu durs : il faut s'accoutumer à cela en Égypte. On n'y rembourre les lits qu'avec du coton, sans doute pour éviter les insectes, qui n'en pullulent pas moins. Nous nous apercevons bientôt que nos lits n'en sont pas exempts. Il y a aussi de gros cancrelats qui, la nuit, se promènent sans façon dans nos chambres. Tout cela, c'est *le fruit d'Égypte,* comme dit Agostino. Mais qu'y faire ?

16 décembre.

A notre lever, une brume épaisse nous entoure et nous cache les rives du fleuve. Dans la basse Égypte, il y a souvent, en hiver, des brouillards le matin. Bientôt le soleil dissipe ces blanches vapeurs, qui, en se déchirant, flottent sur les eaux comme des lambeaux de gaze légère. Le vent nous pousse rapidement vers le sud. Les matelots, qui n'ont rien à faire quand la voile est tendue, sont nonchalamment couchés sur le pont. Ils fument, chacun à leur tour, un grossier narguilé, formé d'une noix de coco emmanchée d'un morceau de bambou, et que le marmiton est chargé d'allumer et de leur présenter à tour de rôle. Ce marmiton est un enfant d'une douzaine d'années, qui a des traits d'une régularité et d'une finesse remarquables. Par-dessus sa robe de coton bleu, il porte un large lambeau d'étoffe rayée qu'il laisse traîner comme un manteau d'empereur. Du reste, il remplit toutes ses fonctions avec un sérieux et une dignité comiques.

Accroupi sur l'avant de la dunette, le reïs surveille l'équipage et dirige les manœuvres. C'est un brave Égyptien, au visage ouvert. Nous n'avons eu qu'à nous louer de sa vigilance et de son expérience : l'une et l'autre qualité sont nécessaires sur le Nil, dont la navigation, sans être dangereuse, a ses difficultés et ses hasards. Fervent musulman, il ne manque jamais de faire les ablutions prescrites par le koran; et tous les soirs, au coucher du soleil, nous le voyons se prosterner dévotement le visage contre terre, comme le doit tout pieux serviteur du Prophète en quelque lieu qu'il se trouve.

Nos valets de chambre, Hassan et son fils Ali, sont originaires de la haute Égypte. Ali, garçon d'une quinzaine d'années, a même, à un degré frappant, le caractère égyptien tel que nous l'ont conservé les anciennes statues et les bas-reliefs du temps des Pharaons. C'est une remarque que nous ferons souvent dans ce pays : les mœurs, les usages, le type humain lui-même semblent avoir à peine changé depuis plusieurs mille ans. Du reste, nos valets de chambre, à eux deux, n'en valent pas un médiocre : c'est la paresse, l'insouciance et la gaucherie même. Hassan s'est cassé un bras, étant jeune, pour échapper au service militaire. Il fait faire ce voyage à son fils pour achever son éducation : le jeune garçon est fiancé et doit se marier au retour.

Nicolò, notre cuisinier, est à lui seul plus actif que tout le reste de l'équipage. Grec de naissance, en sa qualité d'Européen il ne fraie pas avec les matelots, qui se vengent de ses allures aristocratiques en lui jouant de temps en temps quelque mauvais tour. Il a une physionomie étrange et porte de formidables moustaches, qui lui donnent un air de don Quichotte. Mais sous ce masque un peu farouche, c'est un excellent homme, très-empressé à nous complaire, et assez bon cuisinier, ce qui même sur le Nil n'est pas à dédaigner.

Il a été convenu que, pour profiter du vent tant qu'il sera favorable, nous ne nous arrêterons en remontant qu'autant qu'il sera nécessaire pour renouveler les provisions. C'est seulement en redescendant le fleuve que nous visiterons les ruines et les tombeaux qui se trouvent sur divers points, le long de ses rives.

Aujourd'hui on ne descendra pas à terre. Nous nous associons sans trop de peine au *far niente* des matelots. Assis à l'ombre de la voile, nous regardons fuir le rivage, et nous laissons aller nos pensées au gré de l'imagination ou de la causerie. Bien des journées se sont passées ainsi, doucement rêveuses, à voir couler les flots paisibles du Nil, à contempler ses paysages si pleins de charmes dans leur monotone mais majestueuse grandeur, et, je puis le dire, aucune de ces journées ne nous a paru longue.

Après les heures de rêverie, il y a les heures d'étude. Nos Américains, qui ne parlent pas le français avec une grande facilité, éprouvent le besoin de s'isoler de temps à autre, ce qui laisse à chacun une liberté dont tout le monde se trouve bien. Malgré la différence des mœurs qui, d'Américains à Français et surtout d'Américaines à Françaises, fait toujours obstacle à une grande intimité, je crois que nous n'en ferons pas moins très-bon ménage. M. P*** est un homme charmant : doux, poli, d'un caractère facile et souvent enjoué, il n'a rien de son compatriote, le Yankee de l'Amérique du Nord. C'est un planteur de la Caroline, qui a reçu une éducation distinguée et employé ses loisirs à cultiver son esprit.

17 décembre.

Vers le soir, nous abordons à un petit village où Agostino achète des provisions. Après deux jours de navigation, c'est un plaisir de descendre à terre. Un bois de palmiers et de mimosas entoure le village. Nous y chassons des pigeons et des tourterelles qui s'y trouvent en grand nombre. Je tue aussi quelques jolis oiseaux, d'un vert d'émeraude, de la grosseur d'une perruche, et dont je ne sais pas le nom. Les pauvres bêtes, qui ne sont jamais chassées, se laissent approcher sans défiance : j'espérais les faire empailler par Agostino, qui en sa qualité de drogman sait à peu près tous les métiers; mais il n'a pas les ingrédients nécessaires.

J'ai dit ailleurs qu'on a, en Égypte, pleine licence de tirer les pigeons qui volent par milliers autour des villages. Bien que logés par les habitants, ce sont, à vrai dire, des oiseaux sauvages. Attirés par nos coups de fusil, les hommes du village s'approchent peu à peu de nous. Aucun d'eux n'a une apparence hostile. L'expression de leur visage est généralement douce; plusieurs sont remarquables par la vigueur du corps et la beauté sévère des traits. Les enfants ramassent les pigeons abattus, et nous les rapportent pour avoir un *bakchich*. Les hommes nous demandent de la poudre; c'est le cadeau qui leur fait le plus de plaisir, car presque tous ont un fusil.

Les femmes aussi nous entourent : elles examinent curieusement la toilette de nos compagnes de voyage, les bijoux, les voiles, les chapeaux de paille. L'effet des crinolines paraît surtout les intriguer beaucoup.

Leur toilette, à elles, est des moins compliquées : c'est une sorte de sarrau, ou plutôt une longue blouse de coton bleu ouverte sur la poitrine, qui est le plus souvent à découvert. Quelquefois elles portent des bracelets ou des colliers de verroteries; souvent un anneau d'argent passé dans la narine droite. Quelques-unes de ces femmes se voilaient à demi le visage; mais la plupart, moins sévères que dans les villes, laissaient la figure complétement découverte. L'une d'elles, grande fille de quinze à seize ans, pouvait passer pour le type de la beauté des femmes fellahs : de grands yeux noirs et brillants, le nez droit et bien fait, la bouche forte mais d'une forme gracieuse, et laissant voir des dents qui brillaient comme des perles sur son teint d'un brun doré; le bas du visage seulement un peu lourd, et, ce qui est une coquetterie chez elles, le front et le menton légèrement tatoués de bleu. Sa physionomie, vive et ouverte, exprimait l'intelligence et la douceur.

On rencontre beaucoup de femmes aussi jolies que cette jeune villageoise ; mais leur beauté, tout à fait épanouie de douze à quatorze ans, décline promptement après cet âge ; la plupart sont mères avant de l'avoir atteint. A vingt ans, elles sont fanées ; elles sont vieilles à vingt-cinq.

Les enfants sont affreux jusqu'à six ou sept ans. Ils vont entièrement nus jusqu'à cet âge, ont le ventre ballonné, la peau blême, la mine chétive et repoussante. Un préjugé bizarre et déplorable empêche qu'on ne les lave : c'est par crainte du mauvais œil ; moins sales et moins laids, ces enfants attireraient les regards des passants, et parmi ces regards il pourrait s'en trouver de funestes. Victime de cette absurde coutume, ils ont ordinairement les yeux chassieux et couverts d'une quantité de mouches qu'on ne songe pas seulement à chasser. On comprend que cette malpropreté favorise singulièrement les ravages de l'ophthalmie.

18 décembre.

Nous passons, sans nous arrêter, devant Beni-Souef, petite ville située sur la rive gauche du fleuve : de loin, avec les massifs de verdure que surmontent ses minarets, elle offre un coup d'œil gracieux et pittoresque.

Le vent faiblit un peu, surtout vers le soir ; et les matelots sont obligés de tirer la barque à la cordelle, lorsque les bords du fleuve le permettent. Nous descendons alors à terre, et nous les suivons, tantôt en chassant, tantôt en nous prome-

BENI-SOUEF

nant lentement le long des champs de dourah¹ qui sont nouvellement moissonnés. Les paysans sont occupés en ce moment à battre la récolte : ce travail se fait en plein champ. Le bruit cadencé du fléau nous reporte en imagination à l'été de notre pays. La pureté du ciel, l'ardeur du soleil ajoutent à l'illusion. Mais pour le reste, rien ne nous rappelle la fraîche vallée de la Loire.

Les paysages du Nil, un peu monotones au premier aspect, sont cependant empreints d'un charme auquel on n'échappe pas. Ils ont, dans la grandeur des horizons, dans l'austère beauté des lignes, quelque chose qui saisit et émeut, comme la campagne de Rome. Souvent c'est la même désolation et la même mélancolie; c'est le même contraste de la solitude présente avec le mouvement et la vie d'autrefois. Ce grand fleuve dont la source est encore un mystère et qui ne ressemble en rien aux fleuves de notre Europe, ce ciel d'une inaltérable pureté, cette nature sévère, tout concourt à la majesté du tableau. Chaque détail ajoute à l'effet de l'ensemble. Les misérables habitants des villages, à peine couverts de haillons, portent ces haillons avec tant de noblesse naturelle, que de loin, montés sur leurs chameaux ou conduisant leurs buffles, ils ont l'air de vieux patriarches. Les femmes, qui viennent au bord du fleuve puiser l'eau dans des cruches de forme antique qu'elles posent gracieusement sur l'épaule, ont dans leurs longs voiles, avec leur démarche fière et grave, quelque chose de biblique.

Le Nil, comme contenu par des digues gigantesques, coule entre deux chaînes de montagnes qui s'étendent parallèlement du sud au nord. Ces montagnes de roches calcaires, nues, brûlées, dépouillées de toute espèce de végétation,

---

¹ Le *dourah,* ou *sorgho,* forme en grande partie la nourriture des fellahs.

sont cependant harmonieuses de forme et de couleur. Les dattiers et les mimosas sont à peu près les seuls arbres qui croissent dans la vallée. Partout où l'on voit de loin s'élever leurs massifs d'un vert sombre, on est sûr que quelque petit village se cache et se blottit en quelque sorte sous leur ombrage. Le palmier est un bel arbre, d'un port élégant et majestueux ; mais, quoique la variété de ses attitudes et de ses groupes le rende moins uniforme à l'œil qu'on ne le suppose ordinairement, sa beauté cependant a quelque chose d'un peu triste et qui s'harmonise à merveille avec le désert dont il est le seul ornement.

C'est surtout le soir, au coucher du soleil, que ces paysages du Nil nous apparaissaient dans toute leur splendeur. Nous dînions de bonne heure pour ne rien perdre de ces magnifiques spectacles que, pendant un mois, nous ne nous sommes jamais lassés d'admirer. Lorsque le soleil avait disparu derrière l'horizon, le ciel s'embrasait tout à coup et prenait des teintes d'or vif qui illuminaient tout le paysage et se reflétaient sur les grandes nappes d'eau du Nil : peu à peu cette teinte devenait plus ardente, plus empourprée, puis, passant par tous les tons de l'orangé, finissait par se perdre dans des nuances d'or pâle. Bientôt d'innombrables étoiles s'allumaient au ciel, et une nuit brillante, une nuit des tropiques semblait continuer le crépuscule. Les matelots psalmodiaient leur chant monotone ; l'eau murmurait autour de la barque, qui filait silencieuse, pareille à un grand oiseau de nuit ; et nous restions plongés dans une muette contemplation jusqu'à l'heure où la fraîcheur du soir nous avertissait de nous arracher à ce dangereux plaisir.

Quand ils ne tirent pas la barque à la halée, ce qui est rare, nos matelots, inoccupés, chantent assis en rond au pied du grand mât et s'accompagnent en frappant des mains. Leur chant traînant et d'un rhythme monotone, comme celui des peuples primitifs, n'a pourtant rien de désagréable : il y a dans ces mélodies enfantines je ne sais quel charme secret en rapport avec le calme qui nous entoure.

Quelquefois ils écoutent des histoires que raconte l'un d'eux. Il y en a un surtout qui a le privilége de les amuser : c'est un singulier personnage, bavard, bruyant, turbulent, nous l'avons surnommé le *loustic*, et c'est là vraiment la fonction dont il s'acquitte le mieux. Il parle avec une volubilité inouïe, et conte des histoires qui n'en finissent pas, mais qui provoquent toujours, dans son auditoire attentif et charmé, des exclamations bruyantes et des éclats de rire prolongés.

Ni le reïs ni le timonier ne prennent part à ces joies vulgaires : *leur grandeur* et surtout leur devoir les *attachent* sur la dunette. Notre timonier est un beau jeune homme de vingt à vingt-cinq ans. Drapé dans son burnous, il a souvent, en s'accoudant à la barre de son gouvernail, une fierté d'attitude qu'admirerait un statuaire. C'est un Nubien, parfaitement noir. Son turban blanc et son burnous de même couleur font encore ressortir l'ébène de sa peau. Mais tout noir qu'il est, son visage est d'un type très-pur et d'une expression intelligente et douce. Les Nubiens, en effet, ne ressemblent aux nègres que par la couleur : leurs lèvres sont épaisses, mais bien dessinées; le nez est long et droit, le front n'est pas déprimé, et surtout (caractère essentiel) les cheveux ne sont pas laineux.

Quant au marmiton, il bourre la pipe unique de l'équipage, et regarde gravement bouillir la marmite. Ses fonctions ne sont pas lourdes, et n'exigent pas une science culinaire bien profonde. Elles se bornent à faire tremper dans de l'eau quelques morceaux de biscuit noir, et à faire cuire des lentilles et des oignons : le tout mêlé ensemble forme une espèce de pâte assez semblable à celle dont on nourrit chez nous les dindons. Assis sur leurs talons autour d'une large écuelle de bois, les matelots prennent avec les mains chacun leur part de ce festin. Je dois dire à la décharge des convives qu'ils se lavaient presque toujours les mains dans le fleuve, avant et après le repas.

Lorsque nous avons fait bonne chasse, nous leur abandonnons une certaine quantité de pigeons : c'est alors grand régal à bord. Ils rapportent aussi de leurs excursions dans les villages des cannes à sucre, dont ils sont très-friands et qu'ils mâchent pour en exprimer le jus.

Nous commençons à voir sur les rives du fleuve, et sur ses îles de sable, des quantités innombrables d'oies et de canards sauvages, de pluviers, de pélicans et de hérons. Mais nous ne pouvons tuer qu'un petit nombre de ces oiseaux : ils sont difficiles à approcher, et il faudrait des armes à longue portée que nous n'avons pas.

En revanche, il nous vient tous les jours sur la cange des visiteurs charmants : ce sont de jolies bergeronnettes qui se posent sur les bords de la barque, courent en voletant sur le pont, et s'enhardissent jusqu'à venir dans notre cabine et presque sous nos pieds becqueter les miettes de pain que nous leur jetons.

19 décembre.

La vallée du Nil se rétrécit tellement, que bientôt le fleuve baigne le pied même de la chaîne Arabique. La montagne abrupte qui le borne de ce côté s'appelle en arabe Djébel-el-Theyr (montagne des Oiseaux). Rongés par le flot qui les noircit à leur base, ces rochers ressemblent à d'énormes scories, et sont percés d'innombrables cavités où se nichent les oiseaux qui leur ont donné leur nom, et dont la fiente les a marqués par endroits de larges taches blanches. Au sommet de la montagne, on remarque de grossières constructions ; c'est un couvent de Coptes. Plusieurs religieux se promènent au-devant. A peine ont-ils signalé notre barque sous pavillon européen, que nous les voyons quitter précipitamment leurs vêtements, et, complétement nus, accourir au bord de la falaise qui s'élève à pic sur le fleuve. Agiles comme des singes, ils se laissent glisser le long du rocher, descendent par des cavités, et se jettent à la nage. Bientôt ils entourent notre barque en nous criant : *Bakchich, cristiani*. On s'empresse de leur donner ce bakchich pour les éloigner au plus vite, la présence des dames ne permettant pas de les recevoir à bord. Ces malheureux, qui ne vivent que des aumônes qu'ils recueillent ainsi près des Européens en spéculant sur leur titre de chrétiens, font peu d'honneur à leurs coreligionnaires. Hassan, qui se pique d'être un fervent musulman, nous dit en les regardant avec un dédain superbe : *Son cristiani*. Hélas ! les pauvres gens, comme beaucoup de Coptes schismatiques des bords du Nil, n'ont guère de chrétien et de religieux que le nom.

Du côté de la chaîne Libyque, la vallée est très-étendue, et offre l'aspect d'une riche campagne couverte de verdure : ce sont des champs de blé, de fèves, de trèfle, de lin, de cannes à sucre. Sous un climat aussi sec, qui n'est rafraîchi que par les rosées de la nuit, on comprend qu'un arrosement artificiel peut seul développer cette opulente végétation. Mais le système des irrigations est ici primitif comme tout le reste :

il n'a pas changé depuis Sésostris. C'est le travail de l'homme qui fait presque tout.

La grande difficulté, la seule, est d'élever l'eau du fleuve au niveau de sa rive. Comme la pente, grâce à une heureuse disposition qui est due sans doute aux alluvions annuelles, s'en va de chaque côté en s'abaissant à mesure qu'on s'éloigne du fleuve, rien n'est plus simple, une fois l'eau élevée sur la rive, que de la diriger de là jusqu'aux extrémités de la vallée à l'aide de rigoles. Mais la rive est très-haute; à l'époque de l'année où nous sommes, les eaux sont généralement à quatre ou cinq mètres au-dessous du niveau des terres; et bientôt elles seront plus bas encore. Les cultivateurs riches font établir au bord du fleuve des roues à chapelet, appelées *sakiehs*, que font tourner des ânes ou des bœufs. Mais les pauvres fellahs, qui n'ont que leurs bras, font manœuvrer des *chadoufs* : c'est tout simplement un panier de cuir attaché à l'extrémité d'une bascule; un contre-poids fixé à l'autre bout enlève le panier quand il a plongé dans le fleuve. L'eau est déversée dans une rigole, ou bien, si la berge est trop haute, dans un réservoir où une autre *chadouf* vient la prendre. Il y a quelquefois deux, trois et quatre de ces bascules étagées l'une au-dessus de l'autre. En général, un homme suffit à chacune : on a calculé qu'une *chadouf* pouvait puiser à peu près cinquante litres d'eau par minute. Cette machine est assurément l'*a b c* de la mécanique; et les peintures retrouvées sur les tombeaux égyptiens prouvent que, depuis plus de trois mille ans, elle est en usage aux bords du Nil. On n'a pas songé à la perfectionner : malgré les conquêtes, malgré les révolutions, l'homme ici ne change pas plus que la terre. Dans les petites choses comme dans les grandes, l'Orient est immobile; il faut que le progrès lui vienne du dehors.

UNE CHADOUF

Les *sakieks* ne tournent guère que la nuit, pour épargner aux animaux qui les font mouvoir la grande chaleur du jour : souvent nous entendons retentir au loin dans les ténèbres le cri plaintif de leurs rouages, qui ne sont jamais graissés. Mais les hommes se ménagent moins qu'ils ne ménagent leurs bœufs. Tant que dure le jour, on les voit, d'un mouvement régulier, mécanique, infatigable, abaisser tour à tour et relever le seau de cuir de leurs *chadoufs*; rude labeur sous ce soleil implacable : même en cette saison, nous avons à l'ombre une température de vingt-cinq à trente degrés centigrades.

Cette race des fellahs, on le voit, ne manque ni de vigueur physique ni d'énergie morale. C'est même un miracle que l'oppression séculaire sous laquelle elle gémit n'ait pas brisé en elle tout ressort et effacé toute vertu. Le fellah n'a jamais été ni pu être propriétaire de la terre qu'il cultivait. Bien plus, sous Méhémet-Ali, il n'avait pas le droit, l'impôt payé, de vendre à d'autres qu'au pacha, et à un autre prix qu'au prix fixé par le pacha, l'excédant de ses récoltes. Quant à la perception de l'impôt et aux corvées, ç'a toujours été en Égypte le plus effroyable système de concussion qui puisse dévorer un peuple. A la tête de chaque province était un *moudyr* ou gouverneur, dont la première préoccupation était de se maintenir le plus longtemps possible dans la faveur du vice-roi; et la seconde, de s'enrichir le plus vite possible, dans la crainte d'être remplacé par un plus puissant. De là d'impitoyables exactions. L'impôt était établi, non par tête, mais par village, et tous les habitants du village étaient solidairement responsables de son acquittement. Les plus riches payaient pour les pauvres, pour les paresseux, pour les absents, pour les fugitifs; les terres cultivées, pour les terres en friche. La confiscation, la prison, la bastonnade étaient les moyens ordinaires de perception. Si un village était insolvable, le fardeau de ses impositions retombait sur les villages voisins : c'était un axiome du gouvernement, que l'*État ne peut perdre*. Mas on imagine bien que tout cet argent n'entrait pas dans les coffres de l'État : la meilleure partie en restait aux mains des fonctionnaires intermédiaires. Pour compléter ce système d'exactions, de violence et de dilapidation, ajoutez la tyrannie locale du *cheik-el-beled* ou chef de village, répartiteur de l'impôt, de la corvée, du recrutement militaire, despote au petit pied qui mettait naturellement son pouvoir sans contrôle et sans limite au service de ses vengeances ou de sa cupidité personnelle, et vous aurez une faible idée de l'état où était, naguère encore, réduite cette société.

Saïd-Pacha, le vice-roi actuel, a introduit, en montant sur le trône, quelques réformes dans l'administration des provinces : ainsi le pouvoir du *cheik* a été restreint ; l'impôt est devenu personnel, et il se paie par l'intermédiaire d'un receveur spécial. On voudrait croire que ces réformes existeront ailleurs que sur le papier ; mais on sait trop qu'en Orient, si les apparences changent, les hommes et les mœurs ne changent guère ; et sous la main du receveur comme sous celle du chef de village, il y a lieu de craindre que le pauvre fellah ne soit toujours rançonné et bâtonné.

Un bienfait réel, toutefois, ç'a été la remise faite par le pacha de l'arriéré des impôts qui, depuis longtemps, pesait d'un poids écrasant sur les villages, et servait de prétexte à toute sorte de malversations. Mais, de toutes les réformes accomplies, la plus efficace, la plus féconde sans doute pour l'avenir, a été l'abolition du monopole qu'avait établi Méhémet-Ali. En renonçant au monopole, le gouvernement a admis par là même le paiement des impôts en argent : d'un autre côté, le fellah, libre de vendre ses denrées à qui il veut et au prix qu'il veut, peut réaliser maintenant un certain bénéfice sur l'exploitation de la terre qu'il cultive; il peut dès lors s'élever à un certain bien-être, et même de degré en degré arriver jusqu'à être propriétaire. Plusieurs, dit-on, le sont déjà. Si la propriété parvenait à se constituer en Égypte, ce serait sans doute une immense amélioration dans le misérable état de cette société. Où la propriété n'existe pas, il n'y a de place et de garantie ni pour l'indépendance ni pour la dignité individuelle.

C'est en naviguant sur le Nil qu'on peut bien juger de la nature du sol de la vallée. La berge, comme je l'ai dit, est le plus souvent coupée à pic; si bien qu'on a, jusqu'à une assez grande profondeur, comme la tranche de toutes les couches géologiques qui l'ont constituée. Imaginez une sorte d'argile brune ou noirâtre, compacte, mais grasse et comme onctueuse au toucher : pas une pierre, pas un caillou, pas une veine de sable ou de gravier. Sous l'action de la chaleur, cette terre se fend profondément : on a quelquefois peine à marcher dans les champs à travers ses larges crevasses. Au bord du fleuve dont le courant la délaie, elle s'écroule par blocs qui affectent une forme cubique, et qui, grâce à leur couleur, imitent à s'y méprendre des blocs de pierre noire.

20 décembre.

Le vent est toujours favorable. Nous passons devant Minieh, ville assez importante, située à quelque distance du Nil. De vastes champs de cannes à sucre l'entourent. Nous apercevons de loin les cheminées de plusieurs raffineries appartenant à des pachas.

Vers le soir, le vent devient si violent, que nous sommes obligés de nous arrêter. Nous avons à franchir, en effet, un bras du Nil qui passe au pied d'une montagne abrupte et escarpée. Le courant est rapide ; et les matelots arabes sont si maladroits, qu'avec un vent si fort il ne serait pas prudent de s'aventurer dans ce passage pendant la nuit. L'équipage ne demande pas mieux, au surplus : les barques du Nil ne marchent pas la nuit d'ordinaire ; et l'activité qu'Agostino a fait déployer à nos hommes depuis cinq jours commence à leur peser.

21 décembre.

Nous croisons une cange sous pavillon prussien. Elle nous rend coup pour coup le salut que nous lui faisons. Sur le Nil, tout Européen est un compatriote pour un Européen, et personne ne s'affranchit de ces règles de politesse traditionnelle. Je me trompe : les Anglais, qui portent partout leur morgue, ne saluent, même sur le Nil, que les gens qui leur sont présentés. Nous en fîmes nous-mêmes l'expérience plus tard. Un jour que nous redescendions le fleuve, au retour de la haute Égypte, une cange qui portait le pavillon britannique passa près de nous. Comme elle remontait, c'était elle qui devait le salut : silence absolu. Notre compagnon de voyage, M. P***, qui en sa qualité d'Américain était un peu Anglais de cœur, voulut pousser la politesse au delà de ce qui était dû : il salua de deux coups de feu, et je dois dire qu'il en fut pour ses frais de poudre et de politesse.

MINIEH

Cette journée a été plus chaude que les autres. Nous sentons que nous approchons de la haute Égypte. Depuis que nous avons quitté le Caire, à peine quelques légers nuages blancs, aussitôt dissipés, se sont-ils montrés sur l'azur inaltérable du ciel. Les aspects du Nil, toujours magnifiques, sont plus variés : tantôt il court profond et rapide, resserré entre de hautes rives ombragées de grands bois de palmiers; tantôt il s'élargit en nappes étincelantes qui entourent mollement des îlots de verdure.

22 décembre.

Dans la nuit, nous sommes arrivés à la hauteur de Syout. C'est la capitale de la haute Égypte : elle est située à une demi-lieue environ dans les terres. Le petit village où nous abordons lui sert de port. Comme il faut renouveler la provision de pain épuisée, Agostino nous annonce que nous ne repartirons que dans l'après-midi : une bonne nouvelle pour nous, qui commençons à avoir besoin d'exercice. Le fusil sur l'épaule, nous nous acheminons vers la ville. La route, élevée en chaussée au milieu d'une vallée couverte des plus riches cultures, est plantée de beaux arbres, de gommiers, de mimosas en fleur, qui répandent dans l'air leurs senteurs pénétrantes. La matinée était magnifique. Un léger brouillard enveloppait encore la base de la chaîne Libyque, au pied de laquelle est bâtie la ville. Dorée par le soleil levant, la montagne élevait ses cimes roses au-dessus de cette brume transparente, tandis que, plus à droite, les minarets blancs de Syout s'élançaient du milieu d'épais massifs de feuillage. Des groupes pittoresques de fellahs qui se rendaient à la ville animaient la route. Des centaines de tourterelles roucoulaient dans les arbres ; des troupeaux de buffles paissaient dans les hautes herbes des prairies, et au milieu d'eux erraient familièrement des ibis blancs, qui recherchent leur société et se perchent souvent sur leur dos. Tout cela était plein de caractère, de calme et de fraîcheur.

Nous pénétrâmes dans la ville par une porte fortifiée, flanquée de deux tours massives, et nous nous trouvâmes alors sur une petite place au fond de laquelle est une mosquée. D'immenses sycomores y versaient une ombre profonde. Il y avait là, assis sur leurs talons, le long des murs, de vieux Turcs qui fumaient ; plus loin, des derviches, prosternés du côté de l'orient, faisaient dévotement leurs prières. Quelques furtifs rayons de soleil, glissant à travers l'épaisseur du feuillage, jetaient sur cette scène tranquille comme un réseau mouvant d'obscurité et de lumière. Nous avons parcouru quelques rues de la ville : l'aspect en est pauvre, mais assez original. Le temps nous manque pour aller jusqu'au bazar, qu'on dit assez curieux ; au retour, sans doute nous y ferons une visite.

Nous repartons vers deux heures. Agostino nous a fait faire du pain. Mais quel pain ! il me rappelle les galettes de blé noir que mangent nos paysans bretons. A Syout on ne peut avoir mieux. Nous en prenons bravement notre parti, et nous y substituons, comme on fait en Orient, du riz cuit à l'eau.

24 décembre.

Depuis Syout, le vent du nord est devenu plus régulier encore : c'est ce qui arrive à mesure qu'on s'avance dans la haute Égypte. Nous nous apercevons aussi, surtout quand nous descendons à terre, que la température s'est sensiblement élevée. Pourtant nous n'avons encore pas vu de crocodiles, quoiqu'ils commencent, dit-on, à se montrer dans ces parages.

On touche à Girgheh, pour acheter un mouton et des poules. Cette petite ville, assez importante par son commerce, est située sur le bord même du Nil, qui la ronge et chaque année en emporte un lambeau. Près de l'endroit où notre barque est amarrée, une mosquée a coulé dans le fleuve; sa coupole éventrée surplombe au-dessus de la rive. Plus d'une maison a pris la même route, et bien d'autres la suivront. Rien de plus étrange et rien de plus triste que cette ville, dévorée en quelque sorte par le fleuve qui la mine incessamment. Ce qui est plus triste encore, c'est que personne ne fait rien pour arrêter ou seulement pour retarder le désastre : population et gouvernement assistent impassibles à cette destruction. Pas une pierre n'est jetée pour consolider les terres; pas un effort n'est tenté pour détourner le courant. Du reste, ce spectacle n'est pas rare le long du Nil. Les plantations de palmiers font seules obstacle aux envahissements dont les villages sont quelquefois menacés, quand le courant du fleuve se déplace. Les racines chevelues de ces arbres forment une espèce de lacis inextricable qui résiste à l'action des eaux; et quand, sapés profondément, ils se sont écroulés, on voit leurs troncs immenses qui, renversés sur la berge, protègent encore contre le flot la terre qu'ils n'ombragent plus. Si quelque part vous apercevez un bout de quai, de chaussée, de digue qui resserre le fleuve, vous pouvez gager qu'il y a là, auprès, quelque habitation de pacha : on ne fera rien pour empêcher une ville de périr; on jettera des millions pour protéger le palais d'un prince.

Nous avons chassé autour de la ville ; mais bientôt la chaleur nous a forcés de rentrer. En attendant l'équipage, qui s'est attardé au café, nous regardons de notre cange la scène animée de la rive. Des enfants, nus comme des sauvages, jouent au bord de l'eau et se roulent dans la poussière. Les buffles, les chameaux viennent s'abreuver au fleuve ; et les filles du village, grandes et sveltes, y viennent emplir leurs amphores. Un vieux Turc, à la barbe grise, coiffé d'un turban vert et vêtu avec une certaine recherche, vient s'asseoir sur notre cange et converser avec le reïs : il fume une pipe magnifique, peinte de couleurs brillantes, et dont le long tuyau est orné de fils d'argent et de soie. C'est un marabout, un saint du voisinage, en grande vénération dans le pays.

A la tombée de la nuit, nous nous arrêtons devant un petit village : nous allons coucher là. Deux hommes fournis par le cheik de ce village doivent passer la nuit à bord : ils répondent de nous et de notre barque. C'est une mesure de police à laquelle on n'est pas libre de se soustraire ; et je serais presque tenté d'y voir une sorte d'impôt levé sur les voyageurs, car une rétribution est due aux deux gardiens que fournit le village.

On jouit maintenant sur le Nil d'une complète sécurité. Nos revolvers et ceux qu'Agostino a toujours à côté de lui quand il dort sur le pont, roulé dans son manteau, ont été jusqu'à présent, et seront probablement pendant tout le voyage un luxe inutile. Il faut dire qu'il n'en a pas toujours été ainsi. Dans les parages où nous sommes, il y avait autrefois des tribus de Bédouins qui, de temps en temps, ne se faisaient pas scrupule, comme leurs frères du désert, de dévaliser les voyageurs. Mais Méhémet-Ali les a corrigés de

GIRGHEH

ces habitudes. Il y a trente à quarante ans, une cange qui attendait, non loin d'ici, des Anglais venant de Koceïr, fut attaquée pendant la nuit par les hommes d'un village voisin : l'équipage fut massacré, la barque pillée. Le pacha fit brûler le village, et pendre au bord du fleuve tous les hommes qui s'y trouvaient. Cette justice un peu turque, mais énergique, a produit effet ; et onques depuis on n'a ouï parler d'un autre attentat de ce genre. C'est, dit-on, à la suite de ce fait, que les cheiks de village furent astreints de fournir des hommes de garde aux canges amarrées dans leur voisinage : le village tout entier est alors responsable des dommages qu'elles pourraient souffrir.

25 décembre.

Le ciel, légèrement voilé de vapeurs blanches, annonce un jour de calme et de chaleur. Vers dix heures du matin, en effet, le vent cesse complétement, les voiles retombent le long des mâts. On amarre la barque au bord d'une grève. Nous descendons, et nous essayons de poursuivre des oiseaux d'eau. La chaleur est si forte, qu'il nous faut mettre habit bas. Las bientôt d'une poursuite inutile, nous revenons sans avoir rien tué qu'un pluvier et un ibis. Cet ibis, dont j'ai déjà parlé et qu'on voit en quantité dans toute l'Égypte, n'est pas l'ibis sacré des anciens : celui-ci, qu'on ne trouve plus que dans le Soudan, avait le cou nu, le plumage doré, les ailes noires. L'oiseau qu'on appelle maintenant de ce nom est une espèce de héron blanc, le héron garde-bœuf, ainsi nommé parce qu'il suit toujours les bestiaux dans les prairies et souvent se perche sur leur tête ou leurs épaules. Il est d'une familiarité extrême, et se promène presque entre les jambes des cultivateurs qui travaillent aux champs.

Les matelots se sont couchés sur le sable et dorment au soleil. Nous nous asseyons sur la grève, à l'ombre de la grande voile, qui est restée tendue sur sa vergue. L'un de nous dessine une petite barque turque, arrêtée près de la nôtre, et dont les matelots raccommodent leurs voiles. En face de nous, de l'autre côté du Nil, les montagnes de la chaîne Libyque, coupées carrément à leur sommet, ressemblent à de colossales fortifications ; elles ont cette teinte dorée dont le soleil revêt ici tout ce qui ne se couvre pas de végétation. Sur leurs pentes, dans les larges anfractuosités de la roche, brillent des masses blanches qui font aux yeux une singulière illusion ; à cette distance, on croirait voir des neiges entassées. Ce sont des sables accumulés par le vent, et dont la blancheur sous ce ciel étincelant imite les neiges éternelles des Alpes. Plus d'une fois déjà nous avons été frappés de cette singularité.

Pendant que nos yeux charmés errent sur ces montagnes d'une si chaude couleur, sur la plaine verdoyante qui s'étend à leurs pieds, sur ce beau fleuve qui coule large et paisible comme un lac et où se réfléchit l'azur pâle d'un ciel sans nuage, notre pensée se reporte involontairement vers la France. C'est aujourd'hui le jour de Noël : c'est le temps des brouillards glacés, le temps des neiges et des frimas. Il nous semble d'ici entrevoir le pays natal à travers un épais rideau de brume, sous un manteau de givre et de glace. N'étaient les chères affections qu'on a laissées là-bas et qui arrachent toujours un soupir, quelle joie, quelle volupté de respirer à pareil jour cette tiède atmosphère, de s'épanouir aux rayons bienfaisants de ce soleil, d'admirer ce calme paysage qui semble baigné d'une lumière plus douce que celle de nos climats ! Je le sais, rien ne tient lieu de la patrie; mais qu'est-ce qui tient lieu du soleil? Le soleil, n'est-ce pas la vie, pour l'homme comme pour la nature? n'est-ce pas la santé, la joie, la poésie? Heureuses les hirondelles, qui tous les ans peuvent voler vers lui, et revenir tous les ans au nid qui a abrité leurs amours !

La journée tout entière se passe dans un calme plat. Notre impatience est grande pourtant d'arriver à Thèbes, dont nous ne sommes plus éloignés que de quelques lieues : demain sans doute nous toucherons au but.

Mais tandis que chacun se laisse aller aux douceurs du loisir forcé que nous fait le calme, une activité inaccoutumée règne à l'avant de notre cange. Depuis hier il nous semble qu'Agostino et le cuisinier machinent quelque complot ténébreux. Les moustaches de Nicolò sont plus allongées et plus menaçantes encore que de coutume. Nous avons bientôt le mot de l'énigme. L'heure du dîner est venue, et nous nous asseyons, non sans surprise, devant un véritable festin : pâtisserie, dinde rôtie, entremets raffinés, rien n'y manque. Nos maîtres d'hôtel ont combiné leurs talents pour nous festoyer en l'honneur de la Noël. Au second service, Agostino apporte triomphalement un gigantesque pouding.

Ce mets national est surtout à l'intention de nos compagnons de voyage : chez les Américains, comme en Angleterre et en Allemagne, on sait que la Noël est la fête populaire et de famille, comme chez nous le premier jour de l'an. Nous nous associons à cette attention délicate de notre drogman, et nous vidons à la santé de nos compagnons quelques bouteilles de vin de Champagne prudemment apportées du Caire.

26 décembre.

Quoique le vent soit très-faible, nous marchons un peu à la voile, un peu à la halée. Nos matelots, qui voient le terme de leurs fatigues, s'attellent à la corde avec plus de courage. Nous coucherons ce soir à Louqsor.

Les bords du fleuve sont magnifiques ; les palmiers et les mimosas, plus nombreux et plus grands. Tout à coup, vers le soir, on nous montre sur la rive qui est à notre gauche, au-dessus des dômes sombres d'un bois de palmiers, deux masses énormes d'architecture qui s'élèvent, comme deux collines blanches, sur l'horizon : ce sont les pylônes du palais de Karnac. Voilà Thèbes ! Le soleil se couche, en face de nous, dans des flots d'or, et jette comme une auréole sur le front de ces ruines imposantes.

Vers dix heures du soir, la barque s'arrête. Nous sommes à Louqsor. De petites lumières brillent tout le long du fleuve : ce sont des canges de touristes amarrées au quai. La nuit est belle et douce ; impatients de contempler ces rivages célèbres, nous descendons à terre, ou plutôt nous gravissons la berge élevée qui borde le Nil de ce côté. Le village est à quelques centaines de pas de nous. Un splendide clair de lune jette ses lueurs fantastiques sur les colonnes d'un temple à demi écroulé ; un obélisque gigantesque raie de sa ligne noire la voûte étoilée du ciel.

De petits âniers, à peine vêtus, veulent nous mener tout de suite aux ruines, et nous fourrent presque leurs bêtes entre les jambes, tout en épuisant pour nous séduire leur vocabulaire étranger. « Bon baudet, Monsieur ! — *Karnac, Signor !* — *Beautiful, splendid, Milady !* » Ces derniers mots surtout sont prononcés avec un accent anglais d'une pureté à toucher le plus roide gentleman. Nous restons sourds cependant à cette éloquence polyglotte, et nous nous débarrassons à coups de canne des ânes et des âniers.

CHAPITRE VIII

THÈBES — GOURNAH — LE RHAMESSÉUM — LES LIVRES
ÉGYPTIENS — LE COLOSSE DE MEMNON

CHAPITRE VIII

THÈBES — GOURNAH — LE RHAMESSÉUM — LES LIVRES ÉGYPTIENS — LE COLOSSE DE MEMNON

Le 27 au matin nous étions debout de bonne heure, éveillés par une curiosité qui n'était pas sans émotion. La matinée était calme, l'air doux et limpide, le ciel de cette pureté incomparable qui est le privilége de la haute Égypte. Ici plus de brouillards, même sur le fleuve; point de nuages qui voilent l'éclat du soleil : quant à la pluie, c'est un phénomène à peu près inconnu. Lorsqu'il tombe, par aventure, quelques gouttes d'eau de ce ciel toujours serein, les enfants sortent aux portes, comme chez nous pour admirer une éclipse ou une aurore boréale.

J'ai dit que la rive est très-haute du côté de Louqsor; si bien que du pont de la cange nous ne voyons rien que le fleuve. Mais à peine montés sur le quai, nous avons devant les yeux un spectacle saisissant. En face, le soleil se lève derrière un majestueux portique formé d'une double rangée de colonnes; à l'extrémité de cette colonnade se dresse un obélisque; tout alentour sont entassées les huttes basses d'un village, surmonté de ses pigeonniers blancs criblés de trous : c'est Louqsor et son palais. Vers le nord, en descendant le fleuve, derrière d'épais massifs d'arbres, s'étendent les ruines de Karnac, que nous avons saluées hier en passant.

En nous retournant, nous embrassons d'un regard toute la rive gauche du Nil, et nous pouvons d'ici, à vol d'oiseau, prendre une idée générale de ces ruines immenses semées sur un vaste espace.

La vallée a ici, d'une chaîne de montagnes à l'autre, quatre à cinq lieues de largeur. La ville de Thèbes était assise sur les deux rives : on suppose que la communication se faisait d'une rive à l'autre par un pont de bateaux, car l'on n'a retrouvé aucun vestige de pont en pierres. La véritable ville, la ville d'Ammon occupait la rive droite, la rive orientale où nous sommes : la ville de la rive gauche confinait à la nécropole, laquelle était placée, comme toutes les nécropoles, à l'occident : l'occident est la région des morts.

Sur cette rive gauche, qui forme une large plaine toute revêtue en ce moment de moissons verdoyantes, trois groupes de monuments se montrent à de grands intervalles. A droite et tout au nord, on distingue le petit temple de Gournah : il fait face à Karnac; plus haut, en remontant le fleuve, un vaste monument que Champollion a appelé, du nom de son constructeur Rhamsès, le Rhamesséum; tout à côté, au milieu de la plaine, les deux colosses, dont l'un est celui de Memnon, et qui ressemblent à d'énormes tours; puis enfin, en remontant encore vers le sud, un grand amas de ruines qui porte le nom d'un village voisin, Médinet-Abou. Derrière ces trois groupes de constructions, et parallèlement au fleuve, s'étend la chaîne Libyque : ses flancs, jaunes et décharnés, sont creusés de grottes funéraires; ce sont les tombeaux des

LOUQSOR

particuliers. Enfin, dans une vallée étroite qui s'enfonce au delà de Gournah dans le massif des montagnes, se trouvent les tombeaux des rois, vastes catacombes excavées dans le rocher.

Voilà ce qui reste de l'antique Thèbes, la cité sainte, la rivale opulente de Memphis et de Babylone : quelques monceaux de débris épars dans une plaine qu'elle couvrait jadis de ses palais et de ses temples.

Centum jacet obruta portis.

Déjà, il y a dix-huit siècles, Juvénal cherchait dans le sable les vestiges de ses cent portes dont parle Homère. Aujourd'hui, son nom même, ce nom qui a rempli le monde, ne vit plus que dans l'histoire. Jamais sans doute il n'a frappé l'oreille des misérables fellahs qui habitent parmi ses ruines; et dans la langue des hommes qui foulent sa poussière sacrée, la cité des Pharaons n'a plus, hélas! d'autre nom que le nom barbare des villages de boue qui se sont élevés à l'ombre de ses murailles à demi renversées par les siècles.

Nous devons rester six jours à Louqsor. Ce n'est pas trop pour voir et revoir, même en simples curieux, ces incomparables monuments. Il est convenu que nous commençons par la rive gauche. Agostino a déjà traité avec un chef d'âniers, qui nous fournira des montures et nous servira de guide. Nous aurions voulu que lui-même pût nous accompagner; mais il est retenu par la nécessité de renouveler les provisions de toute sorte, et aussi, je le crois, par le désir de veiller sur la barque et de protéger son bien et le nôtre.

A neuf heures, le canot nous conduit sur la rive gauche. Mais, les eaux étant très-basses, on ne peut approcher du bord : les matelots nous prennent sur leurs robustes épaules et nous portent à terre. Là nous attendait, comme une proie, une bande d'âniers qui se disputent d'avance l'honneur et le profit de nos préférences. Heureusement nos montures sont choisies, et Giuseppe (c'est le guide avec lequel Agostino a traité) nous délivre de toute importunité. On ajuste sur le dos de deux baudets les selles anglaises que nous avons pris la précaution d'apporter du Caire pour les dames. Mon frère caracole sur un assez beau cheval arabe. M. P*** et moi préférons nos pacifiques ânes. Tout le monde est en selle; nous partons. Giuseppe trotte devant sur son baudet, fier comme un pacha; nos âniers suivent, toujours courant.

Après avoir traversé le lit sablonneux et desséché d'un bras du Nil, nous entrons dans une plaine coupée de canaux de dérivation et sillonnée de rigoles qui portent au loin dans les cultures l'eau fécondante du fleuve. Les champs voisins de la rive sont dépouillés de leurs récoltes. Plus loin sont des champs immenses de froment semé il y a quelques semaines, et qui couvre déjà la terre d'une riche verdure. Nous chevauchons à la file, tantôt dans des sentiers qui traversent les jeunes blés, tantôt sur des digues étroites qui longent les canaux d'irrigation. Nous passons à gué plusieurs de ces canaux. Toute cette plaine, parfaitement cultivée, est de l'aspect le plus riant. Quelle terre ! Quel climat ! Il me semble voir, dans cet étroit espace, toutes les saisons réunies : sur nos têtes, un ciel d'été; au bord du fleuve, les champs moissonnés de l'automne; dans la plaine, le vert tapis des blés du printemps. L'hiver seul est absent.

Tous les hommes qui, autour de nous, travaillent à la terre sont complétement nus, sauf un pagne étroit à la ceinture; et c'est un spectacle, je vous assure, fort singulier que celui d'un grand gaillard, à la peau couleur de bronze, qui dans cet équipage sommaire conduit gravement sa charrue, attelée de deux bœufs étiques. Cette charrue, primitive comme le costume de celui qui la mène, se compose tout simplement d'un hoyau renversé, qui écorche la terre à quelques centimètres de profondeur. Les peintures qui se voient encore sur les monuments attestent qu'elle était il y a trois mille ans ce qu'elle est aujourd'hui.

Après une heure de marche environ, nous entrons sous un bois de palmiers où se cache à demi un petit village : c'est Gournah. Là finit la vallée; le sol se relève; c'est la limite des eaux dans l'inondation, et par là même c'est le commencement du désert. Quelques tombeaux de santons semblent placés là comme sur la frontière de la vie et de la mort. Au delà s'ouvre une gorge d'un aspect désolé, encombrée de roches calcinées : c'est la vallée des Tombeaux des rois. Sur la gauche, au pied de la montagne, nous apercevons à travers les palmiers le palais de Gournah.

Ce palais a eu pour fondateur un Pharaon que Champollion appelle Ménephtha, et que les travaux récents désignent sous le nom de Séthos Ier, chef de la dix-neuvième dynastie. Son fils, Rhamsès II ou Rhamsès-Meïamoun, dit le Grand, le Sésostris des Grecs, l'acheva et le décora. C'est un des moindres monuments de Thèbes pour l'étendue : ce n'est pas le moins remarquable pour l'élégance, les proportions et la beauté des sculptures. Dix colonnes composées de faisceaux de tiges de lotus, dont les boutons tronqués forment le chapiteau, supportent un portique haut de dix mètres, long de cinquante. Cette façade est d'un bel effet, simple et sévère : on dirait presque un temple grec. Une inscription, gravée sur l'architrave en beaux caractères hiéroglyphiques, faisait connaître par quel prince le palais a été achevé.

Du portique on passe dans une salle dont les plafonds sont formés d'énormes blocs de pierre, reposant sur deux rangs de colonnes. Des sculptures couvrent les murailles et les colonnes de cette salle : elles représentent le Pharaon faisant hommage aux dieux et recevant d'eux la puissance royale. Celles d'une salle voisine, achevée par Rhamsès, accusent déjà dans le style une certaine décadence.

Cet édifice était à la fois un palais et un temple : ou plutôt c'était un palais dédié par la piété des rois à la grande divinité de Thèbes et de toute l'Égypte, Ammon-Ra, qui n'était autre que le soleil. Les dernières découvertes de la science ont mis, en effet, hors de doute ce point important que le soleil, considéré comme le principe de vie, comme le grand générateur, était le dieu suprême de l'Égypte, et en réalité le seul qui reçût un culte dans toutes ces provinces. Ce dieu, les Égyptiens le personnifiaient, comme les Aryas ou Aryens, en plusieurs divinités, selon les divers attributs qu'ils lui prêtaient. Ainsi, à son lever, il était adoré sous le nom de *Ra;* à son coucher, sous celui de *Tmou;* comme créateur, sous celui de *Cheper.* Sous le nom de *Horus* enfant, il symbolisait le monde naissant.

Ammon-Ra, le père ou le principe mâle, Mouth, la mère ou le principe femelle, et Kons, le fils, formaient la grande triade thébaine, vénérée aussi, comme Ammon, dans toute l'Égypte. Au-dessous de ce culte général qui s'adressait à la grande force vivifiante de la nature, il y avait, dans chaque province, dans chaque ville, un culte particulier et local. Ici on adorait le crocodile ou le loup; là, l'épervier ou le bœuf; ailleurs, le chat ou l'ibis : c'étaient là de grossiers fétiches inventés par la superstition populaire. Mais il semble que partout l'influence de ce culte supérieur, répandu par un corps sacerdotal puissant, se soit fait sentir pour épurer plus ou moins ce fétichisme, en le rattachant à la religion d'Ammon ou du soleil, et à ses croyances sur la vie et la mort et sur la transmigration des âmes.

Un quart d'heure de marche à peu près nous conduit, en allant vers le sud, à un groupe de ruines bien autrement imposantes que celles de Gournah. Elles furent longtemps connues sous le nom de Memnonium. Les savants de l'expédition d'Égypte crurent y retrouver ce fameux tombeau d'Osymandias, dont Diodore de Sicile a fait une si merveilleuse description, qui contenait une immense bibliothèque, avec cette inscription : *Officine de l'âme,* et ce cercle astronomique en or de trois cent soixante-cinq coudées de circonférence et d'une coudée d'épaisseur. Mais aujourd'hui le tombeau d'Osymandias et son cercle d'or semblent relégués au rang des fables que la crédulité des Grecs a recueillies de la bouche des prêtres égyptiens. Ce qui est certain, c'est que nulle part le nom de ce roi ne se rencontre sur cet édifice, et que partout Champollion y a lu celui de Rhamsès le Grand, d'où il s'est cru, à bon droit, autorisé à l'appeler le Rhamesséum.

C'est en effet Rhamsès, dont le souvenir est partout dans ces ruines de Thèbes, qui a élevé ce monument magnifique, moitié temple, moitié palais, comme celui de Gournah, et sur les murs duquel il est partout représenté rendant hommage à Dieu ou recevant les adorations de sa race.

Deux pylônes gigantesques [1] précèdent la suite des salles

---

[1] Un *pylône* est l'encadrement d'une grande porte formée par deux massifs de maçonnerie qui vont en diminuant de la base au sommet : ce sont comme deux pyramides tronquées, sur lesquelles repose une terrasse. Dans l'intérieur des massifs sont ménagés des escaliers qui conduisent aux terrasses.

Quand les pylônes, au lieu de servir d'encadrement à l'entrée du temple, et des cours dont se compose le palais. L'un d'eux s'est à demi écroulé dans la plaine, comme une colline soulevée de sa base. Toutefois on peut encore monter par un escalier intérieur jusqu'à son sommet, et là on commence déjà à se faire une idée de cette architecture prodigieuse qui entassait des montagnes de pierre pour en encadrer la porte d'un palais.

Derrière ces pylônes, l'œil distingue à gauche du temple un monceau de blocs de granit rose : ce sont les débris de la fameuse statue monolithe de Sésostris. Ce colosse, représentant le roi assis sur son trône, avait vingt-six mètres de haut au-dessus du piédestal. On a calculé qu'il devait peser deux millions de kilogrammes. Le pied, qui est intact, a plus de deux mètres de longueur. C'est assurément la plus prodigieuse statue qui ait été faite d'un mortel. La matière en est admirable, et le poli qu'elle a reçu de l'ouvrier, malgré sa dureté, ne l'est pas moins. Comment cette statue a-t-elle été renversée et fendue en trois morceaux? C'est une question qu'on ne peut s'empêcher de se faire en contemplant ces monstrueux débris. Aucune cause naturelle, aucun accident fortuit, pas même un tremblement de terre, ne peut expliquer la chute d'une masse si formidable. La main des hommes a dû s'y employer. Mais comment ont-ils brisé et précipité le Pharaon de granit? C'est ce qu'on ne peut dire.

---

sont isolés et placés en avant comme des arcs de triomphe, on les appelle *propylons* ou *propylées*.

Il y a des pylônes en avant ou à l'entrée de presque tous les monuments égyptiens. Il est possible, comme on l'a dit, que l'épithète homérique de *Thèbes aux cent portes* ne soit qu'une allusion aux nombreux pylônes qui la décoraient. (Voy. AMPÈRE, *Recherches en Égypte et en Nubie*.) Quant à ce qui est dit dans l'*Iliade* des deux cents chars et des dix mille fantassins qui sortaient en même temps par les cent portes de ses murs, on croit ce passage interpolé.

Le Rhamesséum est peut-être le plus pur spécimen qui nous soit resté de l'architecture égyptienne. Sa première enceinte était fermée, sur les deux faces principales, par deux portiques que soutenaient des cariatides gigantesques. Il est impossible de rien voir de plus imposant que cette double façade ornée de ces grandes figures en pied, taillées dans la pierre même du monument, et empreintes de noblesse et de douceur. J'ai été frappé ici pour la première fois de ce caractère des statues égyptiennes. Malgré leurs dimensions colossales et la roideur de leurs attitudes, elles n'ont rien dans l'expression de dur ni de menaçant : tout au contraire. Si l'on n'y trouve pas l'élégance, la pureté de lignes et la beauté harmonieuse des statues grecques, elles n'en ont pas moins une beauté à elles : un demi-sourire est sur leurs lèvres; l'intelligence et la majesté rayonnent sur leur front; leurs traits expriment la sérénité, et je ne sais quelle grâce naïve et austère. C'est le repos dans la force; c'est la bonté dans la puissance suprême. Partout ce même caractère se montre sur leurs figures de rois ou de dieux.

Le plus beau morceau de ces admirables ruines est la salle hypostyle[1], ornée encore de trente colonnes d'une élégance qui serait assurément de nature à surprendre ceux qui se figurent que l'architecture égyptienne est toujours lourde et massive. C'est dans cette salle que se célébraient, en présence du roi, les panégyries, c'est-à-dire les assemblées politiques ou religieuses. Sur les parois et sur les colonnes sont sculptés d'innombrables bas-reliefs peints, car la peinture semble avoir toujours été aux yeux des Égyptiens le complément obligé de la sculpture et de l'architecture. Ces bas-reliefs racontent les exploits de Rhamsès le Grand. On

---

[1] C'est-à-dire soutenue par des colonnes.

voit le roi, représenté deux fois plus grand que ses ennemis, debout sur son char, l'arc tendu à la main, dans une attitude pleine de force et de majesté. Un lion court à ses côtés; ses chevaux bondissent et hennissent. Il y a dans ces tableaux, avec un défaut frappant de proportion et de perspective, des qualités réelles de vie et de mouvement.

Parmi les appartements particuliers, Champollion a reconnu l'entrée d'une bibliothèque ou *salle des livres*. Sur les jambages de la porte sont sculptées deux divinités, qui sont: à gauche, le dieu des sciences et des arts, l'inventeur des lettres, Thoth à tête d'ibis; et à droite, la déesse Safré, compagne de Thoth, portant le titre remarquable de *Dame des lettres* et *Présidente de la bibliothèque*. Ces divinités sont suivies de deux assesseurs, dont l'un, qui porte un grand œil sur la tête, personnifie le sens de la vue, dont l'autre, qui porte une grande oreille, représente le sens de l'ouïe, et qui écrivent tout ce qu'ils voient et entendent[1].

Les Égyptiens avaient donc des livres, et, les fables même relatives au tombeau d'Osymandias l'attestent, ils avaient aussi des bibliothèques. Qu'on songe seulement que nous sommes ici en présence d'une antiquité de quinze à seize cents ans avant l'ère chrétienne! Du reste on n'est pas sur ce point réduit à des conjectures tirées des monuments. Quelques-uns de ces livres, sous la forme de rouleaux de papyrus, sont parvenus jusqu'à nous. Les musées de l'Europe en possèdent un assez grand nombre; et, bien qu'ils soient plus difficiles encore à déchiffrer que les inscriptions hiéroglyphiques, étant écrits en caractères hiératiques ou abréviatifs, on commence à les lire. Les uns sont des livres religieux, des rituels funéraires, des recueils de prières, etc.;

---

[1] Champollion le jeune, *Lettres sur l'Égypte*.

les autres sont des poëmes historiques destinés à célébrer les exploits et les victoires des Pharaons. C'est toute une littérature qui semble sortir de la nuit du passé, et qui ne peut manquer d'apporter à l'histoire de précieuses révélations. Ainsi, pour n'en citer qu'un exemple mais qui est du plus haut intérêt, des papyrus lus pour la première fois en Angleterre, il y a peu d'années, par un ministre protestant, le révérend Heath, et contemporains du Pentateuque, relatent des faits qui se rapportent visiblement à Moïse et à la sortie des Hébreux de l'Égypte. Un passage de ces textes fait une allusion évidente à la mort du Pharaon et de son armée noyés dans la mer Rouge : c'est une lettre écrite par le bibliothécaire en chef du palais à un scribe royal.

« Le chef des gardiens des livres de la chambre blanche du
« palais, Amenemani, au scribe Pentéhor :

« Quand cet écrit te sera parvenu, et que tu l'auras lu de
« point en point, livre ton cœur à l'agitation la plus vive,
« semblable à la feuille devant l'ouragan, en apprenant le
« désastre accompli, déplorable et fait pour toucher ton
« cœur, par les calamités de la submersion dans l'abîme.

« Malheureuse fut la pensée du souverain et fatale pour
« lui, de prendre les esclaves en commisération au jour du
« fléau ! L'esclave, le serviteur, est devenu le chef d'un peuple
« qu'il tient en sa puissance. L'obstacle à sa rébellion est
« détruit par derrière, comme en avant l'obstacle à ses dé-
« portements... Le puissant triomphait dans son cœur en
« voyant s'arrêter l'esclave. Son œil les touchait, son visage
« était sur leur visage; sa fierté était au comble. Tout à coup
« le malheur, la dure nécessité s'emparent de lui.

« Oh ! répète l'assoupissement dans les eaux qui fait du
« glorieux un objet de pitié; dépeins la jeunesse moissonnée
« dans sa fleur, la mort des chefs, la destruction du maître

« des peuples, du roi de l'Orient et du couchant ! Quelle
« nouvelle peut-on comparer à celle que je t'envoie[1] ? »

D'autres textes contiennent des allusions plus ou moins
directes au caractère de Moïse, à certaines circonstances de
sa vie, et au pouvoir que son éloquence lui avait donné sur
son peuple. « Par la lumière de la face d'Horus ! cet homme
« est un magicien, car toutes ses volontés sont irrésistibles.
« Qu'il est habile à enchaîner *le misérable peuple de Sem !*
« qu'il est habile à lui tracer sa loi ! Il met le puissant parmi
« les répudiés, l'opprimé parmi les puissants. *C'est l'enfant*
« *qui n'a dû son existence qu'à ceux qui l'ont sauvé dès le*
« *sein de sa mère.* Il s'élance pourtant pour faire des hommes
« ses instruments.

« Peins le scribe sauveur d'un peuple tombé en esclavage
« et faisant les transports pour toute espèce de construc-
« tions... Représente-le avec l'énergie de la constance dans
« la direction du gouvernail ; réussissant à fasciner ; ne fai-
« sant pas dégénérer l'action de son autorité en oppression ;
« agissant sur les masses. Il se manifeste au peuple de la race
« de sa mère, et se sépare de son supérieur. C'est l'enfant
« qui enlève le joug de la réprobation, l'opprimé qui devient
« puissant, le maître dans l'art de séduire.

« Sa marche est pleine de ruse. Combien de dextérité brille
« dans sa conduite ! Puisse la puissance de la flamme dévorer
« ce scribe ! Qu'à son crime réponde le châtiment, élevant la
« colère de chacun contre l'enfant rebelle. »

Je m'arrête : ces citations m'entraîneraient trop loin. Elles
suffiront du moins pour montrer quel puissant intérêt s'at-

---

[1] Voy. *the Exodus papyri*, by R. Heath. London, 1855. — Voy. aussi *le Correspondant*, février 1858, *les Livres égyptiens*, par M. Fr. Lenormant.

COLOSSES DE MEMNON

tache à ces textes, et quels rapprochements inattendus et décisifs ils présentent avec nos Livres saints. Je ne suis pas d'ailleurs si loin de Thèbes qu'on pourrait le croire : tout à l'heure, en sortant de la bibliothèque de Rhamsès II, nous allons nous trouver face à face avec le Pharaon même dont le scribe Amenemani vient de raconter l'*assoupissement dans les eaux*.

Non loin du Rhamesséum, et quand on a traversé un petit bois de mimosas aux fleurs jaunes et odorantes, on rencontre un vaste terrain tout couvert de cultures, et où sont semés, à demi enfouis dans le limon du Nil, à demi cachés par les hautes tiges de fèves ou de maïs, d'innombrables débris de colonnes et de statues. On y a reconnu les fragments de dix-huit colosses de granit rose ou noir, dont plusieurs avaient jusqu'à six mètres cinquante centimètres de hauteur. Ces ruines sont celles d'un groupe de monuments, aujourd'hui disparus, qu'on a appelé Aménophium, du nom de leur fondateur Aménophis III, de la dix-neuvième dynastie, fils et successeur de Rhamsès le Grand. C'est sous le règne de ce prince que paraît avoir eu lieu la sortie d'Égypte par les Hébreux. Aménophis avait bâti deux palais, l'un à Louqsor, l'autre ici. Il y a encore à Louqsor des restes considérables du premier; du second, il ne subsiste plus rien que des vestiges informes.

Je me trompe : il en reste deux monuments uniques, et de l'aspect le plus étrange. A quelques centaines de pas de là, au milieu des champs de blé, s'élèvent ces deux colosses dont l'un est devenu si célèbre sous le nom de statue de Memnon. Rien de plus extraordinaire et, il faut le dire, de plus imposant que ces deux figures dressant au-dessus de l'horizon leur front mutilé et, du haut de leur trône de pierre, semblant, comme les génies de la vieille Égypte, régner encore sur cette vallée où fut une cité populeuse, et qui n'est plus qu'un vaste sépulcre. Comme on n'a vu nulle part rien de pareil, l'esprit est étonné et comme dérouté ; il semble qu'on soit en présence de quelque chose de surhumain ; et volontiers on prendrait ces monstrueuses sculptures pour les images d'un peuple de géants qui aurait précédé sur la terre les hommes d'aujourd'hui et bâti les monuments qui nous entourent.

Qu'était-ce que ces statues ? Que faut-il croire surtout de cette fameuse statue de Memnon qui rendait aux premiers rayons du soleil des sons harmonieux ? Il n'est peut-être pas de point d'histoire sur lequel il se soit élevé plus de discussions et de systèmes. Ce qu'on a écrit de volumes là-dessus, entassé en pyramide, formerait une masse aussi haute que la statue.

Les hiéroglyphes lus par Champollion sur les socles des deux colosses, ont mis hors de doute qu'ils étaient tous deux le portrait en pied du même roi : ce roi est l'Aménophis dont nous venons de parler, et qui, pour décorer la façade de son palais de la rive gauche, avait élevé à l'entrée ces deux images de sa royale majesté. Le Pharaon est représenté assis, les mains étendues sur les genoux, dans l'attitude du repos.

Les statues, formées chacune d'un seul bloc de grès, reposent sur des piédestaux de cinq à six mètres de hauteur, qui sont un peu enfouis maintenant dans la vase du Nil. Quelques chiffres donneront une idée de leurs dimensions : leur hauteur au-dessus du piédestal est de seize mètres ; les jambes ont six mètres de la plante des pieds au-dessus du genou ; le pied a deux mètres de long et un mètre d'épaisseur.

Les deux statues sont tristement mutilées. Celle qui est

le plus au sud a toute la partie antérieure de la tête brisée : on ne distingue plus que les oreilles et une partie de la coiffure.

Le colosse du nord, celui de Memnon, est plus défiguré encore. Un tremblement de terre le fendit par le milieu, vers l'époque de Néron : toute la partie supérieure du corps, depuis la ceinture, s'écroula. Septime-Sévère ordonna qu'il fût réparé. Mais la restauration se fit grossièrement et par des mains bien peu dignes de toucher à ces merveilles du génie égyptien. Les maçons de Septime-Sévère ont tout simplement, à grands coups de moellons, bâti sur ce qui restait de la statue une construction qui imite à peu près la forme d'une tête humaine.

Ce qu'on peut admirer encore, dans ces étranges monuments, ce sont les bas-reliefs et les hiéroglyphes sculptés sur les piédestaux avec une grande perfection de ciseau, et dont Champollion disait que c'étaient des camées d'un pied de haut ; ce sont aussi les figures accessoires, sculptées dans le bloc, à droite et à gauche des jambes du Pharaon.

Il y a des touristes pleins de foi qui ont encore le courage de se lever avant le jour pour aller, aux pieds de Memnon, guetter l'instant où les premiers rayons du soleil viennent le frapper, dans l'espoir d'entendre ce fils harmonieux de l'Aurore saluer sa mère de ces sons mystérieux que l'antiquité a entendus avec admiration. Mais, hélas ! depuis longtemps, depuis des siècles, la statue est muette. Un des Arabes qui nous accompagnent grimpe jusque sur les genoux du colosse, et en frappant avec un caillou lui fait rendre un son qui a quelque chose de vibrant et de métallique. C'est tout ce qui reste de voix à la mélodieuse statue.

Il est impossible de douter cependant qu'à une certaine époque se soit réellement produit ce singulier phénomène, attesté par de nombreux auteurs et par quantité d'inscriptions qui se lisent sur la statue même. On a compté jusqu'à soixante-douze témoins auriculaires, au nombre desquels sont l'empereur Adrien et l'impératrice Sabine, qui déclarent dans ces inscriptions avoir ouï eux-mêmes la merveille. L'étude de ces inscriptions et des textes anciens a fourni à un illustre savant français, M. Letronne, la solution du problème. Il est arrivé à cette curieuse conclusion, que le son produit par la statue n'a commencé à se faire entendre que sous le règne de Néron, c'est-à-dire après que le tremblement de terre eut fendu le monolithe; et qu'il n'a plus été entendu après que Septime-Sévère eut fait réparer la statue : double fait qui s'accorde parfaitement avec les données de la physique. En effet, la vibration sonore, due vraisemblablement à la brusque transition du froid de la nuit à la chaleur du jour (transition très-rapide et très-marquée dans ces climats), et devenue possible par la fracture de la pierre, a cessé de l'être quand une lourde maçonnerie a été superposée à la statue brisée.

De ce phénomène naturel, l'imagination des Grecs avait fait cette fable de Memnon, fils de l'Aurore, qui saluait sa mère au lever du jour, et des oracles que rendait sa statue vocale. Ce nom de *Memnon* lui-même, nom d'un héros homérique, n'avait été si singulièrement appliqué à la statue du Pharaon Aménophis que par suite d'une de ces méprises que les Grecs commirent souvent, dans la préoccupation qui leur faisait retrouver partout leur mythologie et leurs légendes poétiques : à Thèbes, le quartier où se trouvait le colosse s'appelait le *Memnonium* ou les *Memnonia* (de *Mennou,* en égyptien *grand monument*); ils en conclurent que la statue était celle de *Memnon,* fils de l'Aurore et roi des Éthiopiens [1].

---

[1] Voy. Letronne, *Recherches pour servir à l'histoire de l'Égypte.*

LE MEMNONIUM

Parmi les inscriptions grecques et latines, en prose et en vers, qui couvrent une des jambes de la statue, quelques-unes sont touchantes ou curieuses ; la plupart insignifiantes ou ridicules. En voici quelques-unes :

« Titus Julius Lupus, préfet d'Égypte. J'ai entendu
« Memnon à la première heure. Bon présage !... »

« Funisulanus Charisius, stratége d'Hermontis (sous le
« règne d'Adrien), natif de Latopolis, accompagné de son
« épouse Fulvia. Il t'a entendu, ô Memnon, rendre un son
« au moment où ta mère éperdue honore ton corps des
« gouttes de sa rosée. »

Des vers grecs, pédantesques et prétentieusement adulateurs, composés par une femme poëte de la cour d'Adrien, nommée Babilla, apprennent à la postérité que le colosse a daigné par trois fois saluer l'empereur, roi du monde, et sa femme, l'impératrice Sabine.

Une inscription latine porte ceci : « Julius Tenax, de la
« douzième légion, la Fulminante ; Valerius Priscus, de la
« vingt-deuxième légion, et Quintius Viator, décurion, ont
« entendu Memnon la onzième année du règne de Néron. »

Au-dessous, on lit en caractères moins profonds :

« Jean-Pierre Chouilloux, soldat de la vingt et unième
« demi-brigade, a passé ici le 2 ventôse an VII. »

CHAPITRE IX

THÈBES (SUITE) — MÉDINET-ABOU — LES FELLAHS
ET L'AGRICULTURE — UNE SOIRÉE A LOUQSOR

CHAPITRE IX

THÈBES (SUITE), MÉDINET-ABOU — LES FELLAHS ET L'AGRICULTURE
— UNE SOIRÉE A LOUQSOR

Pour en finir avec les monuments de la rive gauche, il nous restait à voir un groupe considérable de ruines, situé vers le sud : c'est Médinet-Abou. Depuis longtemps déjà, en cheminant dans la plaine, nous voyions se détacher sur l'horizon les masses sévères des propylées qui, du côté du Nil, précèdent la suite des temples et des palais. En arrière, un immense entassement de hautes murailles couvrait toute une éminence, au pied de la chaîne Libyque. Nous n'avions encore rien vu d'aussi grand.

L'ensemble des ruines de Médinet-Abou se divise en deux groupes principaux, qui datent l'un de Thouthmosis III, de la dix-huitième dynastie, l'autre de Rhamsès-Meïamoun. Mais par-dessus ces deux groupes, et tout alentour, se sont ajoutés ou superposés des monuments de moindre importance, appartenant à toutes les époques intermédiaires ou postérieures, et offrant en quelque sorte, sur un seul point, comme un tableau complet et un résumé de l'histoire politique et religieuse et des vicissitudes sans nombre de l'Égypte.

Ainsi, au-devant d'un petit temple de Thouthmosis, qui remonte à seize ou dix-sept cents ans avant notre ère, est une cour extérieure construite par Antonin, qui est représenté adorant la grande trinité thébaine. Plus loin, on rencontre un pylône élevé par les Ptolémées ; au delà, une deuxième cour où se lit le nom d'un roi éthiopien ; puis, dans une des cours du palais de Rhamsès, se voient gisantes des colonnes corinthiennes, débris d'une église chrétienne qui avait été adossée aux portiques du Pharaon et qui a moins duré qu'eux. Les ruines d'un village chrétien, qu'on croit du IVe siècle, se montrent non loin de là. Une mosquée, qui avait remplacé l'église, a disparu à son tour, laissant sur les murs quelques versets du koran. Enfin, sur les terrasses mêmes du palais, et sur ses épaisses murailles, se sont perchées les huttes d'un village arabe, aujourd'hui abandonné : misérables ruines de boue qui souillent ces ruines de grès et de granit, et qui ressemblent à des végétations impures poussées sur l'antique monument. Que de souvenirs accumulés sur cet étroit espace ! que de générations de rois et de peuples, de conquérants et de nations conquises ! Les Éthiopiens, les Perses, les Grecs, les Romains, les Arabes, ont passé sur cette terre comme des flots, et chaque flot en passant y a déposé son alluvion, témoin immortel de sa gloire d'un jour ! Les religions mêmes y ont laissé tour à tour leur empreinte : aux pieux solitaires qui ont illustré ces déserts de la Thébaïde ont succédé les disciples de Mahomet ; mais si l'humble chapelle élevée par les compagnons de saint Jérôme et de saint Antoine s'est écroulée, leur souvenir est encore pour nous vivant sur ces rivages et semble encore peupler ces mornes solitudes.

Franchissons les deux premières enceintes. Nous sommes en présence d'un des monuments les plus curieux de la vieille Égypte, unique peut-être dans son genre. Les vastes constructions dont est semée la plaine de Thèbes, celles qu'on admire sur tant d'autres points de la vallée du Nil, sont toujours ou des temples ou des palais destinés aux cérémonies, aux assemblées, aux actes solennels enfin de la religion ou de la vie publique des Égyptiens. Nulle part il ne reste rien de leurs habitations privées. Ici c'est précisément une habitation privée, ce que nous appellerions une résidence royale; c'est un petit palais approprié à la vie domestique et de famille. On l'appelle *le Pavillon*. Il a été construit par Rhamsès. L'architecture n'est pas sans élégance; les appartements sont petits, comme ceux qu'on voit à Pompéi. Les ouvertures étroites, les plafonds et les murs formés de blocs massifs, tout était évidemment calculé pour défendre l'intérieur contre les ardeurs tropicales du soleil. Au dedans sont représentées, sur les parois des murailles, des scènes de famille : on voit le Pharaon servi à table par de jeunes filles; il joue aux échecs avec sa femme, et s'amuse avec ses enfants.

Un grand pylône dont les bas-reliefs rappellent les campagnes du roi Rhamsès donne accès dans une première cour entourée d'une galerie que soutiennent des cariatides, et dont le sol est jonché de colonnes. On dépasse un second pylône, et l'on entre dans une seconde cour, plus vaste, et qui est une des merveilles de cette terre si féconde en merveilles. Tout alentour règne un magnifique péristyle soutenu par des colonnes. Les belles proportions de ces colonnes à la fois puissantes et légères et dont le chapiteau gracieux s'évase en fleur de lotus, la hardiesse de la galerie dont les plafonds massifs sont formés de blocs énormes, donnent à ce monument admirablement conservé un caractère saisissant de grandeur et de majesté. Rien de plus imposant et de plus harmonieux comme ensemble. Si vous pénétrez sous la galerie, la richesse des détails et le luxe de la décoration intérieure ajoutent à l'étonnement. Comme d'habitude, les colonnes sont, du haut en bas, couvertes de figures hiéroglyphiques; la paroi de la muraille qui fait face à la colonnade est pareillement, dans toute sa largeur et sa hauteur, revêtue de tableaux sculptés et peints.

Presque partout les couleurs appliquées sur les sculptures, soit en creux, soit en relief, subsistent encore avec leur éclat et leur vivacité première. En beaucoup d'endroits, on les dirait posées d'hier, tant elles sont fraîches et brillantes. Le plafond, qui représente un firmament semé d'étoiles, est particulièrement d'une conservation merveilleuse. Jamais peuple n'a appliqué sur une aussi grande échelle l'art de l'architecture peinte; et il faut convenir que, même dans l'état de dégradation actuel, l'effet en est vraiment grandiose. Toutes ces colonnes, toutes ces murailles semblent comme animées et vivantes; ces longues galeries semblent remplies d'un peuple de rois, de prêtres, de guerriers, et l'on croit voir se lever, de dessous les dalles usées par les siècles, toutes les pompes guerrières et religieuses des Pharaons.

Ces peintures murales offrent une suite de scènes où l'on voit le roi tantôt perçant ses ennemis de flèches, tantôt assis sur son char dans l'éclat du triomphe. Devant lui sont entassées des mains coupées sur les vaincus; des soldats les comptent, tandis qu'un scribe, à côté, en enregistre le nombre. Ici c'est une ville prise d'assaut; plus loin, un combat naval. Ailleurs le Pharaon est encensé comme une

MÉDINET-ABOU.

divinité par sa cour, par les prêtres et par les chefs de son armée.

Dans un de ces tableaux, le roi est représenté tenant d'une main par les cheveux un groupe de captifs, et de l'autre levant une massue. On a voulu induire de ces représentations, qui se retrouvent sur beaucoup de monuments, que chez les anciens Égyptiens les sacrifices humains étaient en usage. C'est une erreur. Ce groupe hiéroglyphique n'exprimait autre chose que la soumission absolue au vainqueur, le droit de vie et de mort sur les vaincus. On voit la même scène sur plusieurs temples de la haute Égypte, notamment celui d'Edfou, qui ont été construits sous les Ptolémées, époque où, sans nul doute, les sacrifices humains étaient chose inconnue sur les bords du Nil. Hérodote atteste que de son temps ils ne l'étaient pas moins.

Les murailles extérieures de Médinet-Abou sont, comme les murs intérieurs, couvertes de bas-reliefs racontant les conquêtes de Rhamsès-Meïamoun. Sur la paroi du sud est un tableau très-curieux ; c'est un calendrier sacré, contenant l'indication des fêtes de chaque mois.

L'imagination recule effrayée à la pensée de ce que représentent de travail ces sculptures murales, qui revêtent des surfaces de plusieurs kilomètres de développement, sur une hauteur souvent considérable. Il semble que ces œuvres prodigieuses aient été un jeu pour les Égyptiens. Cette profusion de sculptures et de peintures se retrouve en effet partout. Il y en a des exemples incroyables : ainsi on a calculé que le mur de circonvallation d'un seul temple est décoré de cinquante mille pieds carrés de sculptures religieuses et symboliques. J'ignore combien il y en a à Médinet-Abou ; mais l'étendue en est immense, et la perfection en est partout la même.

Beaucoup de ces bas-reliefs sont enfouis sous des décombres accumulés à une grande hauteur. Champollion avait signalé sur un des pylônes une grande inscription qui semblait contenir des indications historiques importantes sur les conquêtes de Rhamsès III. Il n'avait pu en lire que la première colonne; le reste était enterré. Des fouilles pratiquées par un jeune savant, M. Greene, ont mis récemment à découvert le texte entier; et notre illustre compatriote, M. Emmanuel de Rougé, de l'Académie des inscriptions et belles-lettres, en a donné une traduction qui a confirmé les prévisions de Champollion.

Cette inscription est un long discours d'apparat que le Pharaon adresse à ses sujets. Parmi beaucoup de formules emphatiques, il y a cependant dans ce morceau une certaine grandeur et un certain éclat poétique qui, sauf l'inspiration religieuse, rappellent parfois la Bible. Au début, on célèbre la vaillance du monarque; il est comparé « à un coursier aux « pieds valeureux qui s'élance comme les astres dans la « sphère du ciel ». Plus loin, il prend lui-même la parole. Après avoir rapporté à son père, le dieu Ammon, tout l'honneur de ses victoires, il énumère les peuples qu'il a vaincus. « Je les ai pressés, dit-il, de mon glaive victorieux. J'ai effacé « ces peuples et leurs pays, comme s'ils n'eussent jamais « existé... » Suit la description d'un combat naval. « La « flotte égyptienne paraissait sur les eaux comme un mur « puissant... » Sur le rivage, « les fantassins, l'élite de l'armée « d'Égypte, étaient comme le jeune lion rugissant sur les « montagnes... Quant à moi, ajoute le Pharaon, j'étais « vaillant comme le dieu Mouth; je restais à leur tête; ils « ont vu les exploits de mes braves. J'ai agi comme le héros « qui connaît sa force, qui sort son bras et défend ses « hommes au jour du massacre. Ceux qui se sont approchés

« de mes frontières ne moissonneront plus dans ce monde ;
« le temps de leur âme est compté pour l'éternité. »

Nous avions peine à nous arracher du milieu de ces ruines admirables. Des semaines, des mois entiers ne seraient pas de trop pour les étudier, pour les parcourir seulement avec quelque soin. Mais nous ne sommes pas des érudits : ce que nous cherchons dans ces débris, c'est l'empreinte du génie de la vieille Égypte, c'est la physionomie de ses monuments, c'est le caractère de son architecture ; et nulle part peut-être ce caractère ne se montre plus varié. Tout est réuni ici, la grandeur et l'élégance, la majesté de l'ensemble et la richesse des détails. Nous verrons à Karnac des choses plus gigantesques, nous ne verrons rien de plus achevé et de plus harmonieux.

Quelques fellahs à demi nus erraient au milieu des décombres, conduisant de petits ânes chargés de terre. On s'est aperçu que la poussière des ruines contient une grande quantité de salpêtre : le salpêtre vient partout à la surface en efflorescence ; et comme cette poussière, mêlée à la terre végétale, a une vertu très-fertilisante, les fellahs viennent la recueillir dans des paniers pour la répandre dans leurs champs. La mine est riche, et ils creuseront longtemps avant d'avoir enlevé les montagnes de débris entassés dans les cours du palais et autour de son enceinte. Dieu veuille que ce travail, inspiré par le lucre, tourne au profit de la science ! Quant au gouvernement, ce qu'il y a de mieux à souhaiter, c'est qu'il continue de ne rien faire. Chaque fois qu'il s'est occupé des ruines qui couvrent ce pays, ç'a été pour hâter leur destruction. Un Anglais avait indiqué à Méhémet-Ali un moyen facile et économique de se procurer le salpêtre dont il avait besoin pour fabriquer de la poudre : ce moyen consistait à l'extraire des pierres de vieux monuments. Plus d'un palais de Thèbes auquel on a appliqué cette ingénieuse recette a disparu sous le marteau de ces barbares modernes. Mais le plus barbare, ici, ce n'était pas le Turc.

Plusieurs des fellahs qui travaillent dans ces ruines s'approchent de nous pour nous offrir des curiosités. L'un d'eux nous montre un scorpion vivant, d'une taille monstrueuse. L'été, ces animaux pullulent parmi les débris, et leur piqûre est redoutable : on a vu des hommes en mourir en quelques heures.

Je remarque que presque tous ces hommes ont le pouce ou l'index de la main droite coupé. Déjà plusieurs fois, au Caire et sur le Nil, cette singularité m'a frappé. Notre guide m'explique que c'est pour échapper au service militaire que ces hommes se sont ainsi mutilés. Cette pratique n'est pas nouvelle dans l'histoire du monde : et il semble que les Romains eux-mêmes, ce peuple soldat, ne l'ignoraient pas ; le mot de *poltron* dont nous nous servons n'a pas, dit-on, une autre étymologie que *pollex truncatus,* pouce coupé. Ce qui étonne ici, ce n'est pas de voir des pouces coupés, c'est d'en voir en si grand nombre : sur dix hommes, il y en a bien huit qui ont la main mutilée ou un œil de moins. Cela date de Méhémet-Ali.

Méhémet-Ali, qui a tout fait pour l'Égypte, qui l'a arrachée à l'anarchie, qui lui a donné l'ordre intérieur et l'a élevée presque à la hauteur d'une puissance politique, n'avait opéré ce prodige qu'en tendant outre mesure les ressorts du gouvernement sous sa volonté implacable. Pour remplir son trésor il avait mis la main sur les domaines particuliers, s'était constitué l'unique propriétaire du sol, et avait fait de l'agriculture, de l'industrie et du commerce son monopole exclusif. Pour assurer son indépendance politique, il avait voulu avoir une marine redoutable ; il avait voulu surtout tenir sur pied une armée respectable, et avait élevé jusqu'à cent soixante mille hommes l'effectif de ses troupes régulières : chiffre exorbitant, eu égard à la population de ce pays, qui ne dépasse guère trois millions. Non-seulement il était obligé, pour entretenir cette armée, de lever tous les ans un nombre considérable de recrues, mais il gardait indéfiniment les hommes sous le drapeau. La guerre, les maladies, les mauvais traitements, la nostalgie surtout, faisaient d'effrayants ravages parmi ces pauvres conscrits, enrôlés à coups de bâton, et conduits enchaînés deux à deux jusqu'aux dépôts, pour être de là transportés en Arabie ou en Syrie : si bien qu'il était presque sans exemple qu'un homme, une fois enrégimenté, eût jamais revu ses foyers.

On imagine aisément quelle répugnance, quelle horreur, pour mieux dire, inspirait à cette malheureuse population la pensée seule du service militaire. Le fellah, doux et docile, n'est point soldat par nature ; on l'arrache avec peine à ses champs et à son fleuve natal. Les levées en masse qui se faisaient dans les villages semaient au loin la terreur : les hommes s'enfuyaient dans le désert, se cachaient dans des souterrains ; mais les mauvais traitements exercés sur les femmes et les enfants, la confiscation de leur vache ou de leur âne, seule richesse de la famille, en avaient bien vite raison.

De là ces mutilations dont nous voyons les traces. Les choses en étaient venues à ce point que les pères et les mères, par une cruelle prévoyance, mutilaient leurs enfants au berceau ; tantôt leur retranchant une ou deux phalanges d'un doigt, tantôt leur crevant un œil.

Aujourd'hui ces horreurs n'ont plus lieu. Le traité de 1841 a imposé à Méhémet-Ali une réduction considérable de son armée. Son successeur, Abbas-Pacha, l'a réduite encore, préférant s'entourer de mercenaires albanais qui lui formaient une garde dévouée, capable de tous les crimes et docile à tous les caprices de son despotisme digne de Néron ou de Caligula. Sous le pacha actuel, l'armée ne se compose plus que de douze à quinze mille hommes; et la durée du service n'est guère de plus de deux ans.

Il semble au reste que Saïd-Pacha n'ait une armée que pour ajouter à l'éclat des fêtes qu'il aime passionnément, ou pour lui servir d'escorte dans les voyages continuels qu'il fait d'une de ses résidences à l'autre. Contrairement aux habitudes orientales et particulièrement à celles de sa race, il est, en effet, presque toujours en voyage. Ce besoin de mouvement est poussé chez lui jusqu'à la manie : or, chaque fois qu'il se déplace, il faut que toute son armée le suive. Un jour qu'il était au Barrage, près du Caire, il lui plut tout à coup de partir pour Bar-el-Beda, ce palais qu'un caprice insensé d'Abbas a élevé en plein désert sur la route de Suez. Il fallut que l'armée l'accompagnât. Mais, comme aucune mesure n'avait été prise ni aucun ordre donné à cet effet, les soldats bivaquèrent sans eau et sans abri dans une affreuse solitude. La fatigue et le soleil en tuèrent en grand nombre.

Cet esprit capricieux et follement fantasque, qui semble attester l'incurable décadence de la famille de Méhémet-Ali, s'était montré chez Saïd-Pacha dès les premiers jours de son règne. C'était en 1857. L'Europe apprit tout à coup que le vice-roi conduisait une expédition dans la haute Égypte et la Nubie. Quel en était le but? Nul ne le savait. Ce qu'il y a de plus curieux, c'est qu'aujourd'hui encore on n'en sait pas davantage. L'opinion la plus vraisemblable (et c'était dès lors celle de toutes les personnes qui connaissaient le mieux le pacha), c'est que l'expédition n'avait effectivement aucun but sérieux. L'événement le démontra bien. A peine arrivé à Kartoum, la nouvelle et florissante capitale du Sennaar, Saïd-Pacha revint brusquement au Caire, laissant son armée derrière lui ; et, pour se dispenser de la ramener, on la licencia sur place ; de sorte que ces malheureux soldats, abandonnés à eux-mêmes, dénués de toutes ressources pour regagner leurs foyers, périrent la plupart de misère le long des chemins.

Pour revenir au bord du Nil, en quittant Médinet-Abou, nous traversons de nouveau la riche plaine que nous avons parcourue le matin. Çà et là se montrent quelques palmiers-doums. Déjà nous en avions aperçu quelques-uns sur les rives du Nil, depuis Ghirgheh. C'est un arbre qu'on ne trouve ni dans la basse ni dans la moyenne Égypte. Son aspect est bizarre, et son port ne ressemble en rien à celui du palmier ordinaire ou dattier. Son tronc lisse se divise en deux branches principales, qui se subdivisent à leur tour, et dont les rameaux ont aussi leurs bifurcations : ses feuilles sont étalées en forme d'éventails.

J'ai pu observer, en cheminant à travers les cultures, le système d'irrigation employé par les fellahs. Quand la terre, que le soleil avait durcie, a été légèrement remuée par le soc de la charrue, on divise la surface du champ en compartiments carrés, de trois à quatre mètres de côté, formés par de petits sillons hauts de quelques centimètres. L'eau, élevée au moyen des *chadoufs* et conduite au bord du champ par des rigoles, est introduite, après que la semence a été jetée, dans un de ces carrés où une ouverture a été ménagée. Quand ce carré est suffisamment arrosé, on le ferme, et l'eau est introduite dans un autre ; et ainsi de suite. Quelquefois, après cette opération, ils jettent sur la terre humide cette poussière salpêtrée qu'ils vont chercher dans les ruines. Voilà toute l'agriculture égyptienne : elle se résume en deux mots, semer et arroser ; car le labourage ne compte guère. Donnez de l'eau à cette terre ; Dieu et le soleil feront le reste. J'ai vu là des froments, semés il y a un mois, qui ont déjà un demi-pied de haut, et qu'on coupera en mars ou avril. J'ai compté le nombre de tiges sorties, en touffe serrée, d'un même grain de blé : il y en avait vingt-deux. Cette terre rend, en moyenne, de quatre-vingts à cent pour un.

De temps en temps se détachent, du milieu des travailleurs disséminés dans la plaine, des hommes nus et bronzés qui, du plus loin qu'ils aperçoivent notre caravane, accourent au-devant de nous pour nous offrir de prétendues antiquités. *Antico! antico!* crient-ils tous à la fois. Ce sont des amulettes, des scarabées, des colliers, des statuettes en terre émaillée. Il faut se défier de ces marchands officieux. Depuis que les touristes abondent en Égypte et se montrent, surtout les Anglais et les Américains, avides de ces antiquités, non-seulement les fellahs les recherchent avec soin, mais la fraude en a fait une véritable industrie. Il y a, dans un des villages de Thèbes, un Arabe dont l'unique métier est de fabriquer des antiquités. On m'a même assuré qu'il en venait d'Angleterre.

Il était près de cinq heures quand le canot, qui nous attendait au rivage, nous ramena à bord de la cange. Le soleil s'abaissait à l'horizon ; le vent était tombé : à une journée qui avait été chaude succédait une soirée délicieuse. Nous voulûmes dîner sur le pont, pour jouir mieux et de cette charmante température et du beau spectacle que nous avions sous les yeux. Le couchant était comme inondé d'une poussière d'or ; le Nil, large ici comme un bras de mer, semblait aussi rouler de l'or liquide. Les pylônes de Médinet-Abou et l'amas de ses palais étaient déjà noyés dans l'ombre que projetait la chaîne Libyque ; tandis que le front mutilé des deux colosses assis à leurs pieds brillait encore empourpré d'un dernier rayon.

Le dîner s'est prolongé plus que d'habitude. La douceur du ciel, la grandeur mélancolique du paysage, l'impression des choses que nous avons vues, tout invite à la rêverie. Le jour tombé, nous descendons à terre, et nous nous promenons au bord du fleuve. La lune qui est dans son plein se lève derrière Karnac, et ses rayons obliques glissent jusqu'à nous à travers les sombres colonnades du temple d'Aménophis. Dans ce ciel d'une sérénité et d'une transparence admirables, les étoiles brillent d'un éclat inconnu à nos climats. On lirait dans un livre à la clarté de la lune ; et je crois en vérité que le soleil de Londres pourrait souvent être jaloux d'elle.

Depuis que nous sommes à Louqsor, nous ne ressentons plus ce froid assez vif que nous avons éprouvé la nuit, pendant tout le voyage. A dix heures du soir, nous nous promenons en vêtements d'été avec un vrai sentiment de bien-être. Cet air tiède et en quelque sorte balsamique semble dilater les poumons et rafraîchir les poitrines irritées. C'est un fait constaté par la science que dans la haute Égypte, et surtout au delà d'Assouan, la phthisie est une maladie inconnue.

Huit ou dix canges sont amarrées au rivage en avant de la nôtre. Nos yeux ont cherché, dès le matin, le pavillon français. Nous ne voyions partout flotter aux mâts que les couleurs anglaises, américaines, prussiennes et russes. Enfin, tout à l'extrémité du quai, une flamme tricolore s'est montrée à nous. Le drogman nous apprend qu'un domestique français est déjà venu s'informer de nous : c'est le valet de chambre d'un pauvre jeune homme, le marquis d'O***, qui est gravement malade. Nous allons, mon frère et moi, pour le visiter; mais il ne peut nous recevoir. Parti du Caire il y a plusieurs semaines, sans précautions suffisantes contre le froid des nuits, il est arrivé ici très-souffrant. Heureusement un Français établi à Louqsor, et qui habite la *Maison de France*, lui a offert une hospitalité dont il avait grand besoin.

Ce qu'on appelle la *Maison de France* est un grand bâtiment carré, situé à l'extrémité du village, et dont Méhémet-Ali avait fait cadeau aux officiers de l'expédition française qui vint chercher ici l'obélisque qu'on voit aujourd'hui à Paris. L'expédition finie, la maison que les ingénieurs français avaient reconstruite et restaurée est restée la propriété de la France : un petit pavillon tricolore flotte au-dessus. Depuis quelques années, un Français qui s'occupe dans le pays du commerce des blés, M. M***, a été autorisé par le consul général de France à l'habiter. Il y offre une gracieuse hospitalité à ceux de ses compatriotes que la maladie ou les accidents du voyage lui amènent quelquefois réduits à une fâcheuse situation. L'année précédente, il avait eu pour hôte pendant deux mois Mlle Rachel, qui, comme le marquis d'O***, était arrivée ici très-fatiguée d'une longue navigation et ayant beaucoup souffert du froid.

L'expérience m'autorise à le dire, et c'est l'avis de tous ceux qui connaissent ce climat, le voyage de Thèbes est un magnifique voyage: un des plus beaux qui se puissent faire, — pour ceux qui se portent bien ou ne sont guère malades. Pour ceux qui ont la poitrine gravement atteinte, il est, dans les conditions actuelles et avec les moyens ordinaires de transport, une imprudence, une folie. Ceux-là doivent rester au Caire.

Nous allâmes faire visite à M. M***, qui nous reçut fort

poliment. Une jeune femme qui partage sa solitude parut surtout heureuse de voir des voyageurs et des Français. Reléguée dans ce désert depuis cinq à six ans, elle aspire à retourner au Caire ou à Alexandrie, à défaut de la France. Ce climat, que nous trouvons si beau, elle le trouve, elle, froid l'hiver par comparaison, dévorant l'été. Ce paysage, que nous trouvons splendide, lui paraît bien monotone, ces ruines bien mélancoliques, ces montagnes bien désolées. Il n'est pas jusqu'à cette éternelle verdure des palmiers qui ne lui soit devenue odieuse : et cette poussière, et cette aridité, et cette sérénité implacable d'un ciel d'airain, tout cela lui pèse. L'hiver encore, c'est peu; on s'ennuie, mais on vit : l'été, on ne vit pas, et l'été dure huit mois. Pendant ces huit mois, on passe les nuits sur les terrasses, pour demander à la rosée du ciel une fraîcheur qu'on trouve à grand'peine. On passe le jour étendu sur des divans, dans de vastes appartements où, en fermant toutes les ouvertures avec des nattes qu'on arrose sans cesse, on parvient à faire descendre le thermomètre à quarante degrés. Au mois de juin, l'eau du Nil est à vingt-trois degrés. Un piano, que la pauvre exilée avait apporté pour charmer sa solitude, éclata en morceaux dans le premier été, et toutes les cordes se rompirent. Il faut qu'on songe que nous ne sommes ici qu'à quarante lieues d'Assouan, et qu'Assouan passe pour être, à raison de diverses circonstances climatologiques, le lieu le plus chaud de la terre, bien qu'il ne soit pas tout à fait sous le tropique.

CHAPITRE X

THÈBES (SUITE) — LES HYPOGÉES — LES TOMBEAUX DES ROIS — KARNAC AU CLAIR DE LUNE

CHAPITRE X

THÈBES (SUITE) — LES HYPOGÉES — LES TOMBEAUX DES ROIS — KARNAC AU CLAIR DE LUNE

Les journées du 28 et du 29 décembre ont été employées à visiter les hypogées, ou tombeaux souterrains, qui sont sur la rive gauche.

Ils se divisent en deux groupes. Le premier comprend les tombeaux de la caste militaire et de la caste sacerdotale; ceux-là sont situés sur le flanc oriental de la chaîne Libyque, faisant face au fleuve; et d'ici nous voyons la roche blanche trouée d'ouvertures oblongues qui, rangées à la file et à divers étages, simulent assez bien des embrasures de fortifications. Le second groupe et le plus important comprend les tombeaux des rois. Ils sont situés au fond d'une vallée qui s'ouvre derrière Gournah; c'est la vallée de Biban-el-Molouk.

Quand on a traversé la plaine et atteint le pied des montagnes, on commence à gravir, par un sentier étroit et pierreux, des pentes inégales et profondément bouleversées. Ce lieu désolé s'appelle en arabe *El-Assassif:* c'est apparemment le nom du petit village formé par quelques familles logées dans ces décombres. Pas un buisson n'ombrage ce sol déchiré et brûlé. Çà et là apparaissent quelques vestiges de constructions, des restes de murs d'enceinte, et des portes qui conduisaient aux tombeaux par une sorte d'avenue. La montagne semble avoir été fouillée jusqu'aux entrailles : ses débris entassés forment comme des collines qui hérissent la pente.

La plupart des tombeaux sont creusés dans la paroi verticale du rocher : il y en a quelques-uns cependant qui s'ouvrent au fond de vastes excavations, où il faut descendre comme dans une carrière. Presque toutes ces tombes sont habitées. De misérables familles de fellahs sont venues chercher, dans ces demeures des morts, un abri qui a pour elles l'avantage d'être chaud l'hiver et frais l'été. Mais il en résulte que ces curieux monuments sont tout encombrés et obstrués d'ustensiles de ménage, d'outils d'agriculture, de tiges de dourah ou de maïs. On passe, pour y pénétrer, au travers des poules, des porcs et des enfants qui se roulent pêle-mêle dans la poussière. Ce qu'il y a de pis, c'est que quelquefois les fellahs y font du feu, et que la fumée, en maint endroit, a tellement noirci les murailles, que les peintures qui les couvrent ont à peu près disparu.

Nous avons visité quelques-uns seulement de ces innombrables sépulcres. Ce sont tantôt de longues galeries formant la croix, tantôt une suite de salles carrées réunies par de larges corridors. Tout cela est creusé dans une roche calcaire, médiocrement dure, très-blanche et d'un grain assez fin. Les parois et quelquefois les plafonds sont couverts de sculptures peintes, d'un travail plus ou moins délicat, suivant l'importance et la richesse du personnage qui devait habiter la tombe.

Un de ces sépulcres est remarquable entre tous par son prodigieux développement : c'est celui d'un prêtre qui portait le nom de Pétemenof. L'étendue occupée par la demeure funèbre de ce prêtre est évaluée par Wilkinson à plus de vingt mille pieds carrés. C'est sans nul doute la plus vaste tombe que se soit faite la vanité d'un simple particulier. Dix ou douze salles se succèdent, reliées par des galeries, sur une longueur de six à sept cents pieds. Les sculptures et les hiéroglyphes qui ornent les murs sont d'une rare perfection ; mais il faut braver pour les admirer jusqu'au bout des milliers de chauves-souris qu'éveille la clarté des torches, et, ce qui est pire, l'odeur douceâtre et nauséabonde que répandent ces animaux dans les lieux qu'ils habitent.

A côté de ces tombes où l'orgueil posthume d'un homme s'étalait si à l'aise, il y avait des tombeaux communs où se rangeaient côte à côte un grand nombre de momies. Toutes ces momies ont été enlevées, ou brisées et mises en pièces par les chercheurs de trésors et d'amulettes. Le sol de ces sépulcres est jonché de leurs débris et pavé de leurs ossements ; on heurte à chaque pas des crânes, des tibias, des mains noircies et encore enserrées de leurs bandelettes.

Il y a peu d'années, on a découvert un tombeau qui pour l'étendue ne saurait être comparé à celui du riche et puissant Pétemenof, mais qui l'emporte sur tous ceux que l'on connaissait par la finesse des sculptures, et surtout par l'intérêt historique des scènes qu'elles reproduisent. Les sculptures de cette tombe offrent, en effet, avec plus de détail que partout ailleurs, la représentation de nombreuses scènes de la vie privée, de l'agriculture et de l'industrie des anciens Égyptiens. Ici l'on voit le maître, reconnaissable au long bâton qu'il tient à la main (le bâton, dans les bas-reliefs et dans la langue hiéroglyphique, est le symbole de l'autorité), entouré et servi par de nombreux serviteurs. Là ses fermiers lui amènent les bestiaux élevés sur ses terres, et lui offrent des dattes, des figues, des ananas. Ailleurs il préside aux diverses opérations du jardinage ou de l'agriculture. Le labourage, les semailles, la moisson, la vendange, l'arrosage des terres, tout est minutieusement retracé : et ce qui frappe d'étonnement, c'est de voir qu'à l'époque où remontent ces sculptures, il y a trois mille ans, la civilisation était en Égypte ce qu'elle est aujourd'hui ; il y a trois mille ans, les Égyptiens se servaient de la même charrue que nous avons vue ce matin conduite par un fellah ; leur costume était ce qu'il est aujourd'hui ; comme aujourd'hui, ils élevaient l'eau du Nil avec cette bascule qu'on appelle une *chadouf;* comme aujourd'hui, je remarque que les femmes du peuple portaient leurs petits enfants à califourchon sur l'épaule.

Les arts, les métiers sont représentés, comme l'agriculture, dans une suite de tableaux du plus haut intérêt. Toute la vie, toute l'industrie de l'ancienne Égypte est là : on y a figuré des meubles de toute espèce, le plus souvent d'une exquise élégance, des vases du galbe le plus beau, des instruments de musique, harpes, flûtes et sistes ; on y a représenté des festins et des divertissements, la musique et la danse, la chasse et la pêche, jusqu'à la gymnastique et aux jeux d'échecs.

Dans quelques-uns de ces hypogées, on a trouvé les sculptures primitives recouvertes d'une couche de plâtre, sur laquelle étaient peintes grossièrement des images chrétiennes. Ces peintures modernes ont été tracées sans doute par la pieuse main des anachorètes qui, aux premiers siècles de l'Église, venaient chercher dans ces déserts et jusque dans ces caveaux funèbres l'oubli du monde, la paix des passions et les contemplations de l'éternité.

Nous avions passé de longues heures à examiner ces curieuses peintures. L'air était étouffant. Le soleil tombait d'aplomb au fond de ces excavations. Pas un souffle de vent ne s'y faisait sentir; et à la chaleur qui régnait dans ces gorges sablonneuses on se serait figuré être au mois de juin. Nous n'avions pas voulu croire Agostino, qui nous avait conseillé de nous défier du soleil de Thèbes, et de couvrir nos chapeaux de mouchoirs blancs : nous comprîmes alors la sagesse de ses avis. L'un de nous, grâce à son léger chapeau de paille, faillit attraper ce jour-là un coup de soleil, et rentra à la cange pris d'une violente migraine.

Les Européens s'étonnent toujours, quand ils arrivent en Orient, de la coiffure qu'y portent les hommes. Le turban leur paraît ce qu'il y a au monde de plus mal approprié au climat : il est lourd et chaud, et il n'a pas de visière pour protéger les yeux; — double contre-sens, à ce qu'il semble. Mais comment croire qu'un tel usage n'ait pas sa raison d'être et sa convenance? Un peu de réflexion et surtout d'expérience les fait bien vite apercevoir. Ce n'est pas contre la chaleur, c'est contre l'action directe des rayons du soleil qu'il importe de se défendre en Orient. La chaleur, même extrême, n'est qu'une gêne; le soleil frappe et tue. Un homme est comme foudroyé et meurt en quelques heures, pour s'être exposé sans précaution au soleil d'été, même du printemps. Voilà pourquoi, par-dessus une calotte de toile blanche, les Orientaux mettent l'épais tarbouche de laine rouge, et par-dessus le tarbouche enroulent les replis nombreux du turban. Quant à l'absence de visière, c'est affaire d'habitude et rien de plus. Il n'en résulte aucun inconvénient, et beaucoup d'Européens s'y accoutument même assez vite.

29 décembre.

La journée d'hier a été fatigante. Pourtant il nous faut aujourd'hui partir de bonne heure ; il y a une heure et demie de marche d'ici aux Tombeaux des Rois.

On passe par Gournah. Bientôt après, on entre dans la vallée de Biban-el-Molouk : mot dérivé de l'arabe qui signifie *Portes des Rois,* mais qui paraît une traduction altérée de l'ancien mot égyptien Biban-Ouroou, *Hypogées des Rois.*

La vallée, large d'abord, se rétrécit promptement et ne forme plus qu'une gorge sinueuse entre deux chaînes de montagnes escarpées. Dès qu'on a dépassé Gournah, toute végétation cesse : le désert commence, un désert de sable et de pierres, le plus nu, le plus affreux qui se puisse voir. Pas un arbuste, pas un brin d'herbe, pas un lichen n'a germé sur cette terre qu'on dirait maudite. Il semble que le feu du ciel ait passé sur elle et l'ait calcinée jusqu'aux os. Le sol est couleur d'ocre ; les pierres, jaunes et d'un éclat métallique, sont noircies en dessus comme par la flamme d'un incendie. Nul animal, nul oiseau ne se montre dans cette désolation. Toute vie est absente ; un silence de mort règne dans cette funèbre solitude. Le lieu était bien choisi pour y dormir en paix le sommeil de la tombe.

VALLÉE DES TOMBEAUX DES ROIS

En suivant le sentier qui serpente au pied de la montagne, je remarquais, non sans étonnement, que le fond de la vallée avait l'air d'avoir été raviné par les eaux : on eût dit du lit de quelque torrent desséché, où le sable s'est accumulé par places. Ce sont apparemment les vents violents qui soufflent parfois dans ces gorges qui ont soulevé et en quelque sorte charrié ce sable comme auraient fait des eaux torrentueuses.

Tout au fond de cette gorge sauvage, les Pharaons thébains de la dix-huitième et de la dix-neuvième dynastie ont creusé, dans l'épaisseur de la roche, les tombeaux destinés à recevoir leurs dépouilles ; tombeaux plus durables encore, ce semble, que les pyramides elles-mêmes, et qui, cachés dans les flancs de ces montagnes où pas une goutte d'eau ne tombe, où ne filtre pas une source, devaient paraître à la fois inviolables et indestructibles. Et pourtant, pas plus que les constructeurs des pyramides, les Pharaons de Thèbes n'ont, suivant le mot sublime de Bossuet, *joui de leurs sépulcres*. Quand les Romains arrivèrent dans la Thébaïde, les tombes royales avaient été ouvertes et violées par les Perses de Cambyse.

Depuis lors, ainsi que l'attestent d'innombrables inscriptions, laissées par les visiteurs, en grec, en latin ou en copte, ces *Syringes* (comme les appelaient les Grecs) ont été pendant plusieurs siècles l'objet de la curiosité des voyageurs. Plus tard, enfouies sans doute sous les éboulements de la montagne, elles cessèrent d'être visitées et même connues. Belzoni, ce singulier et intrépide voyageur, qui fut successivement abbé, comédien, antiquaire, et qui le premier pénétra dans l'intérieur de la pyramide de Chéfren, fut aussi le premier à attirer l'attention de l'Europe savante sur ces curieux tombeaux, en découvrant le plus beau de tous, celui du père de Rhamsès le Grand, de Séthos Ier, qui a élevé la grande salle hypostyle de Karnac.

Vingt et un de ces tombeaux ont été retrouvés. Strabon dit que de son temps on en connaissait quarante : bien des découvertes restent donc encore à faire. L'avidité des chercheurs de trésors y aidera au moins autant que l'amour de la science.

Aucun ordre n'a déterminé l'emplacement des tombeaux. Chaque Pharaon, en montant sur le trône, choisissait le lieu où son sépulcre devait être creusé : les travaux se continuaient pendant tout son règne et cessaient à sa mort; si bien qu'on peut juger, par le degré d'achèvement de chaque tombe, de la durée du règne de chaque prince. Étrange peuple, qui avait toujours présente la pensée de la mort, et chez qui les préoccupations de l'autre vie marchaient ainsi de front avec les travaux de la vie actuelle ! Il semble que ce fût chez eux, comme l'a dit Mme de Staël, « un besoin de l'âme de lutter contre la mort, en prépa-« rant sur cette terre un asile presque éternel à leurs « cendres. »

Les tombes royales sont toutes disposées sur le même plan. On entre par une porte assez basse, qui était destinée à être murée : un large corridor conduit, par une pente plus ou moins rapide, à une première salle; cette salle est suivie de plusieurs autres, reliées entre elles par une galerie. Sur les parois, à droite et à gauche, se déroulent de longues inscriptions hiéroglyphiques; ce sont des prières à l'intention du roi inhumé. Les salles sont décorées de vastes tableaux symboliques et religieux, qui couvrent non-seulement les murailles, mais même les plafonds et les piliers qui les soutiennent. Enfin, tout au bout de ces corridors et de ces salles qui ne sont en quelque sorte qu'une suite de vestibules, s'ouvre au plus profond de ces catacombes une salle plus vaste que toutes les autres, plus richement décorée, celle que les Égyptiens appelaient la salle *dorée* : c'est là que reposait le Pharaon dans son sarcophage.

Ce sarcophage était fait d'un seul bloc, haut d'une dizaine de pieds. Le corps, déposé dedans, était recouvert d'un couvercle massif, de la même matière. On a peine à comprendre comment ces monolithes, d'un poids énorme, ont pu être descendus à cette profondeur par des galeries qui ont strictement la largeur nécessaire pour leur livrer passage.

Avec le Pharaon mort étaient ensevelis, on le suppose, quantité d'objets précieux. Ce sont ces trésors qui ont fait violer leurs tombes. Tous les sarcophages ont été trouvés ouverts ; le couvercle était brisé, le cercueil vide. Quand Belzoni découvrit l'entrée du tombeau de Séthos, la porte lui parut intacte. Il espéra trouver le Pharaon dormant encore dans son lit de granit. Les galeries, les premières salles, semblaient n'avoir jamais entendu des pas humains depuis le jour des funérailles. Vain espoir ! Quand il arriva à la salle dorée, il vit avec douleur le sarcophage brisé et vide. Des recherches plus attentives firent découvrir un boyau étroit, creusé dans la montagne par les violateurs inconnus, et qui, d'une vallée voisine, avait donné accès dans la salle où était le trésor.

Il faudrait des volumes pour décrire ces tombeaux, monuments uniques dans le monde. Champollion, qui a habité pendant deux mois un de ces sépulcres, en a fait, dans ses *Lettres sur l'Égypte*, une description aussi complète et aussi fidèle que possible. Je ne veux donner ici qu'une idée sommaire de leur décoration, qui, du reste, est dans tous systématiquement reproduite, et ne diffère que par la délicatesse du travail ou la richesse de la peinture.

Sur le bandeau de la porte d'entrée est sculpté un bas-relief où le Pharaon est symbolisé dans le soleil à tête de bélier, c'est-à-dire le soleil couchant et entrant dans l'hémisphère inférieur, image de la mort. A côté de lui est sculpté le scarabée, qui était chez les Égyptiens le symbole de la régénération ou des renaissances successives [1].

Plus loin, et comme pour rassurer le roi sur le funèbre augure que fait naître son tombeau, on voit le dieu Phré, c'est-à-dire le soleil dans tout l'éclat de sa course, qui lui adresse des paroles de consolation et lui fait de magnifiques promesses : « Nous t'accordons une longue série de jours, « pour régner sur le monde et exercer les attributions royales « d'Horus sur la terre. »

Partout, le long des corridors et des salles, aux prières et aux inscriptions pieuses se mêlent des tableaux symboliques. Ces tableaux représentent l'histoire de l'âme après la mort, les épreuves qu'elle traverse, les jugements qu'elle subit; ce que les rituels funéraires appellent *la vie après la mort*. On voit, dans leur long et pénible voyage, la foule des âmes passer à travers l'eau et le feu; on les voit soumises à des supplices, mutilées, décapitées, puis rappelées à la vie. Ailleurs elles se reposent dans des champs couverts d'arbres et de moissons. L'âme, qui d'abord a fait seule sa pérégrination et a subi des transformations diverses, finit par se réunir à son corps, qui lui est devenu nécessaire pour la fin du voyage. C'est pour cette raison

---

[1] Le scarabée est, dit-on, le premier insecte qui se montre sur la terre après que l'inondation s'est retirée. C'est là sans doute la raison qui l'a fait prendre pour le signe de la renaissance, ou de la vie qui succède à la mort.

que, chez les Égyptiens, le soin de l'embaumement et la conservation des corps étaient choses si importantes : il faut que l'âme retrouve son compagnon intact et disposé à s'associer à ses dernières épreuves.

La salle qui précède celle du sarcophage est consacrée aux quatre génies de l'Amenti, l'enfer des Égyptiens : c'est là que se prononce sur l'âme la sentence définitive. Les peintures représentent la comparution du roi devant Osiris assis sur son trône, et assisté de ses quarante-deux terribles assesseurs. Chacun de ces juges divins semble chargé de rechercher et de punir un crime ou un péché particulier, et chacun d'eux interroge à son tour le défunt. Au-dessous de ce tableau sont écrites les réponses ou justifications du roi, qui proteste de son innocence sur chacun des chefs d'accusation.

Ces apologies des morts qui plaident eux-mêmes leur cause devant le tribunal suprême, nous donnent tout le code de la morale égyptienne ; et l'on est stupéfait de voir combien cette morale était pure, élevée, humaine, et supérieure à celle de tous les peuples païens de l'antiquité.

« Je n'ai pas commis de fautes, s'écrie le mort. Je n'ai
« pas blasphémé. Je n'ai pas trompé. Je n'ai pas volé. Je
« n'ai pas divisé les hommes par mes ruses. Je n'ai traité
« personne avec cruauté. Je n'ai pas été paresseux. Je ne
« me suis pas enivré. Je n'ai pas rongé mon cœur d'en-
« vie... »

Ce qui suit est encore plus remarquable : « Je n'ai pas
« retiré le lait de la bouche des nourrissons. Je n'ai pas fait
« de mal à mon esclave, en abusant de ma supériorité sur
« lui. J'ai fait aux dieux les offrandes qui leur étaient dues.
« J'ai donné à manger à celui qui avait faim ; j'ai donné à

« boire à celui qui avait soif; j'ai fourni des vêtements à
« celui qui était nu [1]. »

Dans le tombeau de Rhamsès le Grand, on remarque, à côté de ce tableau du jugement dernier de l'âme, de curieuses figures, malheureusement effacées pour la plupart, et qui représentaient les sept péchés capitaux. La paresse, la luxure, la voracité, qui sont encore reconnaissables, sont figurées par des personnages humains à tête de tortue, de bouc et de crocodile.

Le mort s'est pleinement justifié. Son cœur a été mis dans la balance avec la justice, et on ne l'a pas trouvé plus lourd. Osiris rend sa sentence, que Thoth, comme greffier du tribunal, inscrit sur son livre. Le mort entre dans la béatitude : la pérégrination de l'âme finit par son intime union, par son identification avec le soleil, ce dieu suprême de la religion égyptienne, que les prières et les hymnes appellent « le dieu seul vivant en vérité..., le
« générateur des autres dieux..., celui qui s'engendre lui-
« même..., celui qui existe dans le commencement [2]. »
C'est ainsi, contradiction étrange! qu'une morale admirablement pure venait aboutir à l'absorption de l'âme en Dieu, ce qui équivaut à la négation même de l'individualité humaine.

J'ai dit que la salle du sarcophage est ornée de peintures plus riches que toutes les autres. Ces peintures couvrent des plafonds immenses, creusés en berceau et d'une coupe très-gracieuse : il est impossible, à qui ne les a pas vues, d'imaginer quel éclat, quelle fraîcheur ont conservés ces couleurs posées sur la pierre il y a trente siècles. Le tom-

---

[1] Voy. les *Rituels funéraires*, traduits par MM. de Rougé et Ch. Lenormant.
[2] *Hymne au soleil*, traduit par M. de Rougé.

beau dit de Belzoni offre surtout des peintures d'une conservation vraiment miraculeuse. Ces plafonds représentent des figures symboliques, étranges, bizarres, qui semblent traduire ou des idées mystiques ou des systèmes cosmogoniques encore mal connus ou mal compris.

Comme tous les monuments égyptiens, ces admirables tombeaux, qu'il eût été si facile de protéger, sont en partie dégradés, mutilés, et cette dégradation fait tous les jours de déplorables progrès. Les curieux creusent la roche pour enlever des fragments de bas-reliefs ou de peinture, qui un dieu, qui un roi, qui un scarabée. Pour détacher une sculpture de quelques pouces carrés, ils entaillent la pierre sur une surface de plusieurs pieds alentour : ce vandalisme attriste et irrite. Ce n'est pas que les savants ne donnent l'exemple. Champollion a enlevé deux statues qui décoraient l'entrée du tombeau de Rhamsès. Depuis, M. Lepsius a véritablement dévasté celui de Séthos. Toutefois, il faut le dire, ce n'est pas une niaise curiosité, c'est l'intérêt de la science qui provoque ces enlèvements. Les objets ainsi dérobés à l'Égypte, ce sont les musées de l'Europe qui les recueillent. Enfin, et c'est là l'excuse sérieuse, ravir ces trésors, c'est les soustraire à une destruction certaine, c'est les conserver à la postérité. On ne saurait donc, sans injustice, comme quelques voyageurs l'ont fait, comparer l'illustre et courageux Champollion, ni même le savant Lepsius, à ce lord Elgin, qui a démoli les frises du Parthénon pour les emporter dans les brumes de Londres, et que Byron a si justement flétri. Mais il n'en est pas moins triste qu'on soit réduit à de pareils moyens pour sauver ces merveilles et de l'incurie des barbares qui les possèdent, et de la curiosité stupidement fanatique des touristes qui les visitent.

Le soir de ce jour où nous étions allés visiter les tombeaux des rois fut marqué par un des plus vifs souvenirs que nous ait laissés notre voyage. Il y avait trois jours que nous étions à Thèbes, et nous n'avions pas encore vu Karnac : Karnac où se trouvent les restes les plus étonnants de la civilisation égyptienne ; Karnac dont tous les voyageurs parlent comme de la merveille de l'antique Orient. Notre impatience était extrême, et excitée plutôt que calmée par ce que nous avions vu. La journée du 30 avait été fixée pour cette dernière excursion ; mais nous anticipâmes sur le programme.

Après le dîner, comme de coutume, nous nous promenions sur le quai de Louqsor. La pleine lune montait lentement dans le ciel, inondant de lumière la campagne déserte et muette. Le village était plongé dans le silence et le sommeil. On n'entendait, dans le lointain, que les aboiements des chiens, qui, la nuit, font la garde autour des maisons pour éloigner les hyènes et les chacals. La promenade nous avait conduits hors du village ; insensiblement nous avions pris la route de Karnac ; nous n'en étions plus qu'à un quart de lieue. Voir Karnac au clair de lune et par une nuit aussi splendide, était une tentation trop forte pour qu'on pût y résister. Nous voilà donc doublant le pas, seuls, sans guides, et sans autres armes que nos bâtons, cherchant à l'aventure le chemin des ruines. Il est difficile de ne pas les trouver, car elles couvrent la plaine de leurs masses énormes : quant au danger, il n'y en a aucun pour le voyageur, au milieu de ces populations paisibles ; et l'hyène, seule bête féroce qui fréquente les bords du Nil, est trop lâche pour attaquer l'homme.

Nous avions laissé à gauche le chétif hameau de Karnac, bâti sur une éminence et entouré de beaux bouquets de

KARNAC

palmiers. En sortant de l'ombre épaisse de ce petit bois, nous eûmes tout à coup devant les yeux un spectacle dont il est difficile de donner idée. Une avenue bordée de sphinx s'ouvrait devant nous ; à l'extrémité, s'élevait une porte triomphale d'une hardiesse et d'une majesté singulières. Au delà de cette porte, à droite, à gauche, à perte de vue, un immense entassement de ruines, un chaos de constructions, de murailles écroulées, de pylônes, de temples, de palais à demi renversés ; comme une ville entière qu'un tremblement de terre aurait jetée à bas ; et au-dessus de cette plaine toute hérissée de blocs de granit, çà et là de longues colonnades émergeant dans la lumière, et de hauts obélisques dressant leurs aiguilles noires.

Nous avancions, muets d'étonnement, confondus d'admiration ; et à mesure que nous avancions, de nouvelles masses architecturales, de nouvelles portes triomphales se levaient au loin dans la plaine, marquant, aux quatre coins de l'horizon, les limites d'une enceinte disparue. A chaque pas aussi, la montagne de débris qui était devant nous semblait grandir et monter sur nos têtes, et, par-dessus un premier étage de palais, les fenêtres d'un second palais se découpaient sur le ciel.

La grande porte franchie, en marchant tout droit devant nous, nous trouvons, ouverte dans la muraille qui se dresse comme un rempart, une petite porte basse, pareille à une poterne. Nous entrons ; nous franchissons un couloir obscur, et, après avoir gravi des monceaux de décombres, nous pénétrons dans une vaste enceinte dont la lune n'éclaire qu'à demi les profondeurs. Nous étions dans la grande salle hypostyle.

Quand je vivrais mille ans, jamais je n'oublierais l'impression que m'a laissée ce moment. La parole est impuissante à décrire de telles choses, et nul art au monde n'en pourrait reproduire l'effet. Qu'on imagine une forêt de colonnes, larges et hautes comme des tours, portant encore sur leurs chapiteaux évasés quelques-uns des blocs massifs qui faisaient le plafond; leurs lignes serrées se prolongeant de toutes parts sans que l'œil en aperçoive la fin; sur celles qui forment l'allée centrale, plus haute et plus puissante que les autres, une seconde ligne de piliers qui portaient une seconde salle; çà et là quelques pierres énormes du plafond à moitié penchées et s'arc-boutant mutuellement dans leur chute; tout au bout, en face de nous, une de ces colonnes gigantesques qui, ébranlée sur sa base et chancelant comme un homme ivre, s'est appuyée de l'épaule sur sa voisine, qui a reçu le choc sans broncher: qu'on se figure toutes ces colonnes couvertes de sculptures; qu'on ajoute à l'effet de cette prodigieuse architecture, dont la grandeur effraie l'imagination, le prestige de la nuit, le contraste des vives clartés et des fortes ombres dont la lune frappait tous les objets, la profondeur des perspectives, la solennité de l'heure, la majesté de la solitude, et l'on comprendra à peine quelle émotion nous causa ce spectacle aussi sublime qu'inattendu. C'était comme une vision d'un monde fantastique.

Il y a presque de la terreur dans l'admiration qu'on éprouve en face de telles ruines. On se sent petit auprès d'elles. Il semble que ce soient des Titans, non des hommes comme nous, qui aient dressé ces colonnes sur leur base indestructible, et jeté sur leurs têtes, en guise de poutres et de tuiles, ces blocs de quarante pieds de long qu'elles portent depuis trois mille ans sans fléchir. Nous qui sommes si fiers de nos arts, de notre industrie, de notre puissance matérielle, que sommes-nous auprès de ces bâtisseurs de palais géants? Que restera-t-il, dans trois mille ans, de nous, de nos temples et de nos cités? Comment les peuples qui ont élevé de tels monuments ont-ils disparu de dessus la face de la terre? Comment leurs empires se sont-ils écroulés, longtemps avant leurs sanctuaires et leurs arcs de triomphe? Assailli de tant de questions formidables, l'esprit plonge avec effroi dans les abîmes de l'histoire; et le souvenir des révolutions inouïes qu'elles ont vues redouble encore l'impression que font ces ruines.

Nous errâmes longtemps, perdus dans nos rêveries, au travers des longues nefs semées de pierres et de décombres. Le bruit de nos pas troublait seul le silence éternel des palais déserts et des temples vides. Il fallut s'arracher enfin à cette contemplation; nous reprîmes lentement le chemin de Louqsor. Un chacal rôdait en glapissant dans les ténèbres; au loin, les chiens de Karnac faisaient toujours retentir l'air de leurs abois. Tout dormait: seuls, accroupis dans le sable, et nous regardant passer entre leur double file, les sphinx à tête de bélier semblaient veiller sur les derniers débris de la grandeur des Pharaons.

CHAPITRE XI

THÈBES (SUITE) — LOUQSOR — KARNAC

CHAPITRE XI

THÈBES (SUITE) — LOUQSOR — KARNAC

Louqsor en arabe veut dire *les Palais*. Le village qui porte ce nom est le plus considérable de tous les centres d'habitation disséminés dans la plaine de Thèbes. Construit autour du palais d'Aménophis, il l'enveloppe, il l'étreint de toutes parts : ses misérables huttes se sont adossées aux murailles, elles ont envahi les enceintes, elles encombrent les cours, obstruent les colonnades et les sanctuaires. Du côté du fleuve, cependant, se détachent les grandes lignes d'un portique soutenu par de belles colonnes à chapiteau évasé : ce portique sert d'abri aux âniers et aux chameliers, qui y dorment pendant le jour.

La façade principale du palais regarde le nord. Elle était formée par deux pylônes, de deux cents pieds de développement, de soixante de hauteur, sur lesquels sont sculptés d'immenses tableaux représentant des scènes militaires. A droite et à gauche de la porte qu'ils encadrent étaient deux colosses de granit qui sont aujourd'hui enterrés jusqu'au cou dans le sable : c'étaient des portraits de Rhamsès le Grand. Les figures sont brisées; à peine distingue-t-on les oreilles et la forme de la coiffure.

C'est au-devant de ces colosses qu'étaient placés les deux beaux obélisques de granit rose donnés par Méhémet-Ali à la France, et dont l'un décore aujourd'hui la place de la Concorde à Paris. L'autre est encore debout, à gauche de la porte. Il est d'une admirable couleur, et c'est ici que l'on comprend combien les monuments des pays méridionaux perdent à être transportés sous notre ciel humide. L'obélisque de Louqsor, vieux de tant de siècles, est aussi jeune, aussi brillant que le jour où la main de Sésostris l'a dressé sur sa base. Sa pierre a les mêmes teintes d'un rose pâle ; et sous les flots de lumière que lui verse ce ciel de feu, on le dirait sorti d'hier des flancs de la carrière de Syène. J'avoue que je n'ai pu me défendre de quelque pitié quand j'ai revu, depuis, son frère jumeau, transplanté au milieu des brouillards de la Seine, revêtu par la pluie d'une teinte grise qui le fait ressembler à du grès de Fontainebleau ; pâli, décoloré, et se désagrégeant déjà sous l'influence d'un ciel brumeux et inhospitalier.

Les Égyptiens n'isolaient jamais les obélisques. On les trouve toujours accouplés deux à deux, au-devant des palais ou des temples. En langue hiéroglyphique, ce signe voulait dire *stabilité*[1] *;* mais la destination particulière des obélisques placés à l'entrée des monuments était d'annoncer, par les inscriptions gravées sur leurs quatre faces, par qui ces monuments avaient été construits, dans quel dessein, et

[1] Ampère, *Recherches sur l'Égypte*.

en l'honneur de quelle divinité. Ces longues inscriptions, ces caractères bizarres, où l'imagination des hommes a si longtemps poursuivi en rêve les mystères de la religion et de la science antique, ne nous ont livré, quand le génie de Champollion les eut déchiffrées, que de fastueuses dédicaces où les Pharaons ont consigné le souvenir de leur gloire et de leur piété. Mais au point de vue historique, ces dédicaces, si vides qu'elles semblent, sont précieuses : elles donnent des dates irrécusables.

L'obélisque de Louqsor, comme celui de Paris, porte que le Pharaon Rhamsès II, « fils des dieux et des déesses, « seigneur du monde, soleil gardien de la vérité, approuvé « par Phré, a fait ces travaux en l'honneur de son père « Ammon-Ra, et a érigé ces deux grands obélisques de « pierre. »

C'est à Rhamsès le Grand, en effet, qu'est due cette partie des monuments de Louqsor que je viens de décrire et qui regarde le nord. Elle est la plus remarquable pour la grandeur de l'architecture et la beauté des bas-reliefs. La partie la plus méridionale date, comme je l'ai dit, d'Aménophis : c'est une suite de cours, de salles et de sanctuaires, qui se prolonge à peu près parallèlement au fleuve, et dont il est difficile aujourd'hui de reconstituer l'ensemble par la pensée. On remarque dans cette partie du palais des colonnes qui affectent une forme toute particulière : elles ont à la base de fortes cannelures convexes, sont rondes au milieu, et se terminent par un bouquet de boutons de lotus. Larges, trapues, massives, elles semblent indestructibles.

Après cette rapide inspection de Louqsor, nous avons repris la route de Karnac. Je n'étais pas, je l'avoue, sans quelque inquiétude de voir s'évanouir au soleil de midi ma vision de la veille. Les ruines vulgaires perdent à être vues au jour ce qu'elles ont gagné aux illusions de la nuit. Mais cette fois ma crainte était vaine. Karnac, à quelque heure qu'on le visite, étonne, émeut toujours autant. Tout y est si grand, tout y porte une telle empreinte de puissance et de majesté, que sous la lumière limpide du soleil comme aux pâles et incertaines clartés de la lune, il semble aussi en dehors de toutes les proportions humaines, il excite la même admiration et le même enthousiasme.

S'ils étaient toujours francs, les voyageurs avoueraient que, neuf fois sur dix, devant les prétendues merveilles qu'ils sont allés visiter, ils ont eu une déception, et que la réalité leur a paru assez plate auprès du rêve. A Thèbes, et surtout à Karnac, j'ai éprouvé l'impression contraire. L'étonnement va jusqu'à la stupéfaction : l'imagination est vaincue ; tout ce qu'on avait rêvé est dépassé par ce qu'on a devant les yeux ; et plus on regarde, plus on étudie, plus cette sensation du gigantesque vous envahit et vous écrase.

Nous avons suivi le même chemin qu'hier soir. L'avenue de sphinx, dont on ne trouve plus que quelques restes en arrivant aux ruines, s'étendait autrefois depuis Karnac jusqu'à Louqsor, c'est-à-dire sur un espace d'environ une demi-lieue. Plus de six cents sphinx la bordaient : l'effet de cette décoration, reliant les deux groupes de palais, devait être des plus sévères et des plus imposants. Les sphinx sont de granit ; ils ont une tête de bélier sur un corps de lion. En style hiéroglyphique, le sphinx à tête humaine était le symbole de la puissance ; avec la tête de bélier, la tête d'Ammon, le grand dieu générateur, il était le symbole de la puissance divine. Pas un des sphinx de Karnac n'est resté intact : tous ont été mutilés ou décapités.

Les hommes semblent s'être acharnés à briser ce que le temps seul n'eût pu détruire.

Il y avait une autre avenue de sphinx qui, partant du Nil et aboutissant à deux vastes escaliers, donnait, du côté de l'ouest, accès à la façade principale du palais. Des colosses qui formaient cette avenue, il ne reste que des débris informes, enfouis dans le sable.

La grande porte triomphale sous laquelle nous sommes passés hier est, au contraire, admirablement conservée. Il semble bien qu'on a fait des efforts pour desceller les assises de sa base; mais la masse a résisté. Cette porte a vingt et un mètres de hauteur sur douze de large. Malgré ces dimensions colossales, elle est d'une grande élégance. Comparativement au reste, l'époque de sa construction est récente : elle a été élevée, comme les deux autres grandes portes du nord et de l'est, par les Ptolémées. La décadence à cette époque se montrait déjà dans la sculpture; mais l'architecture conservait encore pures les traditions anciennes.

Les bas-reliefs représentent Ptolémée Évergète faisant des offrandes aux dieux. Nous remarquâmes que les têtes de toutes les figures ont été systématiquement effacées et piquées au marteau. Déjà nous avons eu lieu de faire cette observation sur plusieurs monuments de la rive gauche, surtout à Médinet-Abou. A qui attribuer ces mutilations? Peut-être aux premiers chrétiens, qui poursuivaient dans ces sculptures les images des faux dieux à peine renversés de leurs autels. Peut-être aussi aux Arabes, à qui le Koran inspirait la haine non-seulement des idoles, mais de toute image religieuse, et qui, aujourd'hui encore, croient en brisant ces figures se préserver du mauvais œil.

Au lieu de pénétrer directement dans la grande salle, nous

prenons à gauche pour commencer, par la façade qui regarde le fleuve, l'examen de cet immense amas de palais dont il semble assez difficile, au premier coup d'œil, de reconnaître le plan général. Essayons d'en esquisser rapidement les grandes lignes.

La façade du palais est formée de deux énormes pylônes, les plus grands qui existent. Ils ont (car des mesures exactes peuvent seules donner idée de telles masses) un développement de trois cent cinquante pieds sur cent quarante de hauteur. Par la porte qui les sépare, on entre dans une vaste cour entourée de galeries : au milieu, douze superbes colonnes formaient une avenue. Toutes sont tombées, excepté une, dans un tremblement de terre ; les monstrueux tambours, couchés l'un sur l'autre, figurent à terre comme des piles de dames renversées.

En face de cette allée de colonnes s'élève un second pylône : c'est celui qui donnait entrée dans la salle hypostyle. L'un de ses massifs s'est écroulé dans le même tremblement de terre ; ses débris ont roulé au loin ; on dirait d'une montagne foudroyée, et qui a couvert la plaine de ses ruines. Au seuil de la porte est une statue colossale, à demi brisée ; c'est l'image de Rhamsès le Grand, qui acheva ce monument commencé par son père.

On escalade un amas de pierres qui obstrue la porte : arrivé sur le haut, on est dans la grande salle, et l'on a en face de soi la nef principale formée des plus hautes colonnes. Ici encore il faut des chiffres : ils en disent plus que toutes les paroles.

La salle renferme cent trente-quatre colonnes, encore debout, et égales en grosseur à la colonne de la place Vendôme. Douze grandes forment la nef du milieu : celles-là ont soixante-dix pieds de haut, et trente-six de circonférence. Sur leur chapiteau évasé, qui a soixante-quatre pieds de tour, cent hommes pourraient s'asseoir. La salle a trois ou quatre fois la superficie de Notre-Dame de Paris.

M. Wilkinson, le savant égyptologue anglais, n'a rien exagéré quand il a dit que la salle hypostyle de Karnac est la ruine la plus vaste et la plus splendide des temps anciens et modernes. De l'aveu de tous les voyageurs, il n'y a rien de semblable sur la terre. Balbek même et Palmyre, dont tant de récits enthousiastes nous ont été faits depuis un demi-siècle, sans compter qu'ils sont relativement modernes, puisqu'ils datent de l'époque romaine, n'approchent pas de cette grandeur et de cette magnificence. J'ai vu, depuis, les ruines de Rome : j'avoue que l'Égypte me les avait un peu gâtées d'avance, et qu'elles m'ont semblé, le dirai-je? un peu mesquines au premier abord. Le Colisée seul m'a rendu quelque chose de l'impression profonde que Karnac avait produite sur moi.

Toutes les colonnes sont, de la base jusqu'au faîte, couvertes de bas-reliefs gigantesques et d'hiéroglyphes. Les murailles sont pareillement revêtues de vastes tableaux représentant les conquêtes de Séthos Ier, qui a construit presque entièrement la salle. Là, le Pharaon est représenté, comme son fils Sésostris sur les murs du Rhamesséum, monté sur un char et accablant de flèches ses ennemis. Plus loin, les vaincus font leur soumission. Puis le roi rentre triomphalement dans ses États, et reçoit les hommages des grands, des prêtres et du peuple.

Cette circonstance singulière, que les prêtres sont, dans les bas-reliefs, confondus avec tous les personnages de la cour de Pharaon, ne se remarque pas seulement ici ; on l'observe sur la plupart des monuments de Thèbes; et l'on en a tiré cette conclusion, qui paraît très-légitime, à savoir que nos idées sur le gouvernement tout théocratique de l'Égypte, sur la prépondérance originaire de la caste sacerdotale, sur la subordination enfin du trône à l'autel, sont complétement erronées. C'est l'histoire même, en effet, ce sont les institutions mêmes de l'Égypte qui sont gravées sur ces murailles; et son organisation sociale, politique et religieuse s'y lit en caractères frappants. Or partout les Pharaons sont représentés comme recevant directement et sans intermédiaire le pouvoir royal des mains de la Divinité. Partout ils font eux-mêmes les offrandes et les dédicaces aux dieux. Partout les prêtres, comme les chefs de l'armée, sont représentés dans l'attitude du respect et de l'hommage du sujet au souverain. Il semble enfin résulter de toutes les cérémonies figurées sur les monuments, que le Pharaon, image et délégué de la Divinité sur la terre, réunissait en sa personne le double pouvoir de roi et de pontife, les doubles fonctions du commandement et du sacerdoce. Si cette organisation paraît quelquefois modifiée, c'est par suite de véritables usurpations consommées par des prêtres ambitieux. La vingtième dynastie offre un exemple de ce genre : dans la série de ses rois, on voit, après Rhamsès XIII, apparaître le cartouche d'un grand prêtre d'Ammon, qui s'empare du pouvoir politique et militaire, et dont les descendants occupent le trône pendant un certain temps.

Parmi les tableaux militaires de Karnac, il en est un qui a une importance historique particulière. Il représente un Pharaon traînant plusieurs chefs ennemis aux pieds des trois grandes divinités thébaines. Sur la poitrine de l'un de ces chefs, Champollion a lu ce mot *Royaume de Juda,* et le cartouche du roi égyptien lui a donné le nom de Sésonk. Or le *III*ᵉ *Livre des Rois* raconte que, dans la cinquième année du règne de Roboam, c'est-à-dire neuf cent soixante-cinq ans avant notre ère, un roi d'Égypte nommé Sézac envahit le royaume de Juda, pilla Jérusalem, et emmena le roi en captivité[1]. Il est impossible de ne pas reconnaître dans le Sésac de l'Écriture le Sésonk des cartouches de Karnac; et l'hésitation est d'autant moins possible que, dans la figure du roi juif emmené prisonnier par le Pharaon, le type de sa race est d'une vérité frappante et aussi reconnaissable que sur le fameux bas-relief de l'arc de Titus à Rome.

J'ai dit que le palais de Karnac, commencé par Séthos Iᵉʳ, avait été achevé par son fils Rhamsès le Grand : aussi les exploits de ce dernier occupent-ils, à la suite de ceux de son père, une place considérable sur les murailles de la partie orientale. Un tableau, entre autres, nous montre le char du roi entouré de tous côtés par ses ennemis, et le prince s'ouvrant un passage sur le corps des guerriers qu'ont percé ses flèches. A côté de ce tableau est gravée une grande inscription qui contient le récit de l'exploit ainsi figuré sur la muraille. Ce récit, complété par d'autres inscriptions et par des papyrus, a été récemment traduit et publié par M. de Rougé, à qui les études égyptologiques doivent tant. C'est le bulletin, en style poétique, d'une campagne de Rhamsès en Asie, et le récit détaillé du fait d'armes par lequel, engagé seul au milieu des chars de guerre des ennemis, il parvint par sa valeur personnelle à se tirer de ce

---

[1] *III Rois*, ch. xiv, v. 25 et 26. — Voy. aussi *II Paralipomènes*, ch. xii, v. 2 et suiv.

pressant péril. Il y a dans cette sorte d'épopée une grandeur et une simplicité dont il est impossible de n'être point frappé. Les peuples que combat le roi sont des peuples de race scythique qui avaient envahi toute l'Asie occidentale, *la plaie de Schéto,* comme les appelaient les Égyptiens, et comme ils s'appelaient eux-mêmes, de la même façon que plus tard Attila s'appelait *le fléau de Dieu*[1]. Au début du récit, deux espions de l'ennemi, arrêtés dans le camp, sont amenés devant le roi et interrogés. Ils répondent avec une fierté sauvage.

« Voici la parole des deux pasteurs, la parole qu'ils disent
« à Sa Majesté : En multitude est le Schéto ; il se hâte pour
« s'opposer au commandement de Sa Majesté, car il n'a pas
« peur de ses soldats... Elle s'est levée la plaie de Schéto, ô
« roi, modérateur de l'Égypte, pour une parole orgueilleuse
« prononcée par vous aux Babaï. Elle vient la plaie de
« Schéto, persistant avec les nations nombreuses qu'elle a
« amenées pour en venir aux mains, de toutes les contrées
« qui sont du côté de la terre de Schéto, du pays de Naha-
« raïn[2] et de celui de Ta-ta, puissante par l'étendue de ses
« fantassins et de sa cavalerie à cause de leur impétuosité,
« exaltée par les multitudes nombreuses qui s'étendent
« comme le sable, qui se répandent avec la rapidité de la
« flèche... »

L'armée égyptienne se met en marche pour châtier les Schétos. Le combat s'engage. « Les fantassins et les cava-
« liers de Sa Majesté faiblirent devant l'ennemi... Alors Sa
« Majesté, à la vie saine et forte, se levant comme le dieu

---

[1] Ces *Schétos* ou *Schétas* sont sans doute les mêmes que ceux qui, dans la Bible, sont appelés les peuples de *Chet* ou les *Chétim*.

[2] La Mésopotamie. Ce nom est le même qu'emploie la Bible pour désigner cette contrée.

« Mouth, prit la parure des combats ; couvert de ses armes,
« il était semblable à Baal dans l'heure de sa puissance[1]...
« Le roi, lançant son char, entra dans l'armée de Schéto. Il
« était seul ; aucun autre avec lui... Il se trouva environné
« par deux mille cinq cents chars, et sur son passage se
« précipitèrent les guerriers les plus rapides de la plaie de
« Schéto et des peuples nombreux qui les accompagnaient...
« Chacun de leurs chars portait trois hommes ; et le roi
« n'avait avec lui ni princes, ni généraux, ni ses capitaines
« des archers et des chars. »

En un pareil danger, le roi invoque le grand dieu de
Thèbes, Ammon, et lui demande de le secourir.

« — Mes archers et mes cavaliers m'ont abandonné ! Pas
« un d'entre eux n'est là pour combattre avec moi. — Voici
« ce que dit Sa Majesté, à la vie saine et forte : Quel est
« donc le dessein de mon père Ammon ? Est-ce un père qui
« renierait son fils ?

« N'ai-je pas célébré en ton honneur des fêtes éclatantes
« et nombreuses, et n'ai-je pas rempli ta maison de mon
« butin ? On te construit une demeure pour des myriades
« d'années... Je t'ai immolé trente mille bœufs avec des
« herbes odoriférantes et les meilleurs parfums... Je t'ai con-
« struit des temples avec des blocs de pierre, et j'ai dressé
« pour toi des arbres éternels. J'ai amené des obélisques
« d'Éléphantine... Je t'invoque, ô mon père ! Je suis au
« milieu d'une foule de peuples inconnus, et personne n'est
« avec moi. Mes archers et mes cavaliers m'ont abandonné
« quand je criais vers eux... Mais je préfère Ammon à des
« milliards d'archers, à des myriades de jeunes héros, fus-
« sent-ils tous réunis ensemble. Les ruses des hommes ne

---

[1] *Mouth*, personnification du soleil dardant ses rayons. — *Baal*, un des noms du Typhon égyptien, dieu de la destruction.

« sont rien, Ammon l'emportera sur eux. O Soleil ! n'ai-je
« pas suivi l'ordre de ta bouche, et tes conseils ne m'ont-ils
« pas guidé ? Ne t'ai-je pas rendu gloire jusqu'aux extrémités
« du monde ?... »

Ici le dieu intervient au milieu de la lutte, comme dans les combats d'Homère. « Ses paroles ont retenti dans Her-
« montis. Phra vient à celui qui l'invoque ; il te prête sa
« main ; réjouis-toi. Il vole à toi, il vole à toi, Rhamsès-
« Meïamoun...

« — Je suis près de toi, je suis ton père, le Soleil. Ma
« main est avec toi, et je vaux mieux pour toi que des
« millions d'hommes réunis ensemble. C'est moi qui suis
« le seigneur des forces, aimant le courage : j'ai trouvé ton
« cœur ferme, et mon cœur s'est réjoui. Ma volonté s'ac-
« complira... Je serai sur eux comme Baal dans sa fureur.
« Les deux mille cinq cents chars, quand je serai au milieu
« d'eux, seront brisés devant tes cavales... Leurs cœurs
« faibliront dans leurs flancs, et tous leurs membres s'amol-
« liront. Ils ne sauront plus lancer les flèches, et ne trou-
« veront plus de cœur pour tenir la lance. Je vais les faire
« sauter dans les eaux, comme s'y jette le crocodile. Ils
« seront précipités les uns sur les autres, et se tueront entre
« eux. »

Raffermi par le secours divin, Rhamsès se précipite au plus fort des ennemis, renverse tout ce qui s'oppose à son passage et rejoint son armée. Il adresse d'amers reproches à ses généraux et à ses soldats, et célèbre lui-même sa victoire : « Ils sont retournés en arrière, en voyant mes
« exploits. Leurs myriades ont pris la fuite, et leurs pieds
« ne pouvaient plus s'arrêter dans leur course. Les traits
« lancés par mes mains dispersaient leurs guerriers aussitôt
« qu'ils arrivaient vers moi. »

On est frappé, en lisant ces fragments, des rapports curieux qu'ils offrent avec certaines scènes de l'*Iliade*. N'est-ce pas ainsi que les héros grecs s'adressent à leurs dieux et invoquent leur secours, en leur rappelant les hécatombes immolées en leur honneur? N'est-ce pas ainsi que Chrysès invoque Apollon : « Écoute ma prière, dieu qui portes un « arc d'argent, toi qui protéges Chryse et la divine Cilla... « Si jamais j'ornai ton temple d'agréables festons, si jamais « je brûlai pour toi la graisse des chèvres et des taureaux, « exauce aujourd'hui mes vœux, et que, frappés de tes « flèches, les Grecs paient mes larmes. » N'est-ce pas ainsi qu'au milieu du combat « le sage Nestor prie en étendant « ses mains vers le ciel étoilé : O puissant Jupiter, si jadis « dans la fertile Argos l'un de nous, brûlant sur tes autels « la graisse des taureaux et des brebis, t'implora pour son « retour, daigne t'en ressouvenir, roi de l'Olympe : éloigne « l'heure fatale, et ne permets pas que les Grecs périssent « ainsi sous les coups des Troyens ! »

Ce qui est plus remarquable encore, c'est l'analogie singulière de cette poésie avec celle des livres saints. Sauf l'inspiration divine qui donne à l'Écriture cette grandeur dont rien n'approche, c'est ici la même forme littéraire, c'est le même style et le même mouvement. Les expressions même se ressemblent, les métaphores sont presque identiques. On voit clairement ici ce que Moïse a gardé de son éducation égyptienne, et retenu des leçons de ses premiers maîtres, les scribes de la cour des Pharaons.

Cette analogie est plus sensible encore dans le morceau suivant, où, avec un souffle poétique plus puissant, on retrouve la coupe du style en versets symétriques qui est familière à la Bible. C'est un discours que le dieu suprême de Thèbes, Ammon, est censé adresser à son serviteur Toutmès, ce Toutmès III qui porta les armes égyptiennes dans toute l'Asie occidentale et étendit sa domination sur les îles de la Méditerranée ; le dieu lui rappelle les faveurs dont il l'a comblé et les peuples qu'il a soumis à son empire [1] :

« Tu m'as établi dans ta demeure, je t'apporte et je te
« donne la victoire et la puissance sur toutes les nations. J'ai
« répandu ta crainte dans toutes les contrées, et ta terreur
« s'étend jusqu'aux limites des supports du ciel. J'ai agrandi
« l'épouvante que tu jettes dans leurs flancs ; j'ai fait retentir
« tes rugissements parmi tous les barbares ; les princes de
« toutes les nations sont pressés dans ta main. J'ai moi-
« même étendu mon bras ; j'ai lié pour toi et serré en un
« faisceau les peuples de Nubie en myriades et en milliers,
« les nations du Nord en millions (de captifs). J'ai précipité
« tes ennemis sous tes sandales, et tu as écrasé les chefs au
« cœur obstiné. Ainsi que je l'ai ordonné, le monde, dans
« sa longueur et dans sa largeur, l'Occident et l'Orient, te
« servent de demeure.

« Tu as pénétré chez tous les peuples, le cœur tranquille ;
« aucun n'a pu résister à tes ordres ; c'est moi-même qui
« t'ai conduit quand tu les approchais. Tu as traversé les
« eaux de la grande enceinte et la Mésopotamie dans ta
« force et ta puissance. Je t'ai ordonné de faire entendre tes
« rugissements jusque dans leurs cavernes, et j'ai privé leurs
« narines des souffles de la vie. J'ai fait pénétrer tes victoires
« dans leur cœur ; mon esprit divin qui réside sur ton front
« les a bouleversés ; il a ramené captifs (les nomades ?) liés
« par leurs chevelures ; il a dévoré dans ses flammes ceux
« qui résident (dans les ports ?) ; il a tranché la tête des

---

[1] Ce discours est inscrit sur un des monuments de Karnac. Il a été mis au jour et découvert par M. Mariette, dans les fouilles qu'il a exécutées sous les auspices du vice-roi.

« Asiatiques sans qu'ils pussent résister, détruisant jusqu'à
« la race de ceux qu'il saisissait. J'ai donné à tes conquêtes
« le tour du monde entier. Mon diadème a répandu sa
« lumière sur tes sujets, aucun rebelle ne s'élèvera contre
« toi sous la zone du ciel. Ils viennent tous, le dos chargé
« de leurs tributs, se courber devant ta majesté, comme je
« l'ai ordonné. J'ai énervé (les ennemis confédérés?) sous
« ton règne; leurs cœurs sont desséchés et leurs membres
« tremblants.

« Verset 1. — Je suis venu, je t'ai accordé de frapper les
« princes de Tahi (Syrie); je les ai jetés sous tes pieds à
« travers leurs contrées. Je leur ai fait voir ta majesté tel
« qu'un seigneur radieux, projetant ta lumière sur leurs
« faces comme mon image.

« 2. — Je suis venu, je t'ai accordé de frapper les habi-
« tants de l'Asie; tu as réduit en captivité les princes des
« Rotennou (Assyriens). Je leur ai fait voir ta majesté
« revêtue de ses ornements; tu saisissais tes armes et com-
« battais sur ton char.

« 3. — Je suis venu, je t'ai accordé de frapper les peuples
« de l'Orient; tu as marché dans les provinces de la terre
« sacrée. Je leur ai montré ta majesté semblable à l'astre
« qui sème la chaleur de ses feux et répand sa rosée.

« 4. — Je suis venu, je t'ai accordé de frapper les peuples
« d'Occident; *Kefa* et *Asi*[1] sont sous ta terreur. Je leur ai
« fait voir ta majesté telle qu'un jeune taureau, au cœur
« ferme, aux cornes aiguës, auquel on ne peut résister.

« 5. — Je suis venu, je t'ai accordé de frapper les habi-
« tants (des ports?); les contrées de (Maten?) tremblent de
« crainte devant toi. Je leur ai fait voir ta majesté semblable

---

[1] Les îles de *Chypre*, *Candie*, etc.

« au (crocodile?) maître terrible des eaux, qu'on ne peut
« approcher.

« 6. — Je suis venu, je t'ai accordé de frapper les habi-
« tants des îles ; ceux qui résident au milieu de la mer sont
« atteints par tes rugissements. Je leur ai montré ta majesté
« semblable à un vengeur qui se dresse sur le dos de sa
« victime.

« 7. — Je suis venu, je t'ai accordé de frapper les Libyens.
« Les îles des (*Tanau ?*) sont en ton pouvoir. Je leur ai mon-
« tré ta majesté semblable à un lion furieux, se couchant
« sur leurs cadavres, à travers leurs vallées.

« 8. — Je suis venu, je t'ai accordé de frapper les extré-
« mités de la mer ; le tour de la grande zone des eaux est
« serré dans ta main. Je leur ai montré ta majesté semblable
« à l'épervier qui plane et dont le regard saisit tout ce qu'il
« veut... »

Sur un des pylônes qui précèdent la salle hypostyle, on lit
cette courte inscription :

RÉPUBLIQUE FRANÇAISE

AN VIII

GÉOGRAPHIE DES MONUMENTS

Et au-dessous le tableau de la latitude et de la longitude des
principaux temples de l'Égypte.

Il y a soixante ans, en effet, nos soldats et nos savants ont
parcouru et exploré ces contrées célèbres. Desaix venait de
battre une dernière fois Mourad-Bey, le 16 vendémiaire
an VII (7 octobre 1798). La haute Égypte était soumise.
Arrivée devant Thèbes, au pied de ces monuments dont la
grandeur étonne même après qu'on a vu les pyramides,

OBÉLISQUES DE KARNAC

l'armée entière, saisie d'admiration, battit des mains, les saluant de ses applaudissements.

On sort de la salle de Séthos par un second pylône, qui ferme la nef principale vers l'est. Là commence un autre groupe de ruines ; ou plutôt, quand on a escaladé les monceaux de pierres entassées qu'on a devant soi, on voit s'étendre au loin un champ de destruction, un chaos sans nom, une plaine immense couverte de colonnes brisées, de portiques, de salles, de temples renversés les uns sur les autres, de murailles déchirées, de pylônes entr'ouverts, de blocs formidables, les uns suspendus à demi, les autres précipités dans un indescriptible désordre.

A cet endroit, quatre magnifiques obélisques de granit rose s'élevaient, placés deux à deux, et prolongeaient à l'œil les perspectives majestueuses de la grande nef de la salle hypostyle. De ces quatre obélisques, deux sont encore debout, un peu inclinés seulement sous l'effort des siècles et des tremblements de terre. Les deux autres gisent sur le sol, brisés en morceaux : l'un d'eux avait cent pieds de hauteur ; c'est le plus grand qu'on connaisse. Nous en avons mesuré le *pyramidion;* on appelle ainsi la partie aiguisée en pyramide qui termine l'obélisque : il a neuf pieds de chaque angle au sommet.

C'est ici qu'on peut admirer de près et la beauté de la matière, et le poli qui lui a été donné, et par-dessus tout la perfection avec laquelle y sont gravés en creux les caractères hiéroglyphiques. Ces caractères sont incisés à une profondeur d'un demi-pouce, et les incisions sont si nettes, qu'on les dirait faites à l'emporte-pièce. Quel moyen inconnu avaient donc les Égyptiens de tailler une pierre aussi rebelle au ciseau que le granit ? Mais il semble que ceci n'était pour eux qu'un jeu ; ils faisaient bien plus : on a des sarcophages, au musée du Louvre, sculptés en plein basalte. Or le basalte est une pierre qui rebute nos meilleurs outils, et qui a bientôt mis hors de service nos aciers les mieux trempés. Et ce qui confond d'étonnement, c'est que les Égyptiens ne connaissaient pas le fer : parmi les innombrables objets découverts dans les tombeaux, on n'a trouvé que des instruments de cuivre. Avaient-ils donc pour tremper le cuivre un procédé aujourd'hui perdu ? Il y a là, en tous cas, un problème qu'on n'a pu résoudre encore et qui attend son Champollion.

Les ruines de la partie orientale de Karnac n'ont qu'une importance secondaire auprès de celles que nous venons de parcourir, et je n'essaierai pas d'en faire l'énumération. On y distingue toutefois un palais de Thouthmosis, de la dix-huitième dynastie, qui semblerait grand partout ailleurs; et un petit temple ou sanctuaire d'Ammon, en granit rose, merveilleusement sculpté. Ce temple, reconstruit par les Pharaons de la même dynastie, paraît avoir été primitivement élevé à une époque bien antérieure. Sur des colonnes qui s'y voient encore, on lit, en effet, le nom d'un roi bien plus ancien, Osortasen, ou Sesourtesen Ier, de la douzième dynastie. Le même nom a été lu sur l'obélisque d'Héliopolis. Les monuments de cette époque reculée ont un intérêt historique d'autant plus grand qu'ils sont extrêmement rares, et qu'ils jettent un jour précieux sur l'histoire de l'ancienne Égypte. Longtemps on a cru que l'époque héroïque des Thouthmosis, des Séthos et des Rhamsès, c'est-à-dire la période des dix-huitième et dix-neuvième dynasties, qui régnaient quinze ou seize cents ans avant Jésus-Christ, avait été la vraie période d'épanouissement et en même temps l'apogée de la civilisation égyptienne. Aujourd'hui des monuments nouvellement découverts, comme ceux de cet Osortasen I*er* qui avait bâti un temple à Karnac et un autre à Héliopolis, comme encore les admirables peintures de Beni-Hassan exécutées sous Osortasen II, nous apprennent que, sous la douzième dynastie, c'est-à-dire cinq ou six siècles avant Thouthmosis et Rhamsès le Grand, la civilisation était déjà arrivée en Égypte à un haut degré de développement. Il y a plus : si les monuments de la dix-neuvième dynastie l'emportent par la grandeur et la majesté, ceux de la douzième attestent une perfection plus grande et un art plus achevé.

Entre ces deux dates lumineuses, entre ces deux époques florissantes d'une civilisation déjà si avancée, que s'était-il passé? Un fait considérable et qui domine l'histoire de la vieille Égypte. On sait que, deux mille et quelques cents ans avant l'ère chrétienne, une invasion de barbares renversa le trône des Pharaons. Ces barbares, connus dans l'histoire sous le nom de *Pasteurs* ou *Hicsos*, appartenaient vraisemblablement à ces tribus nomades, les unes de race scythique, comme les Schétos, les autres de race sémitique, qui parcouraient l'Asie centrale et occidentale. Ils inondèrent la basse et la moyenne Égypte, refoulèrent jusqu'au delà de Syout les anciens rois du pays, et s'établirent en conquérants dans Memphis, portant partout devant eux le pillage et la dévastation. La domination de ces Pasteurs paraît avoir duré quatre à cinq cents ans [1]; elle s'étend de la treizième à la dix-huitième dynastie, et coupe ainsi en deux l'empire des Pharaons.

---

[1] C'est sous un des rois pasteurs que Jacob et ses enfants vinrent s'établir en Égypte.

Pendant cette période, une épaisse nuit couvre la basse Égypte : la civilisation est reléguée dans la haute Égypte et l'Éthiopie, avec les Pharaons qui règnent à Thèbes. C'est seulement sous la dix-septième dynastie que ces Pharaons thébains commencent à descendre le Nil, repoussant devant eux les Pasteurs; et il est vraisemblable que ce retour des rois indigènes sur le sol d'où ils avaient été chassés a été l'origine de la tradition recueillie par les Grecs et longtemps admise sans preuve, qui faisait descendre d'Éthiopie la civilisation égyptienne : hypothèse qui paraît justement le contraire de la vérité. Quoi qu'il en soit, il est parfaitement certain que, antérieurement à l'invasion des Pasteurs, une brillante civilisation régnait déjà dans la basse Egypte. Dès la troisième et la quatrième dynastie se montrent des monuments d'une grandeur merveilleuse : c'est de ce temps que datent les pyramides de Ghizeh, et divers temples qui les avoisinent [1]. L'époque de la douzième dynastie paraît avoir été, si l'on en juge par les sculptures retrouvées depuis peu, l'apogée de l'art égyptien. Les Pasteurs ne laissèrent que des ruines; mais à peine furent-ils expulsés, que l'art reprit un nouvel essor. Moins parfait peut-être, il revêtit alors ce caractère religieux et prit ces proportions grandioses qu'on admire dans les monuments de Thèbes.

[1] Il n'est pas inutile peut-être de faire remarquer que ces données historiques, qui reportent la civilisation égyptienne à une époque plus reculée que ne fait la chronologie ordinaire, n'infirment en rien pour les catholiques l'autorité des livres saints. De l'aveu des théologiens, aucune chronologie n'est article de foi. Il n'y a pas de chronologie chiffrée dans la Bible; celle qu'on en déduit repose sur des données simplement approximatives. Ainsi le texte hébreu et la Vulgate placent le déluge à 2,300 ans avant Jésus-Christ; le texte samaritain, à 3,000; celui des Septante, à 3,500. — Voyez *Éclaircissement sur le cercueil du roi Mycerinus,* par M. Ch. Lenormant.

CHAPITRE XII

DERNIÈRE VISITE AUX RUINES DE THÈBES — PHILÆ — LES CATARACTES — LES SOURCES DU NIL — ADIEU A KARNAC — DÉPART DE LOUQSOR — DENDERAH

CHAPITRE XII

DERNIÈRE VISITE AUX RUINES DE THÈBES — PHILÆ
— LES CATARACTES — LES SOURCES DU NIL — ADIEU A KARNAC —
DÉPART DE LOUQSOR — DENDERAH

Aujourd'hui, 31 décembre, nous sommes repassés sur la rive gauche du Nil. Nous avons voulu revoir une fois encore le Rhamesséum et Médinet-Abou. Même après les splendeurs de Karnac, on admire le caractère grave, le style noble et pur de ces palais. Médinet-Abou réunit d'ailleurs à lui seul tous les genres d'intérêt : comme l'a dit Champollion, c'est un résumé de toute l'Égypte monumentale, car il renferme des ruines de presque toutes les époques. Ce qui m'a frappé le plus aujourd'hui, ce sont les vastes cours intérieures, entourées de portiques que soutiennent sur deux côtés des colonnes, et sur deux autres côtés des piliers à cariatides : l'effet de ces figures colossales est singulièrement imposant ; elles inspirent le respect et une sorte de crainte religieuse.

Nous sommes montés sur les terrasses du palais par des

escaliers intérieurs, dont la pente est tellement douce qu'un cheval les gravirait sans peine. Le désert, du côté de la montagne, a élevé ses dunes jusqu'au niveau des plates-formes : par endroits déjà, elles les dominent. Encore quelques siècles, et ces belles ruines peut-être auront disparu sous les flots envahissants du sable.

Au retour, en attendant le canot, nous nous asseyons, en face de Louqsor, à l'ombre d'un bouquet de palmiers, pour dessiner le palais d'Aménophis, qui de là produit un très-bel effet, éclairé par les rayons rouges du soleil couchant. Un village est auprès, tout enfoui sous le feuillage. Mais à peine sommes-nous assis que des enfants, nus ou en haillons, nous entourent et nous assiégent en nous criant leur éternel *bakchich! bakchich!* Plusieurs femmes se joignent à eux, nous regardant d'un air doux et timide, et montrant en riant leurs belles dents blanches comme l'ivoire. Quelques hommes surviennent, et nous avons bientôt autour de nous tout un cercle de curieux qui peu à peu s'approchent, et s'enhardissant touchent nos vêtements avec un air d'admiration naïve, comme de véritables sauvages. Tout inoffensive qu'elle fût, cette curiosité commençait à devenir importune : nous aurions vidé nos poches sans faire taire l'avidité des demandeurs de *bakchich;* et de plus nous étions exposés à remporter plus d'un inconvénient d'un contact si intime et si prolongé avec des gens d'une propreté suspecte. Le canot arrivait à temps pour nous délivrer, et nous repliâmes en hâte nos cartons.

Le soir, nous sommes retournés à Karnac, au clair de lune, non plus seuls et à pied, mais en cavalcade nombreuse. A nous cinq s'étaient joints des Polonais, arrivés de la veille et qui sont déjà pour nous de vieilles connaissances, car ils sont venus de France sur le même paquebot qui nous a amenés. M. M*** était aussi de la partie. A côté de nous, traînant dans des flots de poussière leurs grands burnous qui balayaient le chemin et qui leur donnaient des airs de héros de théâtre, couraient nos petits âniers, gamins de douze à quinze ans, vifs, alertes, intelligents, baragouinant avec un aplomb superbe un langage composé de toutes les langues du monde mêlées ensemble. Les ânes galopaient à l'envi. Rien de plus gai que cette course folle à travers les campagnes désertes : rien de plus original sans doute que cette partie d'ânes, à huit heures du soir, aux monuments des Pharaons.

J'avoue pourtant que j'aimais mieux ma première visite à la salle hypostyle. Ces grandes choses, ces ruines mélancoliques, ces débris sublimes du passé veulent être vus avec une sorte de recueillement, j'ai presque dit de respect. Rien ne leur sied que la solitude et le silence. Pour les comprendre, pour les sentir, pour les admirer comme ils méritent de l'être, il faut s'abstraire en quelque sorte du monde présent ; il faut remonter par la pensée le cours des siècles écoulés, reconstruire en imagination les palais et les temples, relever les colonnes et les obélisques, convoquer les panégyries dans les salles gigantesques, et sous les pylônes, sous les portes triomphales, à travers les avenues de sphinx, promener en esprit les longs cortéges et les processions religieuses. Tout cela, qui m'était apparu le premier soir aux clartés magiques de la lune, j'avais peine à l'entrevoir aujourd'hui : les fantômes s'enfuirent au bruit des rires joyeux et des conversations légères.

Il était plus de dix heures quand nous revînmes à Louqsor. La soirée était plus calme et plus splendide encore que d'ordinaire. Pas un souffle dans l'air, pas une vapeur à l'horizon.

L'atmosphère avait une limpidité, une douceur incomparables. Nos plus belles nuits d'été sont moins tièdes, nos jours d'hiver sont moins brillants que n'était cette nuit de décembre.

Comme nous approchions du rivage, des sons vagues et comme une harmonie lointaine frappèrent notre oreille : on eût dit les accords d'un violon de village, les derniers accents d'une fête champêtre. Ces sons étranges semblaient sortir des profondeurs du fleuve. D'où nous venait, en pareil lieu, à pareille heure, cette mélodie bien connue? Quelle divinité mystérieuse nous jetait à mille lieues de la France ce souvenir des fêtes de notre pays? Ceux qui n'ont jamais quitté le sol natal pour vivre, sous d'autres cieux, de la vie aventureuse des voyages, ne peuvent se faire idée de l'émotion que cause parfois un son, un parfum, l'objet le plus insignifiant en apparence, qui réveille soudainement le souvenir de la patrie absente.

Arrivés sur notre cange, nous avons enfin le mot de l'énigme. La divinité du fleuve à qui nous devons ce concert inattendu nous apparaît sous les traits peu poétiques du brave Nicolò. Ménétrier avant de devenir cuisinier, il est resté fidèle à son instrument, et de temps en temps il se livre, quand nous sommes absents, à son goût pour la musique. Modestement installé sous le pont, il joue le plus discrètement possible; mais un nombreux auditoire l'écoute avec ravissement. Les matelots, rangés en cercle, ne perdent pas une note de ses airs mélancoliques : ainsi jadis Orphée charmait avec son violon les féroces habitants des bois. Penchés vers le virtuose, attentifs, captivés, leur admiration se traduit de la façon la plus naïve et la plus amusante; elle éclate, comme celle des sauvages et des enfants, en battements de mains, en cris, en gesticulations de toute sorte et en bruyants éclats de rire.

1ᵉʳ janvier.

Ce matin, en nous éveillant, nous n'avons pu nous défendre de quelque émotion. Notre pensée s'est reportée vers la France, vers nos enfants, nos parents, nos amis. Nous manquerons aujourd'hui à la fête habituelle de famille ; et bien plus encore manquent à nos baisers ces petites têtes blondes qui, joyeuses et souriantes, apparaissaient ce jour-là, dès l'aube, à notre chevet ! Un singulier hasard veut qu'aujourd'hui même nous nous trouvions précisément au point extrême de notre course, à mille lieues de tous ceux qui nous sont chers !

Pourtant, même à Louqsor, nous recevons une visite de premier de l'an. Nos Polonais viennent nous offrir leurs vœux, et nous échangeons de cordiales poignées de main : des Polonais, il est convenu que ce sont pour des Français presque des compatriotes. Ceux-ci d'ailleurs, fort aimables, parlent notre langue aussi bien que nous. Dans la journée, nous faisons, de notre côté, visite d'usage et visite d'adieu tout à la fois à M. M***. Son hôte, le marquis d'O***, quoique faible encore, peut nous recevoir : c'est un jeune homme distingué et des plus intéressants. Sa poitrine paraît gravement atteinte. Nous ne pouvons, en le quittant, que lui laisser des vœux stériles, mais bien sincères, de guérison.

Cette journée est la dernière que nous passerons à Thèbes. Ce soir nous allons tourner vers le nord la proue de notre barque, et redescendre le fleuve. Le temps nous manque pour pousser notre navigation jusqu'à la première cataracte, limite ordinaire des voyages du Nil. Ce n'est pas sans quelque regret que nous renonçons à remonter plus haut. Mais, quand on a vu Thèbes, il faut savoir se résigner à ne pas voir des ruines qui, à côté de Karnac, sont modernes et d'un intérêt très-secondaire. Les temples d'Hermontis et d'Esné, peu importants par leurs dimensions et leurs restes ; les temples plus considérables et plus beaux d'Ombos et d'Edfou, situés les uns et les autres entre Louqsor et Assouan, appartiennent tous à l'époque des Ptolémées et des empereurs romains. Qu'est-ce que cette antiquité auprès de celle des monuments élevés par les Rhamsès, les Thouthmosis et les Osortasen? Il semble qu'on sorte du vieux monde pour entrer dans le monde moderne.

Les ruines de Philæ, admirablement conservées d'ailleurs et d'une élégante architecture, sont de la même époque. On y voit Tibère, affublé en Pharaon, et sacrifiant au dieu Ammon. Denderah, que nous visiterons en descendant le Nil, nous offrira, dans un ensemble plus complet encore et à un degré de conservation au moins égal, le même type d'architecture égyptienne, un peu altéré déjà, si l'on peut dire, par l'élégance grecque. Nous nous consolons donc aisément de ne pas voir le temple de Philæ. Aux voyageurs qui entrent en Égypte par la Nubie, ou qui, venant du Caire, ont remonté sans s'arrêter jusque-là et commencent à ce point leurs visites aux monuments, ce temple inspire une admiration facile à comprendre : à nous, il ne présenterait plus désormais le même intérêt.

Pour trouver un monument qui, auprès de Karnac, ne pâlisse pas trop, il faudrait aller jusqu'à Ipsamboul, près de

PHILÆ

la deuxième cataracte. Là se trouve un temple du caractère le plus étrange, le plus imposant, et qui ne ressemble pas aux temples de la haute Égypte que nous avons vus. Il est creusé dans les flancs d'une montagne : sa façade est décorée de quatre colosses assis, hauts de soixante pieds, et qui sont taillés dans le roc même. C'est une œuvre de Rhamsès le Grand, dont l'image se trouve reproduite à l'intérieur du temple, dans de magnifiques bas-reliefs. Mais aller jusqu'à Ipsamboul est un long voyage, et même du point où nous sommes il exigerait plus de deux mois.

Ce qui, mieux que les ruines de Philæ, mérite qu'on remonte, quand on le peut, jusqu'à la première cataracte au moins, c'est le changement curieux, saisissant, qui se fait, à ce qu'il paraît, aux yeux du voyageur, dès qu'il a franchi cette limite, dans l'aspect du pays, dans la nature du sol, dans le type même de la population. Jusqu'à la cataracte on était en Égypte, sol de calcaire et de grès : au delà on est en Nubie, sol granitique. Le Nil se fraie difficilement un passage au travers de rochers entassés de basalte et de granit rose et noir. Ses îles sont couvertes d'une végétation magnifique. Le palmier-doum se multiplie et se mêle partout au dattier. La race change comme le sol : les hommes sont presque noirs ; les femmes ne se voilent plus le visage. Elles vont nues, sauf une ceinture en lanières de cuir, tant qu'elles ne sont pas mariées. Leurs cheveux, nattés en une multitude de petites tresses, sont enduits de graisse ou d'huile de ricin.

Quant aux cataractes du Nil, tout le monde sait que ce qu'on appelle de ce nom ne ressemble en rien à ce que le mot représente à l'imagination. Ce sont tout simplement des *rapides*. Ce qui le prouve, c'est que les barques, barques de voyageurs et de commerce, les franchissent tous les jours, tirées à la cordelle. Il y a loin de là aux pompeuses descriptions que les anciens nous ont laissées de ces chutes formidables, se précipitant du haut de rochers élevés, et assourdissant du bruit de leurs eaux ceux qui s'en approchaient. Il est possible que le Nil, à la longue, ait creusé son lit dans le roc, et qu'aujourd'hui la différence des niveaux ne soit plus ce qu'elle était autrefois ; mais on n'en est pas moins fondé à regarder comme une exagération et une fable ce que des voyageurs, même modernes, ont raconté de merveilleux sur les cataractes du Nil.

D'Assouan à Kartoum, capitale du Sennaar ou Nubie supérieure, on compte six cataractes aussi aisément franchissables que la première. Dans cet espace de plus de deux cents lieues, le Nil ne reçoit qu'un seul affluent considérable, l'Atbarah. A Kartoum, il en reçoit un second, le fleuve Bleu, ainsi appelé de la couleur de ses eaux, et qui vient de l'Abyssinie. C'est ce fleuve que des missionnaires portugais prirent, au xvie siècle, pour le vrai Nil : ils annoncèrent avec éclat en avoir découvert les sources. D'Anville reconnut l'erreur ; et les sources du vrai Nil, du Nil Blanc, sont encore aujourd'hui ce qu'elles étaient au temps d'Hérodote, un mystère géographique.

Depuis une vingtaine d'années, cependant, des explorations hardies ont été poussées dans cette direction. Une mission catholique autrichienne établie en 1846 à Bellenia, dans la tribu des Berry, a beaucoup contribué, non-seulement à répandre dans ces contrées les lumières du christianisme, mais aussi à y favoriser les recherches géographiques. Un des prêtres de cette mission a pénétré jusqu'à la montagne de Loupouk, au quatrième degré de latitude nord. Enfin M. Brun-Rollet, membre de la Société de géographie, a publié en 1855 sous ce titre : *le Nil blanc et le Soudan, études sur l'Afrique centrale,* le récit du voyage le plus récent qui ait été fait dans ces régions. Au delà de Bellenia, capitale de la grande tribu des Berry ou Bary, il a trouvé de nouvelles cataractes. Là, le Nil s'élargit sur de vastes plateaux, et le fond manque souvent aux barques les plus légères. Sous le troisième degré de latitude nord, on rencontre une nouvelle cataracte que le fleuve franchit en écumant. L'exploration s'est arrêtée à Bobenga, capitale de la tribu des Kuendas, peuples au teint olivâtre. De là, on voit se dessiner au sud, à deux jours de marche environ, les hautes montagnes de Kombirat : les sauvages de la tribu des Berry affirment qu'au delà il existe des montagnes plus élevées encore. C'est là que M. Brun-Rollet place par conjecture la source du Nil, qui se trouverait ainsi reportée bien plus loin qu'on ne la place ordinairement, c'est-à-dire à quatre ou cinq degrés au delà de l'équateur [1].

Soit que les vents du nord et de l'est, qui soufflent régulièrement dans ces contrées au printemps et au commencement de l'été, accumulent sur les montagnes de l'Afrique centrale des nuages qui y crèvent en pluies abondantes; soit que la fonte des neiges en précipite des torrents qui vont

---

[1] Cette conjecture a acquis un degré de vraisemblance qui touche à la certitude, par suite des explorations plus récentes du capitaine Speke et de Samuel Baker, qui ont découvert au sud de l'équateur les grands lacs Albert-N'Yanza et Tanganika, d'où paraît sortir le Nil. Si ces lacs ne sont pas les sources mêmes du fleuve, ils semblent être au moins les grands réservoirs qui l'alimentent, et comme de vastes récipients où s'accumulent les eaux qui s'épanchent périodiquement dans ses débordements annuels. On peut dire que si la question des sources du Nil n'est pas encore tranchée avec une rigueur absolue et scientifique, on en entrevoit la solution, on y touche, et il n'y a plus que peu d'efforts à faire pour déchirer le dernier voile qui couvre ce grand mystère géographique.

gonfler le fleuve ; toujours est-il que, chaque année, vers le solstice d'été, et comme à jour fixe, se produit cette crue merveilleuse qui fait lentement déborder le Nil sur ses rivages, et dont la régularité bienfaisante ne s'est pas démentie une seule fois depuis quatre mille ans au moins que l'histoire la constate. Peu à peu la couleur des eaux change ; elles prennent une teinte rougeâtre. Bientôt le fleuve grossit ; il s'élève pendant trois mois à peu près ; puis s'abaisse aussi lentement qu'il a monté. La crue, qui varie de peu de chose chaque année, est en moyenne de dix-huit à vingt et un pieds.

On l'a dit justement : de toutes les merveilles de l'Égypte, la plus grande est peut-être le Nil. Tout en est étonnant, mystérieux : et cette régularité invariable qui, à jour dit, fait sortir tous les ans le fleuve de son lit ; et cette lenteur avec laquelle il se gonfle et s'abaisse, et qui fait que ses débordements sont un bienfait pour ses rives, quand ceux de tous les autres fleuves sont des désastres ; et la richesse de son limon, que la chimie a analysé, où elle a constaté la présence d'une matière organisée qui est sans doute le principe de sa fécondité extrême, mais dont l'origine n'est pas mieux expliquée que le reste. On comprend que les anciens Égyptiens l'aient adoré comme un dieu. Dans les bas-reliefs il est représenté sous une double forme : le Nil céleste, vêtu d'une tunique bleue, qui épanche les eaux d'un vase qu'il tient à la main ; le Nil terrestre, couronné d'iris et de glaïeuls, portant des fruits et des fleurs.

Avant de quitter Louqsor, nous avons voulu dire un dernier adieu à Karnac, et voir une dernière fois le soleil se coucher sur ses ruines. Nous sommes montés sur un des gigantesques pylônes qui s'élèvent du côté du fleuve. De là, comme du haut d'une colline, nous embrassions du regard la vaste plaine. L'enceinte immense qui renfermait les palais se dessinait à nos yeux, marquée par les trois grandes portes triomphales. A nos pieds s'étendait ce chaos de débris où l'œil se perd, où l'imagination se confond. Les dernières lueurs du couchant teignaient de rose les temples de granit. Tout était calme et muet autour de nous; le vent était tombé, et les grands bois de palmiers semblaient à l'horizon immobiles comme les ruines. Derrière nous, le Nil, tout embrasé des reflets du ciel, s'enfonçait silencieusement entre les deux chaînes de montagnes qui le retiennent captif. Rien de plus triste et de plus grand que ce tableau.

Les ruines d'Égypte (j'en excepte seulement celles du village de Louqsor, à demi enfouies sous les cabanes des fellahs) ont au moins, dans leur abandon et leur dégradation affligeante, un privilége ou un prestige dont ne jouissent pas les plus belles ruines de Rome ou d'Athènes : c'est que les bruits importuns des villes et de notre civilisation moderne ne troublent point leur silence et ne profanent pas la majesté de leurs souvenirs; c'est qu'elles ont le désert pour cadre et pour horizon, et que le désert ajoute encore, s'il se peut, à la solennité de leurs aspects. L'immensité de ces solitudes est seule digne de l'immensité de ces débris. La tristesse de ces campagnes, de ces monts arides et dénudés, s'allie seule avec la tristesse de ces grands vestiges du passé.

La nuit tombait quand nous revînmes à Louqsor. A bord de la cange, tout était prêt pour le départ. Les planches qui recouvraient le pont avaient été relevées, et entassées de manière à former des bancs pour les rameurs : le grand mât était démonté; la petite voile seule nous reste ; encore ne servira-t-elle guère, sans doute, car les vents favorables sont rares en descendant, et l'on ne marche le plus souvent qu'à l'aide du courant et de la rame.

Au dîner, Agostino nous ménage la même surprise et nous offre le même festin qui ont déjà fêté le jour de Noël. Mais cette fois, c'est en l'honneur de nous autres Français que le régal est servi et qu'est bu le champagne. Il est neuf heures lorsque nous quittons le quai de Louqsor, qu'Agostino salue de toute son artillerie.

2 janvier.

Nous espérions être ce matin à la hauteur de Denderah ; mais le vent a été contraire, et nous avons marché très-lentement. Il est deux heures lorsque nous arrivons à Keneh, petite ville de cinq mille habitants, sur la rive droite du fleuve. C'est sur l'autre rive, en face, que se trouvent, à trois milles environ dans les terres, les restes de l'ancienne Tentyris, aujourd'hui Denderah. Nous avons encore le temps de les visiter avant la nuit. On embarque les ânes qui doivent nous servir de montures, et nous passons le fleuve avec eux dans une mauvaise barque de fellahs.

L'heure est charmante et nous promet une promenade agréable. La plaine où nous cheminons, le long d'un petit sentier qui serpente parmi les cultures, est couverte d'une végétation luxuriante. Nous traversons des champs de fèves et de pois en fleur qui répandent de suaves senteurs dans l'air. Des fellahs fauchent leurs trèfles ; et les chameaux, agenouillés dans l'herbe pour recevoir leur fardeau, se relèvent chargés de verdure et de fleurs. Fatigués de la poussière aveuglante et de la chaleur de Thèbes, nous respirions avec volupté une atmosphère tout imprégnée de parfums et de fraîches émanations. Nos ânes galopaient lestement, non sans faire sur la route de nombreux larcins aux herbes provocantes qui se penchaient sous leurs pieds. Leurs petits conducteurs, il est vrai, leur donnaient l'exemple : je les voyais cueillir çà et là de jeunes tiges de trèfle; mais c'était pour leur propre compte, et ils les broutaient eux-mêmes à belles dents. Ces pauvres enfants ne sont guère mieux nourris que leurs ânes, en effet. J'en ai vu bien souvent qui, tout en courant à côté de nous, mordaient dans un épi de maïs complétement cru ou à peine grillé au feu : c'était tout leur dîner.

Les ruines de Denderah forment un groupe unique, situé sur une éminence toute composée de décombres : on distingue alentour quelques huttes abandonnées. En arrivant par le nord, on passe sous une porte remarquable par son élégance. A droite, est un petit temple dédié à Typhon, le dieu du mal. Plus loin, en face, est le grand temple. Il a été déblayé depuis quelques années, et un escalier a été pratiqué pour descendre à l'intérieur : le pavé se trouve, en effet, en contre-bas du sol à plus de quinze pieds. Cette disposition des lieux nuit un peu à l'effet du monument, dont l'œil n'aperçoit, quand on arrive, que la partie supérieure, puisqu'il est enfoui jusqu'à moitié de sa hauteur.

On n'en est pas moins frappé, dès l'abord, des nobles proportions de l'entablement et des colonnes qui forment le portique. Rien de plus beau que cette façade; rien de plus sévère à la fois et de plus harmonieux. Les chapiteaux des colonnes sont formés, sur les quatre faces, de quatre têtes d'Isis colossales ornées de bandelettes pendantes sur le cou : nulle part ailleurs je n'ai vu cette disposition originale, et il est difficile d'imaginer quel effet étrange, mystérieux, imposant, font ces grandes figures qui de toutes parts semblent fixer sur vous leurs yeux immobiles. Malheureusement, comme partout, ces belles têtes ont subi le marteau des iconoclastes.

Ce portique, soutenu par vingt-quatre colonnes, conduit dans une vaste salle, qui conduit elle-même dans le *naos* ou sanctuaire du temple. Tout autour de ce sanctuaire circule un corridor dans lequel s'ouvrent une multitude de chambres. Dans l'intérieur des épaisses murailles sont pratiqués des escaliers qui conduisent aux terrasses et des couloirs souterrains par où l'on pénètre dans d'autres chambres, dans d'autres sanctuaires : c'étaient sans doute des passages secrets ménagés pour les prêtres.

On a ici un spécimen curieux de l'architecture égyptienne ; car ce monument, chose étrange, est complet : pas une pierre n'y manque. Mais si sa parfaite conservation lui donne un intérêt particulier, si son architecture est vraiment admirable, les sculptures qui couvrent ses murs à l'intérieur et à l'extérieur sont, de l'aveu des connaisseurs, du plus mauvais style égyptien. Elles sont, en effet, d'une époque de pleine décadence : les plus anciennes remontent à Cléopâtre ; d'autres sont du temps d'Auguste, de Tibère, de Néron ; il y en a même qui furent exécutées sous les règnes de Trajan et d'Antonin.

C'est dans une des chambres qui entourent le sanctuaire qu'a été trouvé, sculpté sur le plafond dont il faisait la décoration, ce fameux zodiaque qui est aujourd'hui à Paris et qui a donné lieu, au commencement du siècle, à tant de discussions scientifiques et de rêveries philosophiques et religieuses. On sait que, sur ce zodiaque, le solstice d'été, qui tombe

TEMPLE DE DENDERAH

aujourd'hui dans le signe du Cancer, se trouvait placé dans le signe du Lion. Or le rapport des signes célestes avec nos saisons variant insensiblement avec le cours des siècles, on était conduit à attribuer à ce zodiaque une antiquité de cinq à six mille ans, si on voulait le considérer comme étant l'image exacte de l'état du ciel à l'époque de sa construction. Un autre planisphère, découvert à Esneh, et qui plaçait le point solsticial dans le signe de la Vierge, devait par la même raison se reporter à une époque bien plus reculée encore. Pour cela, il fallait admettre que ces zodiaques étaient des œuvres astronomiques; il fallait accorder aux prêtres égyptiens une science bien ancienne, des observations bien exactes, des connaissances mathématiques bien profondes. Rien de tout cela n'avait fait hésiter : toutes ces hypothèses avaient été tenues pour démontrées; et l'on se rappelle quelle fabuleuse antiquité Dupuis et Volney, partant de là, attribuaient à la civilisation et à l'espèce humaine.

C'était alors une opinion généralement admise que les prêtres d'Égypte avaient été en possession de connaissances très-avancées en philosophie, en religion, en médecine, en astronomie : la langue prétendue sacrée des hiéroglyphes en gardait, disait-on, le dépôt, de tout temps soustrait au vulgaire, et plus tard dérobé à la postérité elle-même. Aujourd'hui, j'ai déjà eu occasion de le dire, on sait que les hiéroglyphes ne contiennent rien de pareil. Il est devenu évident, de plus, que la profonde science attribuée aux prêtres égyptiens se réduisait à fort peu de chose. Leur philosophie se bornait à une morale très-pure, il est vrai, et très-élevée; mais leur religion aboutissait à un vaste panthéisme. En fait de médecine, ils n'étaient guère supérieurs à nos astrologues du moyen âge, et ils avaient, comme ceux-ci, des tableaux qui soumettaient à l'influence de certains astres les diverses parties du corps humain. Quant à l'astronomie, elle ne se constitua vraiment en Égypte à l'état de science que dans l'école d'Alexandrie. Ce qui est certain, seulement, c'est que nous devons aux anciens Égyptiens la division de l'année en douze mois et en trois cent soixante-cinq jours, qui porte le nom d'année *Julienne*.

Pour en revenir aux zodiaques, tous les beaux calculs qu'on avait fondés sur eux ont croulé d'une façon assez ridicule. M. Letronne avait déjà, grâce à une inscription grecque trouvée à Denderah, jeté des doutes sérieux sur leur prétendue antiquité, quand Champollion leur porta le coup de grâce en prouvant par les inscriptions hiéroglyphiques que les temples de Denderah et d'Esneh avaient été bâtis sous les empereurs romains [1]. Les zodiaques n'étaient donc que des décorations de fantaisie, exécutées par quelque artiste ignorant, et n'ayant aucun rapport avec l'état du ciel à l'époque où ils avaient été dessinés. Ce fut une seconde édition de l'histoire de la dent d'or.

---

[1] Eudore, dans *les Martyrs*, parle des *ruines magnifiques de Tentyris*, qu'il visita sous Dioclétien. A cette époque, il y avait à peine cent ans que le temple était achevé, et il est à croire qu'il n'était pas encore à l'état de ruine.

CHAPITRE XIII

LE NIL A LA DESCENTE — UN SANTON
— ABYDOS — SYOUT, SON BAZAR ET SON CIMETIÈRE — ANTINOE
— LES CROCODILES — LES HYPOGÉES DE BÉNI-HASSAN
— LE KAMSIN

CHAPITRE XIII

LE NIL A LA DESCENTE — UN SANTON
— ABYDOS — SYOUT, SON BAZAR ET SON CIMETIÈRE — ANTINOE
— LES CROCODILES — LES HYPOGÉES DE BÉNI-HASSAN
— LE KAMSIN

4 janvier.

La physionomie et les habitudes de notre bord ne sont plus les mêmes qu'en remontant le Nil. Adieu les doux loisirs de l'équipage, paresseusement étendu à l'ombre de la grande voile latine que gonflait un vent favorable. Adieu aussi les chauds rayons de soleil qui inondaient notre salon, et dont parfois nous étions obligés de nous défendre! Nous allons vers le nord; et le vent du nord que nous avons en face est souvent désagréable, en même temps qu'il contrarie beaucoup notre marche. Quoique le courant du Nil soit encore fort en cette saison, les barques sont si lourdes, qu'on ne marche guère que par le temps calme. Il y a bien la corde et la rame; mais ce rude travail ne convient guère à nos

Arabes, et toutes les excitations d'Agostino échouent bien vite contre leur indolence naturelle.

C'est pitié de les voir soulever, avec une gaucherie et une mollesse tout orientales, leurs longs avirons qui plongent à peine dans le fleuve. Pour tromper leur ennui, ils chantent : c'est l'habitude en Égypte ; le chant accompagne tous les travaux. On dirait que ces paresseux enfants du soleil ont besoin, pour supporter le travail, de lui donner l'apparence d'un plaisir. Tantôt ils entonnent en chœur un chant monotone ; tantôt l'un d'eux chante d'une voix nasillarde une sorte de complainte, dont tous les matelots répètent le refrain. D'autres fois, chaque couplet se termine par un *ah!* prolongé, que pousse tout l'équipage et qui est de l'effet le plus original. Le marmiton, pendant ce temps, allume le narguilé, qu'il va présenter successivement à tous les rameurs : chacun d'eux n'en aspire que deux ou trois bouffées, et le rend pour qu'il passe à son voisin. Quand il y a peu d'eau, les matelots poussent la barque à la perche. Ils ont alors un mot particulier qu'ils répètent sans cesse pour s'encourager : *Eleïssa! eleïssa!* modulant les premières syllabes et accentuant fortement la dernière. Mais cet exercice paraît leur déplaire encore plus que la rame.

Bientôt on laisse perches et avirons, on se couche le long du bord, et nous allons comme nous pouvons, à la dérive, c'est-à-dire très-lentement. Alors nous prenons nos fusils, nous sautons dans le canot, et nous nous faisons mettre à terre. En chassant sur le rivage, nous n'avons pas de peine à suivre la barque. Aujourd'hui nous avons fait un massacre immense de pigeons. M. P*** a tué un chacal, et mon frère un magnifique héron.

Près d'une petite ville, nommée, je crois Farchout, nous avons vu, en chassant au bord du fleuve, un personnage étrange : c'était un santon, ou saint musulman. Il était assis ou plutôt couché à demi, immobile, les jambes étendues, dans une espèce de fosse peu profonde, creusée tout près du chemin de halage. La terre battue et durcie lui servait de lit, sans un brin de paille, sans une feuille sèche. C'était là sa demeure. Hiver et été, nuit et jour, il reste là étendu, sans bouger, sans abri ni contre le soleil, ni contre le vent, ni contre le froid et la rosée des nuits. Notez qu'il était complétement nu, et que son vœu l'astreint à ne jamais couvrir une partie quelconque de son corps. Il m'a semblé avoir, si on peut lui donner un âge, de cinquante à soixante ans. Depuis combien d'années est-il là? Je l'ignore, et on n'a pu me le dire; mais il doit y avoir longtemps, à en juger par la couleur de son teint. Sous ce soleil torride, sous ces variations terribles de température, la peau de ce malheureux s'est noircie, durcie, racornie; elle paraît devenue rugueuse comme de la peau d'éléphant ou de crocodile. Je n'ai rien vu de plus affreux et de plus triste. Tout autour de ce pauvre saint étaient rangés des femmes et des enfants qui le contemplaient avec une profonde vénération. C'est la piété des fellahs de la ville voisine qui lui fournit le peu de maïs cru dont il se nourrit.

Nous avons dépassé, un peu au-dessus de Ghirgeh, un point où s'arrêtent quelquefois les voyageurs : c'est de là qu'on va voir ce qui reste d'Abydos. Selon Strabon, c'était la seconde ville de la Thébaïde. La principale ruine est un temple qu'on croit avoir été celui d'Osiris, et qui est d'un caractère très-sévère. Mais ce temple est ensablé jusqu'à la hauteur des soffites : il faut y descendre par les terrasses. Ces ruines, situées à plusieurs lieues dans les terres, étaient de trop peu d'intérêt pour nous écarter autant de notre route.

6 janvier.

Le vent est devenu si violent que nous ne pouvons marcher. On s'arrête près de la petite ville de Souhag, dont la mosquée blanche s'élève au milieu de massifs de verdure. Le soir, après dîner, nous nous promenons autour de la ville. Des bandes immenses de grues et de hérons se sont abattues dans les palmiers et les mimosas, pour y passer la nuit : les arbres sont à la lettre tout noirs de ces oiseaux. Au retour, les chiens du village nous poursuivent de leurs hurlements effroyables ; mais ils sont lâches, et la vue d'un bâton les tient en respect.

Nous avons dépassé aujourd'hui de nombreux trains de *goulleh* ou *ballas* : ce sont des cruches à long col, dont on se sert partout en Égypte pour rafraîchir l'eau. Elles se fabriquent aux environs de Keneh. On obtient la pâte qui les compose en mêlant du sel à l'argile : ce sel, en fondant, ouvre une multitude de pores par où filtre incessamment le liquide. L'eau qui reste, refroidie par l'évaporation, arrive à un degré de fraîcheur extraordinaire. Pour faire descendre ces cruches jusqu'au Caire, on les lie avec des branchages, de manière à former d'immenses radeaux, qui ont quelquefois plus de cent pieds de long et en contiennent jusqu'à quatre à cinq mille.

Vers huit heures, pendant que nous devisions tranquillement au salon, nous avons tout à coup entendu un grand bruit de voix à l'entrée de notre cange. Au milieu d'un flux de paroles éclataient des cris, des vociférations : il y avait une rixe parmi nos matelots. Nous sortons sur le pont; et nous voyons, en effet, Agostino et le reïs qui s'efforcent, je ne dis pas de séparer les combattants, car les Arabes se battent plus avec la langue qu'avec les poings, mais de calmer les colères et de rétablir l'ordre. Leurs efforts cependant étaient vains, et le tumulte continuait. Alors M. P***, avec le flegme tout britannique qui ne l'abandonne jamais, rentre au salon, saisit un bâton déposé sur le divan, et s'avance sur le groupe des querelleurs; puis, sans dire un mot, sans avertir ni crier *gare !* le voilà qui se met à distribuer à droite et à gauche de grands coups de canne, frappant sur les têtes aussi bien que sur les épaules. En un instant le calme fut rétabli, le silence se fit, et chaque matelot, comme un écolier pris en défaut, retourna à son poste. Je reconnus, ce jour-là, dans notre compagnon de voyage le planteur de la Caroline du Sud : il venait d'appliquer à nos Arabes, on voit avec quel succès, les moyens de discipline qu'il avait coutume d'employer avec ses nègres.

7 janvier.

Nous espérions, grâce au calme, arriver demain matin à Syout. Mais tout à coup une secousse fait frémir la barque dans toute sa longueur : nous avons donné sur un banc de sable. Les matelots, poussant avec les perches, et criant leur éternel refrain *eleïssa !* font de vains efforts pour nous remettre à flot. Ils ont beau se jeter à l'eau pour essayer de soulever la barque : tout est inutile. Le moindre cabestan tirant sur une ancre ou sur une amarre, nous dégagerait en un instant ; mais le cabestan est une machine trop savante pour les mariniers du Nil : je ne crois pas qu'on en puisse trouver un sur toutes les barques qui parcourent le fleuve. La nuit tombe : il n'y a pas d'espoir qu'on nous dégage avant le jour. Ce qui ajoute à la contrariété, c'est que le calme continue, et que cette nuit nous aurions fait du chemin. Notre équipage se résigne plus aisément : c'est pour lui une nuit de repos, et il se met bravement en devoir d'en profiter.

8 janvier.

Il a fallu que tout le monde, drogman, hommes de service et même passagers, mît la main à la manœuvre pour achever de nous tirer de ce maudit banc de sable. Nos matelots ont ramé avec plus de cœur pour regagner le temps perdu. Nous sommes vers le milieu du jour à Syout.

Nos Américains ont vu dans leur *Guide Murray* qu'il y a près de Syout des tombeaux anciens. Ces tombeaux, complétement dégradés, offrent fort peu d'intérêt, quand on a visité surtout ceux de Thèbes et qu'on doit visiter encore ceux de Béni-Hassan. Mais puisque Murray l'a dit il faut bien y aller voir. Nous ne voulions pas pour si peu désobliger nos compagnons de voyage; et par le fait ils nous ont, sans le vouloir, donné occasion de faire une promenade charmante.

La route, comme on sait, est magnifique. Nous montions

de vaillants petits baudets. Ali, notre valet de chambre, qui est de ce pays, nous sert de guide. Il est en grande tenue : gilet de soie brodé, ceinture aux vives couleurs, pantalon blanc bouffant attaché au-dessous du genou, superbes babouches de maroquin jaune. Ainsi équipé, il a la meilleure tournure et nous fait honneur à la tête de la caravane.

Nous laissons la ville à droite; et bientôt, parvenus au pied de la montagne, nous quittons nos ânes pour gravir un sentier rapide. De petites cavités, creusées dans le roc, frappent nos regards; il y en a un nombre considérable. Ce sont des tombes, mais qui sont trop petites pour avoir pu recevoir des momies humaines : les corps qu'on y déposait étaient ceux des loups sacrés, adorés autrefois en ce lieu. Syout, en effet, est l'ancienne Lycopolis, la ville des Loups [1].

Les hypogées, ou grands tombeaux, sont placés plus haut. Celui où nous entrons, le plus vaste et le mieux conservé, se compose de deux chambres dont l'étage est très-élevé. Sur les murs et sur le plafond se voient encore des vestiges de peintures : mais il est impossible, dans l'état actuel, de distinguer les scènes qui y étaient représentées; c'étaient, à ce qu'il paraît, des tableaux relatifs à l'art militaire des anciens Égyptiens. Malgré cela, nos Américains, à grand renfort de besicles et de torches, s'obstinent à parcourir tous les coins et recoins du tombeau, tâchant de se persuader qu'ils voient des choses merveilleuses. Ils ont un peu la manie des Anglais, qui, en voyage, admirent religieusement tout ce que leur guide déclare admirable. Nous les laissons à leurs

---

[1] L'animal qu'adoraient les Égyptiens, et auquel les Grecs ont donné le nom de *loup*, semble avoir été le même que le chacal d'aujourd'hui, qui tient à la fois du loup et du renard.

laborieuses investigations, et nous gravissons un escarpement de la montagne qui domine tout le pays : de là nous avons une vue magnifique et pleine de contrastes saisissants.

La vallée, d'une chaîne à l'autre, paraît comme une opulente prairie. Devant nous, la ville, entourée de jardins, semble sortir, avec ses blancs minarets, d'une corbeille de verdure. Plus près, sur la gauche, est un immense cimetière : la cité des morts est presque aussi grande que celle des vivants. Avec ses murailles basses et dentelées, avec ses petits dômes d'une blancheur éclatante, elle s'étend comme un drap funéraire sur le désert sans limites qui confine la ville de ce côté. Le domaine de la mort touche celui de la vie ; l'aridité et le silence enveloppent de toutes parts le mouvement et la fécondité.

Syout, capitale du Saïd ou haute Égypte, est une ville d'au moins trente mille habitants, assez importante par son commerce. Elle est le rendez-vous des caravanes du Darfour. C'est là que, naguère encore, les marchands d'esclaves amenaient à travers le désert, épuisés de fatigue et de privations, les bandes de jeunes nègres qu'ils conduisaient au Caire. Aujourd'hui l'esclavage est aboli en Égypte. Je ne répondrais pas qu'il ne s'y vendît plus d'esclaves ; mais du moins ce commerce, devenu clandestin, a singulièrement diminué d'importance [1].

---

[1] Je n'oserais même pas maintenir trop absolument cette dernière assertion, car voici ce que je lis dans un journal très-sérieux à la date de juillet 1864 : « Défendu à Alexandrie et au Caire, où il continue cependant à s'exercer en cachette, le commerce des esclaves est toléré dans les grandes foires, qui jouissent, comme en Europe, d'immunités particulières ; il se fait notamment sur une large échelle aux foires de Tantah, les plus importantes de la basse Égypte. La petite foire annuelle de Tantah (la grande se tient vers la fin du

SYOUT

Le bazar de Syout doit aux relations continuelles de cette ville avec le Soudan et le Darfour un caractère assez original. On voit là des Bédouins, enveloppés de couvertures grises, les pieds entourés de linges serrés avec des cordes; des Nubiens, aux traits réguliers et au visage d'un noir bronzé; des Abyssins, coiffés du turban bleu; des Coptes, aux traits fins et allongés comme ceux des Juifs, vêtus de noir et l'écritoire au côté, car ils sont presque tous scribes. Nous avons acheté au bazar un certain nombre de fourneaux de pipe en terre rouge : ces pipes, qui se fabriquent ici, sont renommées et d'une forme très-gracieuse.

9 janvier.

Nous marchons lentement, contrariés par le vent. Tout à coup on nous annonce qu'une barque de fellahs qui remonte et nous dépasse, a vu des crocodiles : ils dorment au soleil, couchés sur un petit banc de vase qu'abritent de hauts rochers, dont le Nil baigne le pied. Quoique nous n'ayons que des fusils de chasse et de petites balles, nous voulons les saluer au passage. Le canot remonte sans bruit, en rasant au plus près la montagne. A trente pas de nous à peu près,

mois de juillet) a eu lieu en avril dernier; l'esclave pour le harem des fellahs y était un article presque aussi recherché que le bétail, décimé et singulièrement renchéri par suite de la terrible épizootie de l'année dernière. Les « petites » Abyssiniennes (on les achète d'habitude à l'âge de sept à huit ans) étaient offertes, il y a deux à trois ans encore, au prix de 300 fr. à 400 fr.; à la dernière foire de Tantah, l'article était demandé à 1,500 fr. et jusqu'à 2,000 fr. La belle Circassienne, de quinze à seize ans, se vendait récemment encore à raison de 4,000 fr. à 5,000 fr.; on en offrait jusqu'à 20,000 fr. à la foire de Tantah. »

au détour d'un rocher, nous voyons les deux monstres : deux coups de feu partent presque en même temps. Mais ils ont déjà plongé dans le fleuve, et c'est à peine, j'imagine, si notre plomb leur a chatouillé l'épiderme. Ils avaient bien une quinzaine de pieds de longueur. On sait que le crocodile ne peut être frappé qu'au défaut de l'épaule et sous le ventre. Il faudrait pour une telle chasse des armes de précision et des balles coniques à pointe d'acier.

C'est un hasard que nous ayons vu des crocodiles sur ce point du fleuve : rarement ils descendent au-dessous de Syout. A cette époque froide de l'année, ils ne sortent de l'eau que pendant les heures les plus chaudes du jour. Loin d'attaquer l'homme, le crocodile fuit devant lui, du moins quand il est à terre. Dans l'eau, il est plus dangereux; et l'on fait sagement, l'été, de ne pas se baigner avant d'avoir fait un grand bruit pour l'éloigner. Les Arabes, et les Nubiens surtout, ne prennent pas même cette précaution.

La violence du vent dégénère en une véritable tempête. Le Nil est agité comme une mer, et imprime à la cange un mouvement de roulis qui devient très-désagréable. Il faut s'arrêter : on amarre la barque au pied d'un grand rocher. Le paysage est triste et sauvage; tout le long de la rive droite, de hautes falaises coupées à pic; de l'autre côté du fleuve, de grandes plages unies et quelques îlots de verdure, qui disparaissent sous le nuage de poussière que le vent amène du désert. Des barques qui remontent passent près de nous, filant avec toutes leurs voiles gonflées, pareilles à des oiseaux effrayés. Nous les suivons d'un œil de regret.

Non loin d'ici, sur la rive droite, se voyaient encore, il y a quelques années, les ruines d'Antinoë, ville de fondation romaine. En l'an 130 de notre ère, l'empereur Adrien visitant l'Égypte, son favori Antinoüs se noya dans le Nil. Adrien, en guise de monument, lui bâtit une ville, près du lieu où il avait péri. De plus, il fit de lui un dieu, et voulut qu'on l'adorât dans toute la province.

On admirait encore en 1828 de beaux restes de temples, de théâtres, de colonnades, et un arc de triomphe élevé par Alexandre Sévère. Mais un jour Ibrahim-Pacha eut l'idée de construire une raffinerie dans ces parages. Extraire la pierre de la montagne et la tailler eût pris du temps et de l'argent : on jugea plus simple de jeter bas les colonnes, de démolir l'arc de triomphe, et d'en prendre les débris pour bâtir l'usine.

12 janvier.

Deux jours de calme nous ont conduits devant Béni-Hassan.

Les hypogées de Béni-Hassan sont, après ceux de Thèbes, les plus célèbres de l'Égypte. Ils sont creusés dans la chaîne Arabique. Pour gagner la montagne, nous traversons péniblement une plage aride, couverte d'arbustes épineux, où le pied s'enfonce tantôt dans le sable mouvant, tantôt dans des vases à demi desséchées. Sur la pente crayeuse et blanche, les rayons réverbérés du soleil brûlent les yeux; la chaleur est accablante.

Les tombeaux, ouverts à mi-hauteur de la montagne, sont tous sur la même ligne. Chacun d'eux est précédé d'un portique, que soutiennent des colonnes taillées dans la masse du rocher : cette disposition est d'un effet très-simple et très-grand.

Depuis que Champollion a rendu ces grottes funéraires si célèbres, elles ont été singulièrement dégradées par les voyageurs. Les peintures qu'on y voit n'en sont pas moins du plus haut intérêt. Elles appartiennent à l'époque de la douzième dynastie et au règne d'Osortasen II, c'est-à-dire qu'elles ont à peu près quatre mille ans d'antiquité.

A la différence de celles de Thèbes, ces peintures sont appliquées sur la pierre unie, et non point superposées à des sculptures en creux ou en relief. Ce sont quelquefois des sujets religieux, des offrandes aux dieux; mais le plus souvent des tableaux de la vie domestique, représentant les travaux des champs, la chasse, la pêche, la gymnastique. On voit des canges somptueuses, garnies de rameurs, remonter le Nil; dans l'une est une momie couchée sur son lit funèbre.

Des inscriptions qui accompagnent ces tableaux disent quel fut le personnage enseveli dans chaque tombe, quelles fonctions il remplit, quels honneurs lui furent conférés. L'une d'elles, relative à un gouverneur de province, fait de lui cet éloge, remarquable par l'élévation morale qu'il dénote : « Aucun orphelin n'a été maltraité par moi. Aucune veuve « n'a été violentée par moi. Aucun mendiant n'a été bâtonné « par mes ordres. Aucun pâtre n'a été frappé par moi. Aucun « chef de famille n'a été opprimé par moi : je n'ai pas enlevé « ses gens à leurs travaux. »

Parmi les scènes diverses que contiennent les tombeaux de Béni-Hassan, il en est une qui a particulièrement excité l'attention et provoqué les recherches des savants. Elle représente un certain nombre d'hommes vêtus d'un costume étranger, ayant la barbe et les cheveux roux, les yeux bleus, et un teint clair qui contraste fortement avec le teint rouge ou brun des Égyptiens. Ces hommes, appartenant évidemment à une autre nation, à une autre race, sont conduits devant un haut fonctionnaire, à qui ils semblent être présentés par un scribe. Quels sont ces étrangers ? A quel titre venaient-ils en Égypte ? Cette question a donné lieu à plus d'une réponse. Champollion crut que c'étaient des Grecs ; mais il n'avait pas connaissance alors de l'inscription qui a révélé la haute antiquité des grottes de Béni-Hassan. Wilkinson les prit pour des captifs ; mais cette hypothèse tombe, quand on voit ces personnages avec des armes et des lyres, conduisant des ânes chargés de bagages. D'autres ont cru que c'était Jacob et ses enfants émigrant en Égypte ; mais l'établissement des Hébreux dans ce pays est postérieur à la douzième dynastie. L'opinion la plus probable est celle de M. Lepsius. Il pense que le fait de l'émigration de Jacob fut précédé de bien d'autres faits semblables, et que le tableau de Béni-Hassan représente l'arrivée d'émigrants qui demandent à être reçus sur cette terre de l'Égypte, dont la fécondité devait être pour tous ses voisins un objet d'envie. Ces émigrants étaient sans doute d'origine scythique, comme les Schétos ; ou bien appartenaient à la race sémitique, comme ces Hicsos qui, un peu plus tard, envahirent l'empire des Pharaons ; de sorte que ce serait là en quelque sorte l'avant-garde de l'invasion des barbares, et comme le pronostic de la catastrophe prochaine.

Un fait curieux, c'est que ni dans les peintures de Béni-Hassan, ni dans celles de Syout, qui sont à peu près du même temps, on n'a vu de chevaux représentés. Le cheval évidemment était inconnu à cette époque en Égypte. Peut-être y fut-il amené par les Hicsos ou Pasteurs ; car les peintures de Thèbes le reproduisent dans de nombreux tableaux.

Quant au chameau, on ne le voit nulle part, et son introduction est de beaucoup postérieure.

13 janvier.

Le calme continue. La température a même une mollesse qui semble annoncer un changement dans la direction du vent. Dieu le veuille, car depuis douze jours nous avons marché avec une lenteur désespérante. Nous sommes encore à environ quarante lieues du Caire.

Nous abordons à un petit village pour acheter quelques provisions. Un bois épais de mimosas et de dattiers l'entoure : nous chassons un peu ; mais la chaleur est énervante. Sous une tente, près du village, nous apercevons plusieurs femmes. L'une d'elles, plus jeune que les autres, fume nonchalamment un narguilé. Sa toilette est bizarre et recherchée : ses cheveux sont ornés de sequins ; une profusion de colliers retombent sur sa brune poitrine, que la tunique laisse à demi découverte. Elle a aussi des bracelets, d'immenses pendants d'oreilles, et un anneau d'argent passé dans la narine. Son visage est légèrement tatoué ; mais sous cet accoutrement singulier elle n'en est pas moins fort belle. Elle nous regarde assez effrontément en nous montrant ses dents blanches. Agostino, à qui nous nous informons, répond en ricanant. Il paraît que ce sont des almées. Sous le règne d'Abbas-Pacha, il y a quelques années, un grand nombre de ces femmes furent enlevées du Caire par la police, et déportées tout le long du Nil dans les villes et les villages, jusqu'à Assouan et même au delà.

Décidément le vent a sauté au sud : il souffle avec force. On tend la voile, et la barque commence à filer grand train. Bientôt l'aspect du ciel change. Au sud, du côté du vent, l'horizon, toujours si limpide, se trouble et prend une teinte grise. De minute en minute le vent augmente : il a presque la violence d'un ouragan. Nous marchons avec une vitesse de trois à quatre lieues à l'heure.

Malgré la force du vent, l'air est chaud, lourd, accablant. Évidemment c'est le *kamsin* qui souffle, le *sirocco* des Italiens. *Kamsin,* en arabe, veut dire cinquante : au printemps, ce vent du désert règne en Égypte avec plus ou moins de continuité pendant une cinquantaine de jours. L'hiver, il se fait sentir plus rarement. Surtout, il n'a dans cette saison ni la même violence ni la même ardeur redoutables. En ce moment, et impatients que nous étions des lenteurs du retour, il nous paraissait plutôt un bienfait qu'un inconvénient. Pourtant nous ne fûmes pas sans en souffrir un peu. L'atmosphère était devenue comme opaque, le ciel semblait de plomb ; et, dépouillé de rayons, le soleil apparaissait comme un disque de métal rougi au feu.

On avait peine à respirer : l'air aride et mêlé d'une poussière impalpable fatiguait la poitrine. De là sans doute cet état d'abattement, d'énervement invincible qu'on éprouve pendant tout le temps que souffle le kamsin. Il y a un proverbe arabe qui dit : « La poussière du simoun perce la coquille d'un œuf. »

Mais nous glissions sur l'eau avec la rapidité de l'hirondelle : les rives fuyaient comme un panorama mouvant. Plus on approche du Caire, plus elles sont plates et monotones ; en revanche le fleuve s'anime de plus en plus. Les barques de commerce se montrent plus nombreuses.

Nous en vîmes une, chargée d'une immense meule de paille hachée, que la violence du vent avait fait à moitié chavirer et qui s'était échouée près de la rive. Deux hommes étaient couchés nonchalamment sur le haut de la meule, et regardaient leur paille s'en aller au fil de l'eau : le flot minait incessamment la base du fragile édifice, qui s'écroulait comme un tas de sable. On nous dit que ces hommes attendaient du secours qu'on était allé chercher. Je n'en admirais pas moins avec quelle tranquille résignation ils contemplaient ce désastre, qui les ruinait peut-être. Transportez cette scène sur un fleuve d'Europe : quels cris ! quel désespoir ! mais aussi quelle activité et quelle énergie contre la mauvaise fortune ! Toute la différence des deux races est là.

A dix heures du soir, le vent diminue ; mais nous ne sommes plus qu'à quelques lieues du Caire. On s'arrête devant le village de Daschour. C'est de là que demain nous devons aller visiter les pyramides de Sakkarah et le Sérapéum.

CHAPITRE XIV

MEMPHIS — LES PYRAMIDES DE SAKKARAH
— LE PUITS DES OISEAUX — LE SÉRAPÉUM — LES PYRAMIDES
DE GHIZEH — LE SPHYNX

CHAPITRE XIV

MEMPHIS — LES PYRAMIDES DE SAKKARAH
— LE PUITS DES OISEAUX — LE SÉRAPÉUM — LES PYRAMIDES
DE GHIZEH — LE SPHINX

14 janvier.

Le ciel a repris sa sérénité. L'air est calme et pur. Le Nil, large et paisible comme un lac, brille au soleil levant ainsi que de l'argent fondu. Nous descendons à terre en attendant le déjeuner, et nous nous promenons dans la forêt de palmiers qui entoure le village.

Ces palmiers sont d'une incomparable beauté. Nulle part nous n'en avons vu d'aussi gigantesques; et l'on dit que ce sont, en effet, les plus grands de l'Égypte. Plantés en longues files et à distances égales, ils forment, à droite et à gauche de la route qui conduit à Sakkarah, des quinconces dont les nefs immenses s'enfoncent à perte de vue. Rien de plus majestueux que ces beaux arbres, droits comme des flèches, hauts de soixante pieds, et dont le tronc svelte s'épanouit en un gracieux panache. Si les voûtes mystérieuses de nos forêts du Nord ont servi, comme on l'a cru, de type à l'ogive et aux voûtes à rinceaux de nos cathédrales gothiques, on ne peut s'empêcher de croire que le palmier n'ait été le modèle de la colonne égyptienne, couronnée le plus souvent de son chapiteau largement évasé.

A dix heures, nous enfourchons nos ânes : ce sont, cette fois, d'assez pauvres montures qui nous font regretter celles du Caire et même de Louqsor. Peu de voyageurs, avant la découverte du Sérapéum, visitaient Sakkarah, et les moyens de transport ne sont pas encore ici convenablement organisés.

La route que nous suivons est charmante. Quand on a traversé la forêt de palmiers, on chemine sur de hautes digues, qui longent des étangs ou de petits lacs, remplis chaque année par le Nil. Les bords de ces eaux sont couverts de canards, de pluviers, de bécassines, d'une multitude d'oiseaux aquatiques. Nous en tirons quelques-uns : la plupart sont un gibier exquis.

Au delà des lacs, on trouve une autre forêt de palmiers, plus vaste encore que la première. Le sol en est inégal, montueux, et couvert presque partout d'efflorescences de salpêtre, qui ressemblent à une légère couche de neige. A ces indices, on pourrait reconnaître déjà qu'on foule un sol qui recèle des ruines. Bientôt se montrent çà et là des blocs de granit à moitié enfouis dans le sable, puis des vestiges d'une enceinte construite en briques crues. On est sur l'emplacement de l'antique Memphis.

Quelques restes d'un temple ont été découverts près de là. Mais la ruine la plus curieuse qui en subsiste est un colosse, exhumé il y a quelques années, et qui est un des plus beaux morceau de sculpture égyptienne qu'on connaisse. Il a trente-cinq pieds de long; les jambes ont en partie disparu; mais la face, qui était enterrée, a dû à cette circonstance de rester intacte. On y a reconnu le portrait de Sésostris : les traits sont beaux et fins, l'expression à la fois noble et douce. Une énorme tranchée a été faite pour mettre la statue à découvert; mais elle n'a pas été relevée; les eaux se sont accumulées dans l'excavation, et le pauvre Pharaon gît tristement, à demi noyé, au fond de ce fossé bourbeux.

Une plaine fertile sépare la forêt du village de Sakkarah, qui est placé presque sur la limite des sables. C'est dans cette vaste plaine, en remontant vers le nord, que s'étendait la ville de Memphis. Au dire de Strabon, elle avait cent cinquante stades de circonférence, et renfermait des palais immenses. Il n'en reste pas une pierre. Détruite, selon la tradition, par Cambyse, elle couvrait encore la plaine de ses ruines immenses à l'époque de la conquête arabe : ces ruines furent démolies, et servirent à la construction de Fostat et du Caire.

Auprès de Sakkarah, à l'ouest de la ville, était la nécropole, qui a laissé plus de vestiges que la ville elle-même. Au sortir du village, on s'élève, par une pente assez douce, sur des collines de sable et de décombres. Ce terrain aride semble avoir été fouillé et bouleversé en tous sens. Des puits ont été creusés à chaque pas; le sol en est criblé, et il faut quelque attention pour n'y pas trébucher en suivant l'étroit sentier qui serpente tout au travers. Ces fouilles ont été faites pour la plupart par les Arabes, qui cherchent dans les tombes les objets précieux ensevelis avec les momies.

Parvenus sur la crête de ces collines basses et onduleuses, nous voyons s'étendre du nord au sud, parallèlement à la vallée, la ligne des pyramides dites de Sakkarah. On en compte quinze : elles sont beaucoup moins élevées que les pyramides de Ghizeh. Bâties en briques crues, elles ont aussi moins bien résisté à l'action du temps, et toutes sont tellement dégradées, ruinées, éboulées, qu'on les prendrait volontiers de loin pour de grands tumulus. Il est évident d'ailleurs, ne fût-ce que par leur position au long de la nécropole, que, comme les pyramides de Ghizeh, elles n'étaient autre chose que des tombeaux.

A peu de distance de là se trouve le *Puits des Oiseaux* : c'est une tombe profonde où étaient déposées les momies des ibis sacrés. Il est difficile d'y descendre. Notre drogman, qui nous avait accompagnés, alla nous chercher une de ces momies : il y en a une telle quantité que, malgré tout ce qui en est journellement enlevé ou brisé, il semble que le nombre n'en diminue pas.

Chaque oiseau, soigneusement embaumé et enroulé d'une toile fine, était déposé dans un vase de terre long, pointu par le bas, en forme d'amphore, et fermé d'un couvercle : ces vases sont placés en rang, dans le sable, l'un à côté de l'autre, et entassés par couches. Nous défîmes la petite momie, la forme de l'oiseau était parfaitement reconnaissable. Les os, les plumes, les barbes même des plumes, tout se distinguait nettement et était merveilleusement conservé. Seulement, si l'on serrait les doigts, tout se résolvait en une poussière impalpable et s'envolait au vent.

C'est non loin de là qu'en 1851 un jeune savant français, M. Mariette, a fait des découvertes qui ont rendu son nom célèbre. En pratiquant des fouilles dans ces terrains consacrés à la mort et tout peuplés de momies d'hommes et d'ani-

LE SÉRAPÉUM

maux, il a rencontré d'immenses galeries souterraines, renfermant des sarcophages de granit : c'était le Sérapéum de Memphis, c'est-à-dire le tombeau des Apis ou bœufs sacrés, qui étaient dans cette capitale l'objet d'un culte particulier. Cet hypogée, l'un des plus étranges monuments de l'Égypte, était le but principal de notre visite à la nécropole. Il nous a fallu cheminer encore assez péniblement, pendant une demi-heure, au milieu des excavations et des décombres. Le sol est jonché de morceaux de poteries rouges, de fragments de terres cuites peintes et vernissées, de débris de squelettes arrachés de leur sépulture. Un vent violent nous fouette au visage le sable du désert. Pas une trace de végétation ne réjouit l'œil sur cet immense et morne cimetière : des aigles et de grands vautours planent en tournoyant au-dessus de nos têtes.

Un grand nombre d'hommes, de femmes et d'enfants en haillons sont occupés à déblayer un large trou, près duquel nous passons. Ce sont des fouilles nouvelles que fait faire M. Mariette : nous nous informons s'il est là; mais il est parti pour le Caire. Ce travail se fait, comme toujours, à l'aide de corbeilles en bois de palmier, que ces pauvres gens portent sur la tête. Le surveillant, armé d'un bâton, se tenait à l'endroit où venaient se vider les corbeilles. Je le vis en assener des coups à deux ou trois des travailleurs, et je crus d'abord que c'était une correction aux plus paresseux. Mais bientôt je remarquai que le même coup de bâton les attendait tous au même moment, et je compris qu'il était distribué tout simplement à titre d'encouragement et pour les tenir en haleine.

On arrive sur le Sérapéum sans le voir. Il faut descendre comme dans une cave, par une pente rapide où les pieds enfoncent dans un sable mouvant. Bientôt, à la lueur des torches, on voit s'ouvrir devant soi une immense galerie, large à peu près autant qu'elle est haute. De distance en distance, à droite et à gauche, sont creusés dans l'épaisseur du rocher des caveaux, ou plutôt des espèces de chapelles, plus basses de quelques pieds que la galerie : dans chacune de ces chapelles mortuaires est placé un sarcophage colossal de granit, à peu près semblable à ceux qui, dans les tombeaux de Biban-el-Molouk, étaient destinés à recevoir les corps des Pharaons. Une inscription hiéroglyphique, gravée sur la pierre, indique la date et l'âge où est mort le bœuf sacré.

Les sarcophages sont au nombre de vingt-quatre. Tous ont été ouverts et violés, comme ceux de Thèbes. Quelques chapelles sont restées vides, attendant leur hôte. Près de l'entrée de la galerie on voit un sarcophage qui n'avait pas encore été mis en place.

Qu'était-ce donc que ce Sérapis, dont les images vivantes étaient si somptueusement ensevelies après leur mort dans ces catacombes? Qu'était-ce que ce dieu, qui eut un temple célèbre à Alexandrie et joua un si grand rôle dans les derniers temps du paganisme? Les découvertes et les travaux de M. Mariette ont fourni une réponse à ces questions jusque-là mal résolues.

Sérapis, ou mieux Sorapis, Osorapis, était Apis mort, identifié avec Osiris ou le soleil régnant sur l'hémisphère inférieur. Apis vivant, appelé aussi dans les inscriptions *la seconde vie de Phtha*, était l'incarnation de ce même dieu-soleil éclairant le monde, et adoré à Memphis comme divinité suprême.

Dès les premières dynasties, le culte d'Apis fut le culte propre de Memphis, chaque *nome* ou province ayant, comme je l'ai déjà dit, son fétiche particulier. Mais c'est seulement sous Rhamsès II que ce culte commença à prendre une importance capitale; et ce ne fut même que vers le VII⁰ siècle avant notre ère, sous le règne de Psammétichus, qu'il fut entouré de l'éclat extraordinaire dont nous avons les vestiges sous les yeux. Alors on creusa ce prodigieux souterrain. Alors on commença d'ensevelir les Apis dans ces magnifiques sarcophages. Au-dessus de ces caveaux fut élevé un temple ou mausolée dont quelques restes ont été retrouvés.

C'était l'époque où les Grecs commençaient à pénétrer en Égypte par leurs factoreries de Naucratis. Soit méprise de leur part, soit complaisance des prêtres égyptiens, qui se prêtaient à flatter leurs idées, le dieu Apis fut bientôt confondu dans l'esprit des Hellènes avec Dionysos ou Bacchus, qu'on représentait souvent avec des cornes de bœuf, et qui parfois, devenu divinité infernale, avait revêtu quelques-uns des attributs de Pluton. Ainsi, par un mélange singulier de choses très-dissemblables, les Grecs établis en Égypte en vinrent à adorer Sérapis comme un de leurs dieux. Plus tard même, frappés de l'antiquité de la civilisation et de la religion égyptiennes, ils se persuadèrent que leur culte national leur était venu tout entier des bords du Nil. C'est une erreur qui s'est propagée jusqu'à nos jours; et Champollion lui-même a cru que la mythologie grecque était une dérivation de la religion égyptienne et avait été transportée dans l'Hellade par Cécrops. Les colonies égyptiennes en Grèce sont au moins douteuses; mais ce qui est maintenant hors de doute, c'est que la mythologie grecque ne vient nullement de l'Égypte; c'est qu'il n'y a aucun rapport de filiation entre les dieux graves et solennels de Memphis et de Thèbes, et les divinités gracieuses et presque humaines de l'Olympe.

Avant qu'on déchiffrât les hiéroglyphes, les notions que

nous avions sur l'ancienne religion égyptienne se réduisaient à celles que nous avaient laissées les Grecs ; et la plupart étaient confuses et erronées. Les Grecs se sont toujours plu à identifier leurs dieux et leurs héros avec les divinités de l'Égypte : ces rapprochements arbitraires, fondés le plus souvent sur des analogies fortuites et superficielles, datent surtout de l'époque des Ptolémées et de l'école d'Alexandrie. Il se fit alors comme un singulier amalgame des deux religions. Tous les dieux égyptiens se virent après coup baptisés des noms grecs et revêtus d'une physionomie grecque : Ammon était transformé en Jupiter ; Osiris, en Pluton ou en Bacchus ; la déesse Hathôr, en Vénus ; Sevek, le dieu crocodile, en Saturne, et ainsi de suite.

Cette manie qu'ont eue les Grecs les a fait tomber quelquefois dans d'étranges méprises. En voici un exemple curieux. Le petit Horus, fils d'Osiris et d'Isis, qui dans la grande triade thébaine symbolise le monde naissant, était représenté sous la forme d'un petit enfant avec un doigt dans la bouche : son nom se lit, en langue hiéroglyphique, *Harpe-Kroti*. Les Grecs, se trompant sur la signification de ce geste emprunté aux petits enfants, l'ont pris pour le geste du silence, le doigt sur les lèvres. Du nom égyptien *Harpe-Kroti* ils ont fait le nom grec Harpocrate, et du dieu Horus ils ont fait le dieu du silence.

Hérodote raconte longuement que Cambyse, en arrivant à Memphis, fut fort choqué de voir les Égyptiens adorer un bœuf. Il ordonna qu'on amenât le dieu cornu devant lui ; et, voulant prouver aux prêtres leur imposture, il frappa d'un coup de poignard l'animal, qui mourut quelques jours après. Puis, pour donner plus de poids à son action et à ses paroles, il fit battre de verges et mettre à mort les prêtres, et ordonna que la même peine fût appliquée à tout Égyptien qui célèbrerait les fêtes d'Apis.

Malheureusement cette belle histoire semble, depuis la découverte du Sérapéum, devoir être reléguée au nombre des contes. Chose étrange ! parmi les sarcophages d'Apis trouvés dans la galerie souterraine, on voit figurer celui du bœuf sacré que le monarque persan tua peut-être dans un moment de colère, mais auquel il n'en fit pas moins rendre les honneurs accoutumés et apporta lui-même son tribut d'adoration : c'est ce que constate l'inscription lue sur le granit. Il s'en faut donc de beaucoup que le conquérant ait été ce dévastateur impie que les Grecs nous ont peint jetant à bas les temples, et foulant aux pieds les statues des dieux. Et quant aux persécutions qu'on lui attribue, elles semblent tout aussi imaginaires ; car une autre inscription, qui est aujourd'hui au Vatican, le montre allant à Saïs adorer la déesse Neïth, se faisant initier à ses mystères, rétablissant les prêtres dans tous leurs droits et rendant au culte son éclat premier. Évidemment Cambyse, comme plus tard les Ptolémées, fut obligé, la conquête achevée, de respecter les institutions et les usages du peuple conquis, et de rendre lui-même hommage aux objets de son culte. Ses successeurs firent de même.

15 janvier.

Nous nous sommes réveillés ce matin devant Ghizeh. Bien qu'un repli du fleuve nous dérobe la vue du Caire, tout annonce le voisinage de la capitale. Le Nil est sillonné de barques nombreuses de toutes sortes; ses rives sont couvertes de riches maisons de campagne, de palais de pachas qui ressemblent à des palais de rois.

Il y a près de deux lieues du fleuve aux pyramides. Mais Agostino, qui est allé cette nuit au Caire dans le canot, nous a amené nos vaillants petits ânes de l'Ezbekieh, et la course se fera plus lestement que celle d'hier. Le temps est à souhait, calme avec un ciel légèrement voilé : trop de vent et trop de soleil seraient gênants pour monter sur la grande pyramide.

Une forêt de palmiers entoure Ghizeh, comme Daschour : dès qu'on l'a franchie, on voit en face de soi, sur des collines blanches et peu élevées, se dresser les trois pyramides. A cette distance, une lieue à peu près, elles ne produisent pas l'effet qu'on en attend. L'absence de tout point de comparaison dans la perspective trompe l'œil sur leur masse. Même au bas des collines qui les portent, on les juge mal. Il faut être à leur pied, ou à dix lieues.

C'est dans la plaine que nous traversons en ce moment que, le 21 juillet 1798, se livra cette fameuse bataille qui ouvrit à notre armée les portes du Caire et détruisit d'un seul coup la puissance des mameluks. Mourad-Bey avait placé le gros de ses troupes dans un camp retranché, situé plus bas, près du petit village d'Embabeh, que nous apercevons d'ici et qui fait face à Boulaq. Lui-même, avec dix mille cavaliers, tenait la plaine, entre le fleuve et les pyramides. Coupés de leur camp par les manœuvres du général français, les mameluks étaient venus s'abattre comme un ouragan de fer sur le front de nos carrés; mais leur fougue s'était brisé contre la froide intrépidité des soldats d'Italie. Mourad-Bey, tout sanglant, s'enfuyait vers la haute Égypte;

plusieurs milliers de ses brillants cavaliers étaient jetés dans le Nil; son camp était forcé; sa flottille n'échappait au vainqueur que par l'incendie; et, le soir de ce jour, Bonaparte, maître du Caire et de l'Égypte, plaçait son quartier général à Ghizeh même, où Mourad-Bey avait une superbe habitation.

Vers le milieu de la plaine, nous fûmes croisés par un groupe de cavaliers : c'étaient des Bédouins qui venaient, nous dit-on, payer le tribut au pacha. Ces hommes nous rappelaient, par le type et le costume, nos Arabes de l'Algérie : traits accentués et énergiques, taille haute et souple, membres secs et nerveux. Au lieu du turban, ils portaient sur la tête, par-dessus le tarbouche, ce grand morceau de fine laine blanche, appelé *haïk,* autour duquel est roulée la corde de poil de chameau. Un long fusil battant sur le dos, un sabre et d'énormes pistolets à la crosse brillante passés à la ceinture, ils avaient une tournure martiale, et faisaient caracoler leurs chevaux avec cette grâce aisée qui n'appartient qu'aux Arabes du désert.

Il y a de ces Bédouins par centaines de mille en Égypte; mais on les voit rarement dans la vallée du Nil : ce sont des tribus nomades vivant dans le désert et sur la limite du pays cultivé. Autrefois ils étaient adonnés au pillage, et leur hardiesse était telle, qu'ils interceptaient parfois la route du Caire aux pyramides et y dévalisaient les voyageurs. Méhémet-Ali les a fait rentrer dans l'ordre, comme ceux des villages du Nil dont j'ai parlé ailleurs. Son fils Ismaïl, de cette race albanaise si brave et si indomptable, fut chargé, avec un corps de cavaliers toujours prêts, d'aller dans le désert châtier celles de ces tribus qui se rendaient coupables de brigandages : de terribles exécutions leur ont fait perdre leurs habitudes de vol, et aujourd'hui la plaine de Ghizeh est aussi sûre que la route de Boulaq.

Longtemps avant d'arriver aux pyramides, on est harcelé par des Arabes qui, du plus loin qu'ils aperçoivent une bande de touristes, accourent avec de grands cris, de grands gestes, agitant leurs burnous blancs, pour offrir leurs services de *ciceroni*. Il y a là toute une tribu qui, je pense, ne vit pas d'autre chose que des pyramides : c'est son bien, et toute son industrie est de les faire voir. En arrivant au pied des collines sur lesquelles elles sont assises, nous apercevons de petits points noirs et blancs qui semblent se mouvoir sur un des angles de la plus grande pyramide : ce sont des voyageurs, escortés d'Arabes, qui en font l'ascension. D'ici, on dirait des fourmis grimpant le long d'un énorme bloc de grès.

Quand on est sur la plate-forme sablonneuse et en face de ces étranges monuments, on s'arrête malgré soi : on se sent comme épouvanté par quelque chose d'immense, d'éternel et d'immuable. Que dire, qui n'ait été dit cent fois, de ces étonnantes constructions que salue depuis tant de siècles l'admiration des hommes? L'esprit est confondu de la puissance qu'elles attestent, de la civilisation qu'elles supposent, de la grandeur empreinte dans leur simplicité même. Bossuet a beau s'écrier avec sa souveraine éloquence : « Mais quelque
« effort que fassent les hommes, leur néant paraît partout :
« ces pyramides sont des tombeaux! » J'aime mieux, au pied de ces merveilles de l'ancien monde, relire la page qu'elles ont inspirée à Chateaubriand : « J'avoue qu'au premier aspect
« des pyramides, je n'ai senti que de l'admiration. Je sais
« que la philosophie peut gémir ou sourire en songeant que
« le plus grand monument sorti de la main des hommes est
« un tombeau; mais pourquoi ne voir dans la pyramide de

« Chéops qu'un amas de pierres et un squelette ? Ce n'est
« point par le sentiment de son néant que l'homme a élevé
« un tel sépulcre, c'est par l'instinct de son immortalité... »
— « Tous ces peuples, dit Diodore, appellent les maisons
« des vivants des hôtelleries, par lesquelles on ne fait que
« passer; mais ils donnent le nom de demeures éternelles
« aux tombeaux des morts, d'où on ne sort plus. »

La grande pyramide, mesurée à sa base, a sept cent vingt
pieds de côté, d'un angle à l'autre. Sa hauteur, qui était primitivement de quatre cent cinquante-un pieds, c'est-à-dire du
double de celle des tours de Notre-Dame de Paris, n'est plus
aujourd'hui que de quatre cent vingt-huit, par suite de la
dégradation du sommet. Les assises ou gradins dont elle est
formée étaient autrefois couverts d'un revêtement uni qui ne
permettait pas d'y monter : on voit encore au sommet de la
seconde pyramide, dite de Chéfren, une partie de celui qui
la recouvrait. Il est probable que ces revêtements ont été
enlevés, comme les restes de Memphis, pour servir à des
constructions modernes. — La seconde pyramide n'est pas
beaucoup moins haute que la première. — La troisième,
dite de Mycérinus, n'atteint guère qu'au tiers de la grande.

Sauf un petit nombre de chambres ménagées dans la maçonnerie, la grande pyramide est entièrement pleine. On a
calculé que la masse de pierres dont elle se compose, évaluée
à environ soixante-quinze millions de pieds cubes, pourrait
fournir les matériaux d'un mur qui aurait mille lieues, et
ferait le tour de la France[1]. Sa base couvre un espace égal à
cinq hectares et demi.

La pierre paraît avoir été empruntée au rocher même sur
lequel les pyramides sont fondées. Mais ici, plus peut-être

---

[1] Expédition d'Égypte. JOMARD, *Recherches sur les pyramides.*

que devant tout autre monument de l'Égypte, on est amené à se poser cette question : Comment de telles masses ont-elles été construites? Par quel moyen a-t-on élevé à une telle hauteur des assises si régulières, formées de blocs qui pèsent trente milliers? Les anciens Égyptiens, quoi qu'on en ait dit, paraissent n'avoir eu aucunes connaissances en mécanique : on en aurait trouvé la trace dans leurs peintures, comme on y a trouvé représentés les procédés de tous leurs arts et de tous leurs métiers ; or pas une machine n'y est figurée. Dans un tableau qui représente le transport d'un colosse, on voit un nombre considérable d'hommes attelés à des cordes, et tirant la statue posée simplement sur des rouleaux. Il est à croire que toute leur mécanique se bornait là : des échafaudages, des plans inclinés, et puis des milliers et des milliers de bras, force qui ne coûtait rien et qu'on n'économisait guère. Il faut ajouter seulement qu'ils faisaient du plan incliné un emploi très-habile et très-ingénieux. S'il s'agissait d'un temple ou d'un palais, à mesure que la construction s'élevait, ils entassaient des terres de manière à former un talus en pente douce, qui s'exhaussait avec l'édifice, et sur lequel on hissait à force de bras les pierres gigantesques qui composaient les murailles et les plafonds : l'édifice achevé, on déblayait. Pour dresser les obélisques, l'opération était plus difficile, mais le procédé était le même. Le monolithe étant amené en place, et sa partie inférieure étant maintenue immobile, on faisait décrire à sa pointe un quart de cercle, en la faisant glisser, toujours à force de bras, sur un plan incliné qui se développait en spirale, jusqu'à ce que l'énorme bloc, arrivé à la perpendiculaire, vînt s'asseoir de lui-même sur la base qui devait le recevoir. Il faut admirer sûrement que de si grandes choses aient été faites avec des moyens aussi simples. Mais que de misères, que de souffrances de tels travaux n'ont-ils pas imposées aux nations asservies ou captives! Que de vies humaines ont payé ces grandeurs!

L'ascension de la grande pyramide se fait par l'angle du nord-est. Elle est assez pénible : les assises ont un mètre à peu près de hauteur, ce qui oblige, on le voit, à faire d'assez fortes enjambées. Il serait imprudent de monter sans l'aide des Arabes; car les gradins ayant peu de largeur et étant souvent ébréchés, un faux pas serait mortel et vous précipiterait jusqu'en bas. Des accidents de ce genre sont arrivés. Aujourd'hui on ne permet plus aux voyageurs de monter seuls. Un cheik de village, responsable, est chargé de leur fournir des guides sûrs, moyennant une rétribution fixe. Ces hommes, lestes et vigoureux comme des panthères, montent la pyramide comme nous montons notre escalier; leurs pieds nus ne glissent jamais. Deux d'entre eux s'emparent de vous, un par chaque main, et vous attirent sur l'assise qu'ils ont gravie, pendant qu'un troisième, placé derrière, vous soulève par les reins et vous retient en cas de chute. Avec ces précautions, l'ascension est sans danger, sinon sans fatigue. Je ne conseillerai pourtant pas de la tenter à ceux qui sont sujets aux vertiges; car, si on monte sans trop d'émotion, la descente est vraiment effrayante.

La plate-forme qui termine aujourd'hui la grande pyramide a trente-neuf mètres de tour. Les Anglais aiment à y dîner. Nous nous contentâmes d'admirer le beau panorama dont on y jouit : au nord, en face de nous, la croupe rougie du Mokattam qui domine le Caire, ses dômes et ses minarets; à droite, le Nil, coupant d'une large bande d'argent la douce verdure des campagnes et la verdure plus sombre des forêts de palmiers; à gauche et derrière nous, le désert sans bornes, montueux et ondulé. Mais le trait saillant de ce tableau, c'est la ligne nette, tranchée, rigoureuse, qui sépare à l'œil les terres cultivées du désert qui les confine : on dirait deux domaines, divisés par une muraille; d'un côté une mer de verdure, de l'autre une mer de sable jaune et nu; et ces deux océans rivaux se partagent presque également tout le cercle de l'horizon.

Quelques-uns de nous ont voulu écrire à leurs amis un billet daté du haut de la pyramide. Pendant que nous nous reposons de la rude gymnastique que viennent de nous faire faire nos guides, d'autres Arabes nous entourent; les uns veulent nous vendre des antiquités, les autres nous offrent de l'eau dans de petites cruches de terre : tous demandent l'éternel *bakchich*, et ceux qui nous ont hissé là, plus obstinément, on le pense bien, que les autres. Ils prétendent que le cheik garde toute la rétribution pour lui, et ne leur donne pour salaire qu'un misérable morceau de pain, assaisonné de coups de bâton. Ce n'est pas très-invraisemblable; mais pendant tout le temps qu'on monte et qu'on descend, il faut s'attendre à cette opiniâtre et fatigante sollicitation. Il n'y a qu'un moyen de s'en débarrasser, c'est de vider ses poches.

Un des pauvres diables qui m'avaient aidé à monter, trop faible apparemment pour un si rude métier, y avait gagné un asthme violent : sa poitrine sifflait comme un soufflet de forge, et ce bruit de râle que j'avais sans cesse dans l'oreille me fatiguait horriblement; je souffrais pour ce malheureux. Il n'en a pas sans doute pour longtemps; car, soit besoin, soit avidité, il ne s'y ménageait guère.

Ces Arabes sont, la plupart, d'une force et d'une agilité merveilleuses. Il y en a un qui, pour quelques piastres, descend en courant la grande pyramide où nous sommes, court à la seconde, et grimpe jusqu'au sommet malgré le revêtement qui la couvre en partie. Cette ascension ne lui a demandé que dix minutes : nous en avons mis vingt à faire la nôtre.

L'intérieur de la grande pyramide est peu curieux. Un corridor étroit et bas, où l'on ne peut marcher que courbé, conduit à une grande chambre appelée la *chambre du roi*, et où se trouve un sarcophage en granit. Au-dessus est une chambre plus petite, qu'on appelle la *chambre de la reine;* au-dessus encore, plusieurs autres chambres moins grandes. La disposition de toutes les pyramides est à peu près la même.

On se demande, en présence de ces faits, comment tant d'absurdes hypothèses ont été émises sur le caractère et la destination des pyramides. L'antiquité avait eu beau nous affirmer que c'étaient des tombeaux; les faiseurs de systèmes ont voulu en savoir plus qu'elle. Je ne parle pas des récits légendaires qui en ont fait les greniers de Joseph, ou qui y ont placé de prétendus trésors; je ne parle que des explications données pour sérieuses. Les uns y ont vu des sanctuaires où se faisaient les initiations et se célébraient les mystères de la religion égyptienne : ce qui est difficile à comprendre, les pyramides étant, sauf quelques caveaux, entièrement compactes. Les autres les ont prises pour des monuments scientifiques, pour des observatoires astronomiques; et il est vrai, chose assez curieuse, qu'elles sont exactement orientées. Mais on oubliait que le revêtement poli qui les a recouvertes jusqu'au temps de Saladin en rendait l'ascension à peu près impossible; et quant à leur orientation, il est probable qu'il y avait là une pensée religieuse plutôt que scientifique : beaucoup de monuments funèbres de la même époque sont orientés. D'autres enfin, et tout récemment, ont dépensé beaucoup d'esprit pour prouver que les pyramides avaient été bâties pour arrêter le sable du désert, qui tend toujours à envahir la vallée[1]. Il suffit d'avoir vu les lieux pour reconnaître ce que cette hypothèse a de futile. Les grandes pyramides, éloignées de cinq à six cents pas l'une de l'autre, et celles de Sakkarah, beaucoup plus distantes entre elles, n'ont point arrêté et ne pouvaient arrêter le sable du désert. Le sphinx, qui est situé entre les pyramides et la plaine, a été ensablé jusqu'au cou; les temples qui l'entouraient ont été enfouis. Enfin on a fait remarquer avec justesse qu'elles auraient plutôt produit un effet opposé à celui qu'on leur attribue, la violence des vents étant naturellement accrue par le rapprochement de deux obstacles, et le sable tendant à s'accumuler dans les gorges.

Ce qui est la vérité, ce qui n'est pas sérieusement contestable, c'est que les pyramides étaient des tombeaux. Tout est venu confirmer à cet égard la tradition ancienne. On a trouvé dans la plupart des pyramides des sarcophages et des ossements. Quoi de plus conforme d'ailleurs à toutes les données historiques? Ce genre de monuments funéraires, de tumulus, soit en maçonnerie, soit en terre, a été en usage chez presque tous les peuples, depuis les Scandinaves jusqu'aux sauvages de l'Ohio, depuis l'Inde jusqu'au Mexique[2].

Le petit nombre d'inscriptions hiéroglyphiques trouvées dans l'intérieur de la grande pyramide et auprès de la seconde

---

[1] M. Fialin de Persigny, *De la Destination et de l'utilité permanente des pyramides d'Égypte contre les irruptions sablonneuses du désert.* 1845.

[2] On a beaucoup discuté aussi sur l'étymologie du mot *pyramide*. On a voulu le dériver du grec *pyr*, feu, parce qu'elles auraient été consacrées au soleil; ou du mot *pyros*, blé, quand on en a fait des greniers. Il paraît que le mot est égyptien, comme la chose : en copte, *pirama* veut dire la *hauteur*. (AMPÈRE, *Recherches sur l'Égypte*.)

ont confirmé encore sur un autre point les données que nous a fournies l'antiquité. Ces inscriptions indiquent comme fondateurs des pyramides les rois Choufou et Chafra : le premier est celui que les anciens ont appelé Chéops ou Souphis, et qui a construit la grande pyramide ; le second est celui qu'ils ont nommé Chéfren. Ces rois appartiennent à la quatrième dynastie, c'est-à-dire à une époque de beaucoup antérieure à l'invasion des Pasteurs : c'est par une erreur grossière qu'Hérodote en fait des Pharaons thébains, postérieurs à Sésostris. C'est aussi une pure légende qui attribue la construction des pyramides à l'oppression des Hébreux en Égypte : les pyramides existaient depuis des siècles déjà, quand Jacob et sa famille vinrent s'établir au bord du Nil. Les monuments les plus prodigieux, les plus impérissables de l'Égypte, sont en même temps les plus anciens. Il n'y en a pas dans le monde qui remontent plus haut. Nous sommes ici sur le seuil des temps historiques.

Le sphinx, gardien immobile des pyramides, est couché à leurs pieds, du côté de la vallée, regardant le fleuve. Des fouilles récentes ont dégagé le corps, qui était tout entier recouvert par les sables. Le corps a quatre-vingt-dix pieds de long et soixante-quatorze de hauteur. La tête en a vingt-sept du menton au sommet.

On sait que cette statue, la plus colossale qu'ait sculptée la main des hommes, n'est autre chose qu'un rocher taillé de façon à imiter la forme humaine. Toute mutilée qu'elle est, cette grande figure a une expression pleine de majesté. Les Arabes, dit-on, la nommaient *Abou-el-Houl,* c'est-à-dire le *Père de la Terreur;* et ce sont eux qui l'ont défigurée, car elle était encore intacte au xvie siècle. Je ne comprends pas que sa vue ait pu inspirer l'effroi, et la superstition du mauvais œil peut seule expliquer la terreur populaire; car cette tête est empreinte d'une singulière douceur et respire une sérénité calme et puissante.

Qu'était-ce que cette statue taillée dans une montagne? Le sphinx, que les Grecs empruntèrent plus tard à l'Égypte et dont ils firent, à cause de cette origine sans doute, un symbole de science mystérieuse, un dépositaire de redoutables énigmes, ne paraît jamais avoir eu ce caractère pour les anciens Égyptiens. C'était pour eux tout simplement le portrait d'un roi ou l'image d'un dieu. On a cru longtemps que le sphinx colossal des pyramides était le portrait du roi Thoutmosis IV, de la dix-huitième dynastie, dont le nom se lisait sur une inscription trouvée à ses pieds. Mais les fouilles que M. Mariette, l'heureux auteur de la découverte du Sérapéum, a fait pratiquer autour des pyramides, ont donné des résultats qui semblent contraires à cette opinion. Il a trouvé un colosse d'Osiris, appuyé contre le flanc droit du sphinx, et tout à côté les restes d'un temple consacré à Osiris et à Horus son fils; et ses recherches sur ces monuments l'ont conduit à cette conclusion, que le sphinx n'était qu'un simulacre naturel de ce dernier dieu.

Le temple exhumé auprès du sphinx par M. Mariette est un monument unique dans son genre : c'est le seul temple antérieur à l'invasion des Pasteurs qui ait été trouvé en Égypte. Il date, comme les pyramides, de la quatrième dynastie. C'est une vaste enceinte carrée, renfermant un grand nombre de chambres et de galeries, construites en blocs énormes de granit et d'albâtre.

De cette époque, si prodigieusement reculée, on n'a, à part ce temple et les pyramides de Ghizeh, que des débris épars, quelques colonnes à Karnac, un obélisque à Héliopolis : tant cette invasion de barbares semble avoir complètement détruit, anéanti, effacé de dessus le sol les monuments

LE SPHINX ET LA GRANDE PYRAMIDE DE GHIZEH

élevés par les Pharaons ! Comment douter, en effet, que dès ce temps-là l'Égypte ne fût couverte d'édifices aussi magnifiques que ceux qu'elle a bâtis depuis ? Ceux qui ont élevé les pyramides pour y loger leur cercueil, quels palais n'ont-ils pas dû construire pour y déployer leurs pompes royales, quelles salles pour y tenir leurs assemblées politiques, quels temples pour y rendre hommage à leurs dieux !

Et notez que les statues, les sculptures qui nous sont restées de cette époque attestent, j'ai déjà eu occasion de le dire en passant, un art supérieur à tout ce qu'ont produit les siècles suivants, sans en excepter le siècle de Rhamsès le Grand. Plusieurs statues de ces premiers âges ont été retrouvées, depuis quelques années, aux environs de Ghizeh et de Sakkarah, admirablement conservées dans le sable qui les a défendues des outrages des hommes, plus à craindre que le temps. De précieuses sculptures ont aussi été découvertes, datant du même temps, dans des tombeaux situés aux mêmes lieux : les tombeaux murés et enfouis sont les seuls monuments qui aient pu échapper aux barbares et aux soldats de Cambyse. Or, quand on jette les yeux sur ces sculptures, sur ces statues dont plusieurs sont maintenant au Louvre, on est émerveillé de la perfection du style, de la vérité et du naturel des figures. Ces figures n'ont point la roideur qu'on trouve dans les œuvres du second empire, c'est-à-dire de l'époque postérieure aux Pasteurs : les muscles sont mieux accusés, les mouvements sont plus vrais, la vie, en un mot, est mieux saisie et mieux rendue. Sans doute cet art ne peut être comparé à celui de la Grèce ; mais s'il manque d'idéal, il se rapproche de la nature. Les tableaux qui décorent les tombes ont le même caractère de simplicité et de vérité à la fois. Ce ne sont pas, comme aux époques plus récentes, des allégories religieuses, mais seulement des scènes de la vie domestique et agricole.

Quelle civilisation déjà riche, puissante, perfectionnée, ne supposent pas de tels monuments et de telles œuvres ! Les savants discutent encore sur la question de savoir comment a été peuplée l'Égypte; si ses premiers habitants sont venus du Nord ou du Sud. Ce qui est au moins évident maintenant, quand même on admettrait qu'elle a reçu sa population de l'Ethiopie, c'est que sa civilisation a commencé par la basse Égypte; c'est que Memphis a précédé Thèbes, c'est que longtemps avant le jour où les Thoutmosis et les Rhamsès élevèrent les temples qu'on admire à Médinet-Abou et à Karnac, longtemps même avant le débordement de barbares qui submergea la basse et la moyenne Égypte, un empire puissant avait sa capitale dans cette Memphis dont on cherche aujourd'hui la place; une civilisation avancée, un art perfectionné avaient élevé dans son sein et autour de ses murs des monuments faits pour exciter l'admiration et l'étonnement de la postérité. C'est justement, on le voit, le contre-pied de cette vieille tradition qui fait descendre du Sud et de la fabuleuse Méroë la civilisation égyptienne. Les pyramides qui avoisinent Méroë avaient été données, dans cette opinion, comme le type et le modèle des pyramides de Ghizeh : des observations plus exactes ont démontré qu'elles appartenaient à une époque relativement moderne, à l'époque grecque.

Nous sommes rentrés un peu brisés et courbatus de notre ascension à la pyramide : peu de montagnes, en effet, sont aussi fatigantes à gravir. Pendant que la barque franchit le trajet qui sépare Ghizeh de Boulaq, nous dînons : c'est le dernier dîner que nous ferons sur le Nil. Ce soir, nous allons dire adieu à ce beau fleuve; ce soir nous allons quitter cette cange sur laquelle nous vivons depuis un mois, où la vie, en somme, nous a été assez douce, et d'où nous remporterons tant de gracieux ou imposants souvenirs. Mais, depuis un mois et plus, nous sommes sans nouvelles de France; et ce n'est pas sans une vive impatience que nous attendons nos lettres.

Il était nuit close lorsque la barque s'arrêta devant le quai de Boulaq. Quelques passants attardés nous croisèrent encore sur la route qui conduit au Caire. Mais le silence et la solitude régnaient sur la place de l'Ezbekieh. Nous étions dans une immense capitale, et nous nous serions crus volontiers encore sur les rives muettes de Memphis ou de Louqsor.

CHAPITRE XV

RETOUR AU CAIRE — UNE VISITE AU HAREM DU VICE-ROI
— LES FEMMES TURQUES — LES ESCLAVES

CHAPITRE XV

RETOUR AU CAIRE — UNE VISITE AU HAREM DU VICE-ROI
— LES FEMMES TURQUES — LES ESCLAVES

Notre séjour doit se prolonger plusieurs semaines au Caire. Bien qu'il nous reste peu de chose à y voir que nous n'ayons déjà vu, cette perspective ne nous effraie pas. Il y a dans ce climat, dans cette nature de l'Orient; il y a dans l'aspect et le mouvement de cette grande ville un charme dont on ne se lasse point, et qu'on goûte même davantage à mesure qu'on le savoure plus longtemps. Ce charme singulier, tous les voyageurs l'ont ressenti.

Pour nous, les semaines que nous avons passées au Caire lors de ce second séjour, nous ont paru courtes. Des excursions aux environs, où de belles ruines méritent d'être visitées, des promenades aux palais qui avoisinent la capitale, ont rempli plusieurs journées. Mais faire de grandes courses à travers la ville, errer à l'aventure dans le dédale de ses rues et de ses bazars; tantôt se mêler à ce tourbillon vivant qui roule incessamment dans ses quartiers marchands; tantôt cheminer solitairement dans les rues étroites, pleines d'ombre et de silence, de ses quartiers arabes ; c'était là pour nous un plaisir toujours nouveau, toujours aussi vif ; et chaque jour il nous arrivait de passer ainsi de longues heures, marchant quasi sans but, nous enivrant de bruit, de mouvement, de couleur et de lumière. Au retour de ces flâneries, laissant nos ânes à l'entrée de l'Ezbekieh, nous nous délassions en nous promenant sous les belles avenues de gommiers qui entourent la place, ou dans les allées sinueuses et tranquilles du jardin qui en occupe le milieu.

En venant de France, nous avions fait sur le paquebot une heureuse rencontre : celle de M. de Rosetti, consul de Toscane au Caire, et de sa fille. La famille de M. de Rosetti, établie en Égypte depuis plus d'un siècle, et jouissant d'une grande fortune, occupe ici une position élevée. Elle avait la faveur de Méhémet-Ali, et a gardé celle de Saïd-Pacha. Pendant notre séjour au Caire, nous n'avons eu garde de négliger cette relation ; et nous avons reçu de M. de Rosetti et de sa fille le plus gracieux accueil. Mlle de Rosetti, qui a une tante attachée à la cour du pacha, offrit à ma femme et à Mme P*** de leur faire obtenir une audience de la princesse, femme légitime du vice-roi. C'était une bonne fortune trop rare pour qu'on n'en profitât pas avec empressement. Peu de jours après, en effet, l'audience fut accordée. M. P*** et moi, qui ne pouvions, hélas ! avoir notre part de cette haute faveur, convînmes d'aller ce jour-là, pour nous consoler, faire une seconde visite aux pyramides.

Cette réception, toutefois, me met à même de donner ici quelques détails, qui paraîtront peut-être assez curieux, sur le harem du vice-roi. Mais, comme je n'ai pas la prétention ni le talent de parler des choses que je n'ai point vues, il faut bien qu'on me permette de laisser pour un moment la parole à un autre. Je transcris ici une lettre écrite le lendemain, et où se trouve racontée la visite au harem.

. . . .
. . . .
. . . .
. . . .

« ... Il avait été convenu que Mlle de Rosetti viendrait, avec sa tante, nous prendre à trois heures, Mme P*** et moi. A l'heure dite, la voiture de ces dames était à la porte de notre hôtel.

« Le palais de la princesse étant en réparation, elle demeure provisoirement chez sa belle-sœur, fille cadette de Méhémet-Ali, dont le palais est situé sur l'Ezbekieh, près de la route de Boulaq. Précédées de notre saïs, qui rivalisait de vitesse avec les chevaux fringants de la calèche, nous eûmes bientôt franchi l'espace qui nous séparait du palais. Un nombreux personnel de gardes et de domestiques en remplissait les abords. Nous traversâmes un premier corps de bâtiments, consacré aux gens de service. Une sorte de galerie ouverte à l'italienne nous conduisit à l'appartement des femmes, situé au milieu des jardins. Là nous franchîmes la première porte du harem. Le harem ! mot plein de prestige pour une oreille européenne, et qui évoque à l'esprit tout un monde poétique et merveilleux ! Pourtant, depuis quelques années, le voile qui cachait ces retraites mystérieuses a été bien souvent soulevé, et les récits d'une célèbre voyageuse nous les ont fait voir sous des couleurs propres à dissiper une partie de nos illusions. Malgré cela, un harem, et surtout un harem de souverain, éveille singulièrement la curiosité ; et la nôtre, je l'avoue, était vive.

« Assis ou couchés sur les degrés de marbre, des esclaves noirs encombraient le seuil du palais. On souleva devant nous de massives portières qui retombèrent lourdement comme les portes d'une prison, et nous entrâmes dans une vaste pièce toute revêtue de marbre blanc; c'était le vestibule de la salle de réception : là erraient des femmes de toutes couleurs, aux costumes variés, et dont aucun voile ne dérobait les traits. Enfin une dernière porte s'ouvrit, et on nous introduisit dans ce que j'appellerai la salle du trône.

« C'était un vaste appartement, très-haut d'étage, et assez semblable pour les proportions aux grands salons d'apparat de nos châteaux royaux. Une sorte de trône était placé à l'extrémité. Cette salle formait un carré long, dont un des grands côtés était occupé par d'immenses portes vitrées donnant sur les jardins.

« Quant à l'ameublement, il se ressentait de l'invasion que l'Occident tend à faire depuis quelque temps en Orient; invasion qui malheureusement s'attaque plus à la forme qu'au fond des choses, et qui détruit le pittoresque sans améliorer les mœurs. Les meubles, les draperies, les tentures étaient en riches soieries venues en droite ligne, non de Brousse ou de la Perse, mais des fabriques de Lyon. De magnifiques tapis d'Aubusson recouvraient le plancher ; et au-devant d'un divan qui régnait tout autour de la salle, des chaises et des fauteuils étaient disposés pour les visiteurs européens. Seulement le panneau faisant face au trône était couvert de gazes légères, aux vives couleurs, pailletées d'or, et qui, disposées en draperies flottantes, avaient un caractère oriental que j'aurais voulu voir à tout le reste de l'ameublement.

« La femme du vice-roi était absente lorsque nous entrâmes. Ce fut sa belle-sœur, la princesse Zorah, qui nous reçut. Mlle de Rosetti nous avait mises au courant de l'étiquette. Nous nous avançâmes en faisant le salut arabe, qui consiste à porter la main aux lèvres, puis au front. La princesse s'était levée à notre approche, et elle vint gracieusement vers nous. Il est d'usage de lui prendre la main comme pour la baiser; mais elle la retire aussitôt. Mlle de Rosetti et sa tante, qui parlaient arabe, nous servirent d'interprètes. La princesse s'informa de notre nation, du but de notre voyage; puis elle nous fit asseoir, et alla reprendre elle-même la place qu'elle occupait sur le divan. Nous pûmes alors l'examiner à notre aise.

« Plus petite que grande, plutôt jolie que belle, elle semble avoir de trente-cinq à quarante ans. Son visage est rond, ses traits fins et assez réguliers; son teint doré manque de transparence. Elle a les cheveux et les yeux très-noirs. L'expression de ses yeux est spirituelle, mais un peu dure : scrutateurs et perçants, parfois un peu obliques, ils donnent je ne sais quoi de sauvage à cette physionomie, qui pourtant attire le regard et le retient involontairement.

« On sentait que le sang de Méhémet-Ali coulait dans les veines de cette petite personne, dont le cerveau devait être occupé d'autre chose que des frivolités du harem. C'était la fille préférée du vieux pacha; il l'avait associée à tous les secrets de sa politique, et prenait, dit-on, en tout ses conseils. Depuis 1833, elle est veuve du defterdar Mohammed-Bey, qui a laissé dans ce pays les souvenirs de la plus effroyable cruauté. Ce Mohammed était un aventurier albanais que la Porte avait envoyé en Égypte pour surveiller Méhémet-Ali, et même, dit-on, pour s'en défaire au besoin, suivant l'usage turc. Mais le rusé pacha devina la mission de cet ambassadeur suspect, et, pour le corrompre, ne trouva rien de mieux que de se l'attacher en faisant de lui son gendre. Quelque temps après, il l'envoya dans la haute Nubie pour venger la mort de son fils Ismaïl, qui, au retour d'une expédition dans le Soudan, avait été traîtreusement assassiné à Chendi par l'ancien cheik de la ville. Le defterdar s'acquitta de cette mission avec une barbarie sans nom, torturant lui-même et faisant torturer devant lui les malheureux, innocents pour la plupart, qui tombèrent entre ses mains. Chendi fut dépeuplé, et ne s'est pas relevé depuis de ces épouvantables exécutions. On nous a raconté, au Caire, des traits de cruauté de ce misérable qui dépassent toute créance. Le maréchal qui ferrait son cheval favori ayant blessé l'animal, le defterdar le fit ferrer lui-même pour lui apprendre son métier. Un jour, une femme se plaignit à lui d'un soldat qui avait bu son lait et refusait de la payer : il ordonna qu'on ouvrît le ventre de l'accusé pour s'assurer du fait, lequel, par bonheur pour la femme, se trouva vrai.

« Quant à la veuve de ce tigre, elle passe pour une femme d'une rare intelligence, et on lui attribue une grande influence sur son frère, le pacha actuel. Des bruits assez sinistres ont aussi couru sur son compte : on a parlé de certaines histoires qui rappellent Marguerite de Bourgogne et les légendes de la tour de Nesle. Mais rien ne nous atteste la vérité de ces faits : l'affreuse réputation de son mari a bien pu rejaillir sur elle, et nos compagnes ne nous ont dit d'elle que du bien.

« Revêtue du costume oriental, la princesse portait une tunique et des pantalons bouffants en moire noire et bleue, brodée d'or. Une pointe de dentelle noire et or, retenue par des épingles de diamants, formait sa coiffure. Mais ce costume était porté avec la négligence que montrent en cette matière certaines femmes supérieures, dédaigneuses des

PALAIS DE MOHAMMED-BEY

petites coquetteries de leur sexe. Des femmes de pachas l'entouraient et lui formaient une petite cour. Aucune de ces femmes n'était très-jeune, mais elles étaient toutes ornées de cet embonpoint qui, aux yeux des Orientaux, constitue la parfaite beauté. Quelques-unes avaient dû être, et même étaient encore fort belles, mais plutôt par la régularité des traits que par l'expression, qui était douce et insignifiante. Un singulier mélange de richesse et de mauvais goût régnait dans leurs toilettes, qui manquaient en général de fraîcheur, pour ne rien dire de plus.

« De nombreuses esclaves allaient et venaient, attentives au moindre signe de leur maîtresse. Elles portaient toutes aussi le large pantalon et la tunique ouverte sur la poitrine, qui n'est couverte que d'une chemise de gaze. Ni un grand goût, ni une habile ordonnance ne se montraient dans leurs ajustements. Les unes étaient vêtues de gaze rose; d'autres, de lourdes étoffes de soie un peu fanées; quelques-unes, d'indienne-perse à grands ramages; mais tout cela formait un ensemble qui ne manquait pas d'éclat. La plupart étaient nu-tête, ou coiffées du bonnet grec posé sur le côté. Parmi elles il y en avait de fort jolies, mais ce n'était pas la majorité, et nous cherchions vainement ces beautés incomparables dont l'imagination peuple d'ordinaire les harems. Du reste, on ne pourrait juger par ce harem de ceux qui appartiennent aux autres princes de la famille régnante, et dans lesquels il y a, dit-on, de rares beautés. Saïd-Pacha passe pour être assez indifférent à ce sujet. Nous étions d'ailleurs, comme je vous l'ai dit, dans la demeure de la princesse Zorah, et sa belle-sœur n'y avait vraisemblablement amené que les esclaves consacrées à son service personnel.

« Sitôt que nous fûmes assises, des esclaves nous apportèrent de longues pipes, dont on posait le fourneau dans de petits plateaux d'argent pour les isoler du tapis. Les bouts, d'ambre, étaient enrichis de pierres précieuses et même de diamants : les pipes sont un des plus grands luxes des pachas. J'avoue que j'étais fort novice, et par conséquent très-gauche à me servir de la mienne : aussi s'éteignait-elle à chaque instant; et aussitôt les esclaves de m'en apporter une nouvelle, avec une constance qui ne se lassait pas et dans laquelle je les soupçonnais de mettre quelque malice. Quant à la princesse et aux dames de sa cour, elles fumaient avec toute l'aisance de l'habitude.

« Sur ces entrefaites, la femme du vice-roi entra. Nous nous levâmes aussitôt, et les mêmes salutations que nous avions adressées à sa belle-sœur recommencèrent. Elle nous adressa aussi à peu près les mêmes questions, et je chargeai nos interprètes de lui faire en arabe, cette langue poétique par excellence, un compliment bien oriental sur sa grâce et sa beauté, qui nous frappèrent d'abord. Elle est, en effet, très-belle, mais d'une beauté qui consiste plutôt dans l'élégance et la majesté de la taille et dans le charme de l'expression que dans l'extrême régularité des traits. Elle a vingt-sept ans. Son visage long, un peu amaigri, dénote une constitution délicate; et une petite toux assez fréquente indique que sa santé ne résisterait pas à un climat moins clément. A en juger par ses yeux bleus, par son teint rose et un peu pâle, elle doit être d'origine circassienne : c'est, en effet, une princesse de Constantinople, et l'on sait que le harem du Grand Seigneur se recrute parmi les blanches filles du Caucase. Sa bouche charmante est presque toujours animée par un sourire plein de bienveillance et de séduction. Ses sourcils, fins et réguliers, étaient légèrement peints en noir. Elle portait avec aisance un magnifique costume : un goût parfait, une entente toute française du choix et de l'harmonie des couleurs avait présidé à cet ajustement.

« Ses pantalons étaient en superbe étoffe, à larges raies, de moire antique brodée d'or, et de satin violet. Une tunique semblable, ouverte sur le devant, formait la queue par derrière comme un manteau de cour. Par-dessus, une sorte de casaque ouverte, à manches longues et étroites, en velours jaune, bordée de fourrures, retombait un peu au-dessus des genoux et était serrée à la taille par une ceinture de cachemire. Une chemise d'homme à col rabattu, et une petite cravate de satin noir complétaient le costume. La coiffure était charmante : elle se composait d'une espèce de fichu de dentelle noire et or, dont une pointe, s'avançant sur le front à la naissance des cheveux, était fixée par une agrafe de diamants ; tandis que les deux autres pointes se croisaient derrière la tête, retenues aussi par des bouquets de diamants.

« Après nous avoir fait asseoir, la princesse alla se placer sur son trône ; mais, habitués à la pose nonchalante des divans, ses petits pieds, chaussés d'élégantes babouches, venaient comme malgré eux se poser sur son siége. Des esclaves apportèrent le café, sur un plateau recouvert d'un tapis de velours rouge brodé d'or et de perles fines. Le café était servi dans de petites tasses de porcelaine posées, comme d'habitude, sur ces supports de métal qu'on appelle *zerfs* et qui ont la forme de coquetiers : ceux-ci étaient de vrais bijoux en or ciselé, enrichis de pierreries, et du travail le plus délicat. Les pierres précieuses et les diamants sont répandus dans ces harems princiers avec une profusion qui fait songer aux trésors de la *Lampe merveilleuse*.

« Après le café, on apporta des siéges plus simples à l'extrémité du salon, et les esclaves musiciennes de Son Altesse vinrent y prendre place : la princesse nous faisait la galanterie d'un concert. L'orchestre féminin se composait d'instruments tout à fait primitifs : un tambour de basque, une longue flûte, un violon datant certainement de l'enfance de l'art, et une sorte de luth ou de mandoline comme on en voit dans les peintures du moyen âge. On fit semblant d'accorder les instruments, et la musique commença. C'était un concert vocal et instrumental, et quelques-unes des virtuoses s'accompagnaient en chantant. Elles entonnèrent une mélodie nationale, sur un rhythme un peu traînant, mais qui ne manquait pas de caractère. Plusieurs de ces voix étaient fort belles, mais émises sans art et sans nuance aucune. Les chanteuses semblaient articuler les paroles avec beaucoup de netteté; et l'une d'elles, qui faisait les solos, accentuait une sorte de récitatif qui se terminait par une roulade éclatante d'un effet très-original. Quant à l'harmonie des instruments, on pense bien qu'elle était fort pauvre; le compositeur ne s'était pas mis non plus en grands frais d'imagination; et comme nous ne comprenions pas le sens des paroles, ce concert, plus curieux qu'agréable, ne tarda pas à nous paraître un peu monotone.

« La princesse s'était bientôt lassée de poser sur son trône; elle allait d'un siége à l'autre, nous adressant la parole, lutinant les grosses femmes de pachas, riant et causant avec elles, et mettant sur notre compte, nous dirent nos compagnes, des plaisanteries à leur adresse et dont nous étions parfaitement innocentes. Elle faisait tout cela avec une grâce enjouée, mais toujours digne, et l'on subissait malgré soi le charme dont sa personne est entourée. Plus instruite que les femmes turques en général, il paraît qu'elle n'est pas étrangère aux occupations et aux jouissances de l'esprit. Elle recherche la société des dames européennes. L'aménité de son caractère lui a concilié les bonnes grâces du pacha, dont elle est restée la seule femme légitime, quoiqu'elle ait eu le malheur, immense pour une femme turque, de ne pas lui donner d'enfants. C'est, en effet, d'une esclave que Saïd-Pacha a eu un fils. La princesse s'est montrée d'une bonté touchante envers la mère de cet enfant ; et elle la traite comme mérite de l'être, dit-elle, la femme à qui le pacha a dû un bonheur qu'elle-même n'a pu lui donner. Nous ne comprenons guère, dans nos mœurs européennes, ce désintéressement ; et il faut dire que bien des femmes d'Orient le comprennent et le pratiquent encore moins.

« Comme les princesses et les femmes de leur suite n'entendaient pas le français, nous pouvions faire nos réflexions en toute liberté. De leur côté, les dames du harem parlaient le turc, que nos compagnes ne comprenaient pas ; si bien que chacun conversait à l'aise dans sa langue. Accroupie sur son divan comme une petite chatte, la princesse Zorah, seule assez silencieuse, fumait sournoisement sa pipe, et était loin d'avoir l'aimable entrain de sa belle-sœur.

« De temps en temps, on apportait le café et l'on renouvelait les pipes. Après un assez long entr'acte, les musiciennes reprirent leurs instruments ; mais cette fois, voix et orchestre ne servirent plus que d'accompagnement à un nouveau spectacle. Quatre danseuses entrèrent dans la salle. Leurs vêtements, de même forme que ceux des autres esclaves, étaient en fraîches et brillantes étoffes de soie, de couleurs claires. L'une d'elles, la Taglioni du harem, portait à sa ceinture une énorme agrafe de diamants, que le pacha lui avait donnée dans un moment d'enthousiasme, et qui eût fait envie à une princesse d'Europe.

« Nous avions beaucoup entendu parler de la danse des almées. Celle-ci, quoique plus décente, me dit-on, en était une sorte de diminutif et pouvait nous en donner une idée.

Voluptueuse plutôt que légère, elle consistait surtout en des mouvement du corps qui, souple comme un serpent, se pliait en tous sens, et se renversait en arrière, non parfois sans une certaine grâce.

« Les danseuses s'accompagnaient avec des castagnettes. L'une d'elles était remarquablement jolie ; toutes étaient agréables et gracieuses. Ce spectacle nous captiva d'abord assez vivement; mais, comme le concert, il dura trop longtemps, et manquait d'ailleurs de variété. Bientôt, mon regard cessant de se fixer sur les danseuses et errant sur les objets qui m'environnaient, tous mes souvenirs des *Mille et une Nuits* me revinrent en mémoire. Il ne fallait pas un grand effort d'imagination pour placer toute cette scène dans le domaine du rêve et me croire transportée dans un de ces palais enchantés où quelque puissante sultane m'aurait conviée à une fête merveilleuse. Gracieusement étendue sur son divan, tenant avec nonchalance dans ses doigts mignons l'ambre, enrichi de diamants, de sa longue pipe, la princesse, sous son magnifique costume, était une sultane idéale, qui brillait comme une perle fine au milieu de sa cour. Ces danses, cette musique, ces chants, ces nombreuses esclaves groupées çà et là complétaient admirablement le tableau, et il me semblait parcourir réellement ce monde féerique où je n'avais jusqu'alors voyagé que par la pensée.

« Mais le songe s'évanouit bientôt, brusquement dissipé par la réalité qui nous apparut sous les traits d'une gouvernante anglaise, conduisant le jeune fils du pacha. Une gouvernante anglaise en plein harem !... On ne pouvait imaginer de contraste plus bizarre et plus frappant que cette grande fille d'Albion emprisonnée dans ses roides ajustements, et ces danseuses au teint animé, aux tuniques flottantes, et dans le demi-désordre d'une danse qui venait de finir.

FEMMES DU CAIRE

« La princesse nous présenta le fils du vice-roi : c'était un assez gentil enfant de quatre à cinq ans. Il avait le teint mat et les yeux noirs des Égyptiens. On l'avait affublé, par-dessus un vêtement européen, d'une sorte de houppelande taillée dans un magnifique cachemire de l'Inde. Il se montra bon prince, et se laissa embrasser comme un simple mortel.

« Il y avait déjà plusieurs heures que nous étions dans le harem ; et quoique Mlle de Rosetti nous eût prévenues qu'à la cour d'Égypte la politesse d'une visite se mesure à sa longueur, la nôtre cependant dut avoir un terme ; et nous crûmes avoir satisfait aux lois de l'étiquette aussi bien qu'à notre curiosité.

« Nous prîmes donc congé des princesses, en leur faisant traduire toutes sortes de compliments dans le goût arabe. Elles furent très-gracieuses et nous invitèrent à revenir les voir. La princesse Zorah elle-même s'humanisa tout à fait, et nous adressa les souhaits les plus aimables, espérant que le climat d'Égypte rendrait la santé à nos malades, etc. etc.

« Dans l'antichambre de marbre, des esclaves nous offrirent des sirops d'orange dans des vases d'argent, et nous présentèrent de légers tissus brodés d'or pour nous essuyer les lèvres. Puis les lourdes portières se relevèrent devant nous, pour retomber sur les prisonnières ; les gardes se rangèrent sous nos pas, et nous eûmes bientôt regagné notre voiture.

« La nouveauté du spectacle que nous avions eu sous les yeux pendant toute cette longue visite, nous avait à peine laissé le temps de ressentir l'impression pénible que cause ordinairement aux femmes de l'Occident la vue de ces tristes retraites, où leurs semblables, rabaissées à l'état de choses, sont si loin de la place qu'occupent les femmes dans nos sociétés chrétiennes. On jugerait mal d'ailleurs, d'après un harem princier, des harems des particuliers ; de même que chez nous les mœurs et les habitudes de la cour donneraient une fausse idée de la manière de vivre des simples citoyens. Mises par leur titre et leur rang en contact continuel avec les Européens, mêlées même quelquefois (ce qui est rare cependant) aux affaires du gouvernement, les princesses ont des occasions fréquentes et des moyens tout naturels d'occuper et de développer leur esprit. Tandis que chez nous la vie des cours n'est guère qu'un brillant esclavage, pour les princesses mahométanes elle est, au contraire, une sorte de liberté relative. C'est sur leurs pauvres esclaves que pèse le plus lourdement cette captivité dorée; les princesses sortent souvent en voiture et échangent des visites ; les esclaves ne mettent jamais le pied hors du harem. Mlle de Rosetti et Mme B*** me disent que souvent ces femmes leur jettent un regard d'envie lorsqu'elles les voient sortir du palais, et s'écrient avec un accent indéfinissable : « Que vous êtes « heureuses ! »

« Les femmes des particuliers se visitent aussi entre elles : elles sortent assez fréquemment, soit pour aller au cimetière, soit pour aller au bain, qui est pour elles un lieu de réunion. Mais si ce sont là des distractions, ce ne sont ni des occupations ni des relations capables d'élever un peu leur être moral; et leur vie n'est guère remplie d'autre chose que des jalousies, des commérages, des petites passions du harem. Sauf de rares exceptions, elles sont peu instruites : la plupart ne savent ni lire ni écrire, et ne semblent pas même avoir le désir de l'apprendre. Leur principale occupation consiste en des broderies, qu'elles exécutent en or ou en argent sur d'élégants tissus, et dans lesquelles elles excellent. Les femmes de la classe inférieure filent ou tissent. Ce n'est pas que les filles ne soient admises, comme les garçons, aux écoles publiques; mais rarement les parents prennent soin de leur faire donner une instruction, même sommaire : et cette instruction, quand elles la reçoivent, se borne à lire et à apprendre quelques versets du koran. La musique et la danse sont laissées aux esclaves. Ce qu'on enseigne de préférence aux femmes des classes élevées, ce sont des poses recherchées et des manéges de coquetterie, destinés à captiver le maître : c'est même un art qui a ses professeurs.

« Quant à la beauté des femmes égyptiennes proprement dites, je n'ai guère pu en juger dans le harem du vice-roi, les esclaves qui s'y trouvaient appartenant la plupart à des nations étrangères. C'est parmi les Coptes que s'est conservé le plus purement le type de la race indigène; mais au Caire toutes les femmes (sauf bien entendu les Européennes), même juives et arméniennes, même coptes catholiques, sont hermétiquement voilées. Sans cela, elles courraient risque d'être insultées dans la rue. Par-dessus leur costume, elles s'affublent d'une sorte de mante de soie, fort ample, appelée *habarah*, qui se pose sur la tête comme un capuchon, et retombe par derrière jusqu'aux pieds; par devant, un voile blanc et épais, qui ne laisse que les yeux à découvert, descend également presque jusqu'à terre, ne permettant d'apercevoir que le bas des pantalons. Les femmes mariées portent la mante en soie noire, et les jeunes filles en calicot blanc ou en soie blanche. On comprend que sous cet accoutrement la plus jolie femme ne peut ressembler à autre chose qu'à un informe paquet. Mais, à l'église, les femmes coptes ôtent leur voile; et devant l'autel où l'on officie suivant leur rite particulier, j'ai vu souvent, sous les sombres plis du *habarah*, se dessiner l'ovale délicat de pâles et charmantes figures, qu'éclairaient de magnifiques yeux noirs. Ce type m'a paru très-fin ; le teint est d'une blancheur mate, les traits sont purs et réguliers.

« Avec les femmes du harem, celles-là sont les seules que j'aie vues en Orient. Je dois cependant mentionner les femmes fellahs des bords du Nil, qui ne cachent pas aussi sévèrement leur visage. Naturellement la beauté de ces dernières est d'un caractère tout autre que celle des femmes coptes : il y a la même différence qu'entre nos dames du grand monde et nos robustes paysannes. Je ne sais toutefois si l'Égyptienne des bords du Nil, avec sa peau dorée, sa fière tournure et sa beauté un peu sauvage, ne serait pas préférée des artistes, et surtout de ceux qui sont amoureux de la couleur. »

Aux détails qui précèdent, il ne sera peut-être pas hors de propos d'ajouter quelques renseignements sur les mœurs et particulièrement sur la condition des femmes en Égypte. Cette question de la condition des femmes est toujours la question fondamentale d'une société : elle donne la mesure de son degré de civilisation morale. Et il faut bien dire qu'apprécié à cette mesure, l'Orient ne peut être que sévèrement jugé.

Le koran sans doute a introduit chez les Arabes d'incontestables réformes ; il a fait cesser parmi eux bien des pratiques barbares et criminelles ; il n'a pas créé la polygamie et le divorce, qui existaient depuis des siècles ; tout au contraire, il les a restreints et réglementés. Mais, bien que réglementées, ces deux institutions sont encore les deux plaies de l'Orient, car elles y ont détruit la famille.

Le célibat est considéré comme une honte : un homme qui tarde à se marier souffre dans sa réputation. Et pourtant, il s'en faut que le mariage soit entouré en Orient de cette idée de respect que nous y attachons. Il ressemble plutôt à un achat et à une vente qu'à un contrat religieux. On se marie sans se connaître, sans s'être vu de part ni d'autre. Le père du jeune homme va trouver le père de la jeune fille, on convient de la dot qu'apportera l'épouse, et du douaire que le mari lui assure en cas de répudiation ; puis on se rend devant le cadi ou devant un scribe quelconque, avec quelques témoins. Huit jours après, les époux sont réunis.

Pas plus de formalités pour le divorce que pour le mariage. Le consentement mutuel suffit; et l'on comprend assez que le consentement de la femme ne peut guère manquer devant les mauvais traitements. Le mari acquitte le douaire, et l'on se sépare comme on s'était réuni.

Il y a même des cas particuliers, prévus, dit-on, par la loi, et qui dispensent du consentement mutuel. Si la femme est atteinte de certains défauts ou de certaines infirmités, si par exemple elle a le malheur de ronfler en dormant, c'est un cas absolu de répudiation, et, comme on dit chez nous en matière de vente, un vice rédhibitoire.

Il résulte de tout cela que les divorces se multiplient avec une facilité déplorable. Les riches en font un usage moins fréquent; d'abord pour n'avoir pas à payer un douaire souvent considérable; ensuite parce qu'il leur est permis d'avoir jusqu'à quatre femmes, sans préjudice du harem, qui peut recevoir un nombre illimité d'esclaves. Mais les pauvres, ne pouvant entretenir d'esclaves, changent de femme aussi souvent qu'il leur en prend fantaisie. Il est rare de trouver au Caire un homme qui n'ait pas divorcé au moins une fois; et l'on en voit, assure-t-on, qui ont contracté jusqu'à trente ou quarante mariages. Quelques hommes changent de femme presque tous les mois. On peut, dit M. Lane[1], trouver dans

[1] *The modern Egyptian.* — Voyez aussi *the Englishwoman in Egypt,* par

les rues du Caire une jeune veuve ou une femme divorcée de la classe inférieure, qui consent à se marier avec l'homme qui la rencontre moyennant un douaire équivalent à douze francs cinquante centimes; quand il la renvoie, il n'est obligé à lui payer que le double de cette somme, pour subvenir à son entretien pendant les trois mois de veuvage que la loi lui impose après la répudiation. Il est juste de dire toutefois que si de telles choses sont permises par la loi, elles sont réprouvées par l'opinion des personnes honnêtes.

Un homme peut divorcer deux fois avec la même femme, et la reprendre deux fois sans la moindre formalité. Mais s'il la répudie une troisième fois, elle ne peut être légalement reprise par lui que si, dans l'intervalle, elle a contracté un autre mariage rompu lui-même par le divorce.

En général, les femmes sont traitées avec douceur par leurs maris et maîtres, au moins dans les classes aisées. Malheureusement il n'en est pas toujours ainsi dans les classes inférieures : les Coptes surtout passent pour exercer souvent de mauvais traitements envers leurs femmes et leurs esclaves.

A part la reclusion absolue qui leur est imposée, la condition des esclaves est sous plusieurs rapports préférable à celle des femmes légitimes. Leur plus grand avantage, c'est qu'elles n'ont point à craindre ce divorce toujours suspendu sur la tête de l'épouse, et qui est la terreur continuelle de sa vie. Frappée de répudiation, une femme entourée de luxe et habituée au bien-être d'un riche harem, se voit du jour au lendemain plongée dans l'abandon et presque le dénûment. Il est très-rare, au contraire, que le maître vende ses esclaves : il faut des circonstances tout exceptionnelles pour qu'il puisse le faire sans encourir le blâme public. Quelque-

---

Mme Poole, sœur de M. Lane. — Ces deux ouvrages sont ce qu'on a écrit de plus curieux et de plus complet sur les mœurs privées des Égyptiens.

fois elles sont épousées par leur maître, surtout lorsqu'elles lui ont donné un enfant; ou bien il leur fait faire ailleurs un bon mariage. On sait du reste combien est généralement doux l'esclavage en Orient; c'est une sorte de domesticité qui fait entrer l'esclave dans la famille et l'y établit presque sur le pied de l'égalité.

Les femmes non légitimes étaient autrefois toutes esclaves : la loi défendait seulement qu'elles fussent prises parmi les idolâtres. C'étaient, en général, sauf quelques femmes blanches, des Abyssiniennes, à la peau fortement bronzée, et renommées pour leur beauté. Il n'y a plus au Caire, depuis une quinzaine d'années, de marché public d'esclaves : l'esclavage même a été aboli par le pacha actuel. Mais, par le fait, il n'y en a pas moins en Égypte beaucoup d'esclaves sous le nom de serviteurs. On peut même affirmer que ces esclaves considèreraient leur libération comme le dernier des châtiments, car elle les réduirait à la plus extrême misère.

CHAPITRE XVI

CHOUBRAH — LES TOMBEAUX DES CALIFES — HÉLIOPOLIS — LE BARRAGE — LES MAISONS DU CAIRE — LE COUVENT DU BON-PASTEUR AU CAIRE — DÉPART

CHAPITRE XVI

CHOUBRAH — LES TOMBEAUX DES CALIFES
— HÉLIOPOLIS — LE BARRAGE — LES MAISONS DU CAIRE —
LE COUVENT DU BON-PASTEUR AU CAIRE — DÉPART

Près du Caire, du côté de la porte de l'Ouest, est une magnifique promenade : c'est une avenue, longue d'une lieue, qui conduit au palais de Choubrah. Elle est élevée en forme de digue au-dessus des campagnes, et formée d'une double rangée de sycomores gigantesques. Le sycomore d'Égypte, appelé aussi figuier de Pharaon, ne ressemble en rien à cette variété d'érable à laquelle nous avons, en France, fort improprement donné le même nom. Au lieu d'être élancé et de porter des branches grêles presque verticalement comme notre érable, le sycomore d'Égypte, large et trapu de la base, se bifurque à quelques pieds de terre et projette obliquement des branches puissantes et grosses comme des arbres. Sa feuille est épaisse, charnue et comme vernissée. Ses fruits, qui ont la forme d'une figue et qui poussent sur le tronc, sont à peu près insipides ; le peuple seul les mange.

Les sycomores de l'avenue de Choubrah, se rejoignant à une grande hauteur, forment une immense voûte en ogive, dont le feuillage compacte et serré laisse à peine filtrer un rayon de soleil. Tous les jours, on arrose le sol uni et doux aux pieds des chevaux et des ânes. Cette promenade, bordée de riches cultures, de beaux jardins, d'élégantes villas, est le Longchamp du Caire : c'est là que l'aristocratie européenne ou turque vient tous les soirs prendre le frais dans des calèches achetées à Paris.

Choubrah est une habitation de plaisance construite par Méhémet-Ali, et où il aimait à passer la saison des chaleurs. Les jardins qui l'entourent ont été trop vantés. L'Orient n'est pas le pays des beaux jardins : notre imagination se fait là-dessus, comme sur bien d'autres points, d'étranges illusions. Je dois dire pourtant que le jardin de Choubrah est ce que j'ai vu de plus beau en ce genre. Il y a des bosquets magnifiques d'orangers et de grenadiers. De grandes fleurs de l'Inde, aux larges pétales, rouges comme de la pourpre, brillaient d'un éclat étrange au milieu des géraniums odorants. On dit qu'au printemps, à la saison des roses, Choubrah ressemble à une immense corbeille de fleurs. Quoi qu'il en soit, ce qu'il y a de plus remarquable ici, c'est le palais même, construit à l'orientale, sur le plan d'un vaste kiosque. Autour d'un bassin de marbre blanc, large de quatre-vingts pieds, et rempli d'eaux limpides et jaillissantes, circule une galerie soutenue par d'élégantes colonnes, et ornée de peintures et d'arabesques. Les appartements sont disposés alentour. Des treillages laissent, dans les intervalles, passer librement l'air extérieur. Cette disposition est charmante; et rien n'est mieux entendu pour combattre les ardeurs du climat. C'est sur un plan analogue que sont construites, dit-on, les riches habitations de l'Inde anglaise.

Si, au lieu d'entrer sous les frais ombrages de l'avenue de Choubrah, on tourne au nord en sortant du Caire, au bout d'une plaine aride et désolée on voit s'élever les monuments célèbres sous le nom de Tombeaux des Califes. Le sentier serpente parmi des dunes de sable, des monceaux de décombres, des ruines éparses ; c'est le désert aux portes mêmes de la ville. Un cimetière turc est auprès.

Ces monuments, à la fois religieux et funèbres, moitié mosquées, moitié sépulcres, et qui devraient s'appeler Tombeaux des Sultans d'Égypte, se placent par leur date entre le xe et le xve siècle. L'architecture arabe n'a rien produit de plus achevé, de plus élégant. Des cours entourées de galeries précèdent quelques-unes de ces mosquées. Des coupoles hardies, des minarets dentelés et découpés les surmontent. Les portes en ogive, les voûtes, sont ornées d'arabesques et de sculptures ; les murs sont revêtus de mosaïques et de marbres. Une disposition remarquable et qui ajoute singulièrement à la légèreté des coupoles, c'est qu'elles reposent sur des encorbellements ou pendentifs ménagés dans les angles de l'édifice. Chaque mosquée a, selon l'usage, sa chaire ou *manbar;* ces chaires sont presque toutes des merveilles d'élégance et de goût. Les balustrades de l'escalier, la niche, la petite coupole qui la couronne, tout cela est sculpté à jour : rien de plus délicat, de plus capricieux et de plus charmant ; c'est, on peut le dire, de la guipure de pierre.

Mais combien l'œil est attristé de l'état de dégradation de ces beaux monuments! Les murs sont lézardés ; les coupoles entr'ouvertes laissent passer la pluie et le soleil ; les mosaïques s'égrènent sur le pavé disjoint. Des familles arabes, sales et misérables, se sont logées dans ces chefs-d'œuvre d'architecture du sultan Barkouk et de Caïd-Bey. Ce ne sont depuis longtemps déjà que des ruines ; mais bientôt ces ruines mêmes seront tombées en poussière et disparaîtront sous le sable du désert.

Des Tombeaux des Califes, et en continuant la même route, on va à Héliopolis : entre ces deux ruines, il y a une heure de marche et près de quarante siècles. Le chemin longe constamment le désert : d'un côté, on a une plaine cultivée, couverte d'une brillante végétation ; de l'autre, sans transition, le sable nu, jaune, aride, sans un arbuste, sans une touffe d'herbe.

Autrefois, aux environs d'Héliopolis, croissait l'arbre qui donne le baume. La tradition raconte que, dans la fuite en Égypte, la sainte Vierge ayant lavé dans un ruisseau les langes de son fils, l'arbre à baume naquit sur les bords de la source par la vertu que son eau avait contractée. Non loin de là, dans un jardin entretenu par des prêtres coptes, on montre un immense et antique sycomore sous lequel, suivant la même tradition, la sainte Famille se reposa et l'Enfant divin dormit sur les genoux de sa mère. Cet arbre porte le nom d'arbre de la Vierge : il est l'objet d'une grande vénération. A Noël, les Coptes viennent y faire des prières.

Héliopolis, nom grec qui n'est que la traduction du nom égyptien que portait la *Ville du Soleil,* fut une des grandes cités de l'antique Égypte. Elle était célèbre par son collége de prêtres : là vinrent Thalès, Hérodote, Pythagore et Platon, pour s'enquérir de la science des hiérophantes. Son temple, consacré au Soleil, avait été élevé par Osortasen ou Sesourtesen Ier, ce roi de la douzième dynastie dont nous avons rencontré le nom à Karnac, et dont le nom se trouve aussi gravé sur l'obélisque qu'on admire ici. De tout Héliopolis, cet obélisque est le seul débris qui ait survécu; encore pense-t-on qu'il a été relevé sur une base moderne. Sous la dynastie des Sesourtesen, la puissance de l'Égypte était déjà redoutable. Le chef de cette dynastie fut un grand conquérant : on a trouvé son nom gravé sur les rochers du Sinaï, et sur des monuments de la Nubie. Le troisième Pharaon du nom de Sesourtesen porta plus loin encore les armes égyptiennes : c'est celui-là qui est le premier, le vrai Sésostris, et dont le nom, honoré plus tard comme celui d'un dieu, fut donné à Rhamsès le Grand, avec lequel les Grecs le confondirent.

Héliopolis est la cité d'On, nommée dans la Genèse. Son territoire, que l'Écriture appelle la terre de Gessen, fut assigné aux enfants de Joseph pour leur résidence. Joseph épousa la fille d'un prêtre d'On. Le roi, dit la Genèse, passa son anneau au doigt de Joseph, le revêtit d'une robe de lin et lui mit un collier d'or : puis il lui fit épouser Azaneth, fille d'un prêtre qui s'appelait *Petiphrah* (Putiphar), comme le premier maître de Joseph. Ce nom de Petiphrah veut dire en copte *qui appartient au Soleil;* de même que *Phrahâ,* dont nous avons fait Pharaon, et qui est le titre que prenaient les rois d'Égypte dans les légendes hiéroglyphiques, est le nom même d'Horus ou le Soleil.

Dans le pays où nous sommes, l'imagination a peine parfois à franchir en un instant les milliers d'années qui séparent deux monuments placés à quelques pas l'un de l'autre, ou deux souvenirs historiques que rappelle le même lieu, deux fois célèbre dans la mémoire des hommes. Ici même, sur cette terre où un Pharaon d'avant les Pasteurs éleva un temple magnifique, où Joseph fut esclave et ministre, où les philosophes de la Grèce vinrent interroger la science égyptienne, des Français ne peuvent oublier qu'une victoire fut gagnée par des soldats français, il n'y a guère qu'un demi-siècle : victoire brillante, victoire vengeresse surtout qui punissait la trahison et déjouait la perfidie. Au mépris d'une capitulation signée, le gouvernement anglais venait de refuser aux Français de quitter l'Égypte avec les honneurs de la guerre. Kléber, un moment découragé, retrouva sous l'insulte son énergie des pyramides et du mont Thabor : enflammée comme lui de colère, on raconte que l'armée française poussa un cri de joie quand, au lever du soleil, à cette place même, elle aperçut l'immense armée du grand vizir rangée en bataille. Dix mille hommes, ce jour-là, en battirent soixante-dix mille.

A quelques lieues d'ici, en descendant le cours du fleuve, nous rencontrerions, au bourg de Minieh, un autre souvenir de notre histoire, non moins héroïque, mais plus triste. C'est là que, en 1250, après la victoire douteuse et meurtrière de Mansourah, les croisés, décimés par la peste et la famine, commençaient à battre en retraite, quand saint Louis, atteint lui-même de la contagion, fut obligé de s'arrêter mourant. Les blessés et les malades avaient été massacrés, la flotte pillée et incendiée. « Les Sarrasins, dit Joinville, tirèrent « telle foison de traits avec feu grégeois, qu'il semblait que « les étoiles tombassent du ciel... Le roi était si mal, qu'on « croyait le voir passer le pas de la mort. » Les « païens » entrèrent bientôt dans le village. Gaucher de Châtillon, qui défendait le roi avec le courage d'un lion, fut tué. Le roi fut pris et chargé de chaînes, avec ses deux frères et tous ses gentilshommes. Le reste fut mis à mort, sauf le petit nombre de ceux qui, reniant leur foi, consentirent « à entrer en mahommerie ».

BATAILLE D'HÉLIOPOLIS

Nous avions formé le projet d'aller à Suez. Aujourd'hui, grâce au chemin de fer qui vient de s'achever, c'est un voyage de quelques heures. A l'époque où j'étais au Caire (janvier 1858), la voie ferrée n'était encore posée qu'à moitié : il fallait faire le trajet à âne ou à chameau. Il y avait bien aussi les diligences qui faisaient le service de la malle de l'Inde ; mais c'étaient d'affreuses voitures, suspendues sur l'essieu, et qui, roulant tantôt dans le sable, tantôt à travers les pierres du désert, mettaient le courage des voyageurs à de rudes épreuves. Si Suez eût fortement tenté notre curiosité, ce n'étaient pas là des raisons à nous faire reculer. Mais Suez, si intéressant, en ce moment surtout, au point de vue scientifique, politique et commercial, est d'un intérêt presque nul au point de vue des monuments et de l'histoire. Nous renonçâmes donc à cette excursion.

C'est sur la route de Suez, à quelques lieues du Caire, que se trouve ce qu'on a appelé la forêt pétrifiée. La terre est, en plusieurs endroits, couverte de morceaux de bois, et même de troncs d'arbres tout entiers à l'état de pétrification. Y a-t-il eu autrefois une forêt dans ce désert? Quelle cause l'a détruite, et en a ainsi solidifié les débris? Les savants n'ont là-dessus que des hypothèses ; mais le fait est curieux et incontestable.

L'Europe s'est beaucoup occupée, depuis vingt ans, d'un grand ouvrage qui a été exécuté, par des ingénieurs européens, à la pointe du Delta, à l'endroit même où le Nil se divise en deux branches principales, dont l'une court vers Damiette, et l'autre vers Rosette : c'est le fameux barrage du Nil. La première pensée en avait été conçue, dit-on, par Napoléon. Elle consistait à établir, à ce point où le fleuve se bifurque, une suite d'écluses qui permissent de retenir à volonté et d'élever les eaux, de façon à les déverser à droite et à gauche dans de vastes canaux d'irrigation qui devaient ensuite les distribuer sur toute la surface du Delta. Par là on suppléait, au moins pour la basse Égypte, à l'insuffisance de l'inondation, dans les années où elle n'atteint pas le niveau moyen. On espérait aussi, même en cas d'inondation normale, exhausser assez les eaux pour les faire refluer sur des terres qu'elles ne couvrent jamais dans l'état actuel des choses, et féconder ainsi des étendues considérables de terrain aujourd'hui stériles ou à peu près. Enfin le système d'irrigation continue devait permettre de développer ce qu'on appelle la culture riche, c'est-à-dire celle du tabac, du coton, de l'indigo et de la canne à sucre.

Ce travail, commencé par Méhémet-Ali, a été presque achevé par lui. Des sommes énormes y ont été dépensées. Sous Abbas-Pacha, l'entreprise fut abandonnée, comme toutes les entreprises et les réformes de son aïeul. Aujourd'hui les travaux de construction sont à peu près terminés. La branche de gauche, ou de Rosette, a soixante-deux arches, sur une longueur totale de quatre cents mètres; celle de droite, ou de Damiette, a soixante-cinq arches, et mesure cinq cent quinze mètres de longueur. De l'avis de tous les hommes de l'art, c'est une œuvre très-remarquable. Mais elle n'en reste pas moins inachevée, partant inutile. Les écluses ne sont pas posées; et ceux qui connaissent l'Égypte et le pacha affirment qu'elles ne le seront jamais. Les mariniers du Nil se sont plaints de la gêne que le barrage apportait à la navigation du fleuve : plaintes absurdes, ou en tout cas singulièrement exagérées; mais ce prétexte a suffi. On a abandonné les travaux; et le pacha emploie son argent, bien mieux selon ses goûts, à construire, à cette pointe du Delta, une citadelle grande à contenir vingt mille hommes, et de plus d'une lieue de circonférence. Plusieurs prétendent même que, n'était la crainte de ce qui se dirait en Europe, il serait fortement tenté de démolir le barrage pour en employer les matériaux à bâtir sa forteresse.

Dans les derniers jours que nous avons passés au Caire, nous sommes allés visiter une maison d'éducation et de refuge ouverte dans cette ville, il y a quelques années, par des religieuses françaises. Si l'Orient peut être régénéré, si la civilisation européenne parvient à rendre un souffle de vie à ce corps épuisé qui tombe en dissolution, c'est assurément par les écoles chrétiennes fondées depuis peu que cette régénération a le plus de chances de s'accomplir. On modifie malaisément les générations arrivées à l'âge d'homme : si vous voulez détruire dans les masses les préjugés et les antipathies de nationalité et de religion, préparer les esprits à des idées et à des mœurs meilleures, rendre, en un mot, un peuple accessible aux influences bienfaisantes d'une civilisation supérieure (et c'est par là sans doute qu'il faut commencer), vous n'y parviendrez que par un seul moyen, l'éducation des jeunes générations. Aussi est-ce une œuvre éminemment civilisatrice et religieuse, que celle qu'ont entreprise et que continuent en Orient les diverses associations françaises vouées plus ou moins exclusivement à l'éducation, telles que les lazaristes, les frères des Écoles chrétiennes, les sœurs de Saint-Vincent-de-Paul et les sœurs du Bon-Pasteur. A un autre point de vue, ces écoles méritent hautement d'être encouragées par la France : elles répandent parmi les populations du Levant notre langue, nos idées, nos sciences, notre influence morale, en un mot; et, à défaut d'un intérêt plus élevé, l'intérêt politique seul conseillerait de les soutenir et de les développer. C'est du reste ce que tous les gouvernements ont compris, et c'est à quoi s'appliquent nos consuls avec un zèle qu'il faut louer.

En passant à Alexandrie, j'avais visité avec intérêt l'école que les lazaristes y ont fondée. C'est un bel établissement, admirablement tenu, où deux cents petits garçons, de toute nation et de toute religion, reçoivent une instruction élémentaire et professionnelle, pour un grand nombre complétement gratuite. Depuis peu, les frères de la Doctrine chrétienne ont ouvert dans la même ville une école semblable et qui n'est pas moins prospère. Enfin les sœurs de Saint-Vincent-de-Paul y ont aussi une école de filles très-nombreuse, en même temps qu'un asile pour les enfants trouvés.

Apprenant qu'il y a au Caire un établissement du même genre fondé par des religieuses du Bon-Pasteur, nous n'avons pas voulu quitter cette ville sans le visiter. La maison mère de la communauté du Bon-Pasteur est à Angers : il y avait pour nous, Angevins, un double intérêt à cette visite. Ajouterai-je que nous nous faisions presque un devoir de donner cette faible marque de sympathie à ces femmes admirables qui, à mille lieues de la France, avec un zèle que rien ne décourage, consument obscurément leur vie à répandre les bienfaits de l'éducation et les lumières de la foi.

Les religieuses du Bon-Pasteur ont des établissements dans le monde entier : à Oran, à Tripoli, à Smyrne, à Montréal, à Louisville, à Philadelphie. Celui du Caire est assurément un des mieux placés, et un de ceux qui sont appelés à faire le plus de bien. Dans cette grande capitale, qui ne renferme pas moins de trois cent mille habitants, que de misères matérielles et morales ! Et je ne dis pas seulement dans la population musulmane, mais aussi parmi les Européens, au nombre de trois à quatre mille, qui y résident, gens de toute origine et souvent de peu de moralité ; surtout parmi les Coptes, chrétiens schismatiques, nombreux en Égypte, et qui sont une race plus vicieuse et plus corrompue que les musulmans eux-mêmes !

La maison du Bon-Pasteur est située tout près du Mousky, presque en face de l'église catholique. Cette église, desservie par des religieux franciscains, qui y ont adjoint une école de garçons, est construite depuis quatre à cinq ans à peine : elle est simple, mais fort décente. Le culte s'y célèbre à la fois suivant le rite romain et suivant le rite arménien.

Les religieuses sont établies dans une maison particulière qu'elles ont achetée. Cette maison, bâtie par un riche négociant de Smyrne ou de Damas, est tout à fait dans le style oriental. Spacieuse et décorée avec luxe, elle peut passer pour un spécimen des belles maisons du Caire. Le hasard nous servait donc à souhait : nous avions cru ne faire qu'une visite de pieuse curiosité, et il se trouvait que notre curiosité profane n'eût rien pu désirer de mieux pour étudier sur place les habitudes de la vie domestique et privée des Orientaux. On nous promena avec un empressement cordial et une bonne grâce parfaite dans toutes les parties de la maison. Voici quelle est la disposition à peu près uniforme des habitations turques.

La porte d'entrée est généralement arrondie et ornée d'arabesques. Sur un des compartiments sculptés est écrite d'ordinaire une inscription en arabe : « Il (Dieu) est le Créateur « excellent, l'Éternel. » Une sorte de corridor sombre, et qui fait plusieurs détours pour empêcher que les passants ne voient du dehors, conduit à une cour intérieure : il y a dans ce corridor des bancs adossés à la muraille, où se tiennent le portier et les domestiques. Au milieu de la cour est ordinairement un puits et une fontaine à jets et à cascades ; dans de petites niches, on cultive quelquefois des arbustes et des fleurs.

Tout autour de cette cour sont disposés les principaux appartements. On entre d'abord, au rez-de-chaussée, dans une vaste pièce, appelée *mandarah :* c'est l'appartement où se tient d'habitude le maître, et où il reçoit les hommes qui lui font visite. Le parquet est formé de losanges de marbre blanc et noir, ou de mosaïques de diverses couleurs. Les poutres du plafond, quelquefois peintes, quelquefois dorées, sont sculptées avec un art merveilleux : c'est une profusion d'ornements, d'arabesques, de dessins, souvent bizarres, toujours d'un très-bon goût et d'un effet charmant.

Les autres appartements qui s'ouvrent sur la cour sont destinés aux bains, au logement des domestiques et aux divers services de la maison. Les appartements supérieurs sont ceux du harem. Parmi ceux-ci, il y en a un qui est très-vaste, comme le *mandarah,* très-haut d'étage, et qui sert aussi aux réceptions des personnes distinguées. Des divans sont placés de chaque côté. On remarque à l'une des extrémités de cette grande salle, à mi-hauteur, une sorte de tribune ou de galerie fermée de treillages : c'est là que sont placés les musiciens et chanteurs appelés pour charmer les longs loisirs de la captivité des femmes. Au milieu de l'appartement et du centre d'une petite coupole à jour pend un lustre ou une lanterne dont les faces sont ornées de sculptures en bois. Les hauts lambris sont en marbre, en mosaïque ou en marqueterie. J'observe que les portes des appartements et celles des armoires ménagées çà et là dans la muraille sont toujours formées de compartiments extrêmement petits : c'est une des nécessités du climat ; sous l'influence des chaleurs de l'été, il paraît que les larges panneaux de bois se déjettent et se tordent comme des parchemins mis au feu.

Mais ce qui attire surtout et charme le regard, ce sont les délicieuses sculptures dont ces boiseries sont revêtues. Les fenêtres particulièrement sont de véritables bijoux : larges et faisant saillie sur la cour, elles sont fermées de tous côtés et forment ces balcons dont j'ai parlé ailleurs, qu'on appelle *moucharabiehs*. Ce mot veut dire *endroit pour boire*, et il vient de l'usage qu'on avait de placer dans les embrasures de ces croisées les cruches poreuses qui contiennent l'eau, pour les y faire rafraîchir par l'évaporation. C'est dans les dessins variés à l'infini des panneaux qui ferment ces fenêtres que se déploient toute l'imagination et le caprice des artistes égyptiens; on ne peut rien voir de plus délicat, de plus coquet, et le demi-jour mystérieux qui filtre à travers ces grillages finement découpés éveille involontairement dans l'esprit tous les souvenirs gracieux que nous a laissés la poésie orientale.

Une grande irrégularité règne dans la construction des maisons égyptiennes. Il n'y a pas deux appartements qui soient au même niveau, et on a toujours pour passer de l'un à l'autre une ou plusieurs marches à monter ou à descendre. Généralement ils sont très-hauts d'étage. L'été on couche sur les terrasses. De cheminées, il n'y en a nulle part, et l'hiver on se chauffe, comme en Italie, avec des *brasero*.

En voilà assez sur les maisons turques; et j'ai hâte de revenir à nos bonnes religieuses, en leur demandant pardon de cette trop longue digression. Ce n'est pas sans peine qu'elles sont parvenues à installer leurs écoles dans une construction aussi irrégulière, et aussi mal appropriée à sa destination actuelle. Du *mandarah* situé au rez-de-chaussée, elles ont fait leur chapelle ; les plus grands des autres appartements ont été convertis en salles d'études ; le reste est occupé par les lits des pensionnaires et des malades. Pas un pouce de terrain n'est perdu ; et une charité ingénieuse a tiré parti de tout pour étendre ses bienfaits au plus grand nombre d'enfants possible.

Deux à trois cents petites filles reçoivent, à divers titres, l'instruction élémentaire dans cet établissement : il y a les externes, dont les unes paient, dont la plupart sont reçues gratuitement ; il y a les orphelines, recueillies et élevées dans la maison ; il y a les enfants abandonnés ou chassés par leurs parents ; il y a enfin les enfants trouvés, et puis quelques pauvres petites négresses du Soudan ou du Darfour, vendues par leurs parents et rachetées par les missionnaires. Ce que j'admirais surtout, c'est la tolérance vraiment évangélique qui préside ici à l'éducation et à l'enseignement ; ces enfants appartiennent à toutes les nations et à toutes les sectes : catholiques, protestants, schismatiques ; grecs, arméniens, coptes ; juifs même et musulmans ; toutes les races, toutes les religions s'y coudoient et y vivent en paix, sans avoir à craindre d'autre propagande que celle de l'amour et de la charité. On comprend que cette réserve était une nécessité : le prosélytisme éloignerait infailliblement de l'école toutes les élèves libres et externes. Les enfants abandonnés sont seuls élevés dans la religion catholique. On enseigne à tous sans exception la langue française ; et c'est dans cette langue que se donne l'instruction élémentaire qui leur est distribuée.

C'est un fait bien connu que l'aptitude des Levantins pour les langues. Il n'est pas rare d'en trouver qui parlent trois ou quatre langues avec facilité. Les enfants du Caire ont cette faculté à un haut point, et ils se rendent très-vite maîtres du français. Mais chez cette race il semble que la mémoire se développe aux dépens des autres facultés : point de réflexion, peu de jugement, une certaine facilité superficielle, et au fond nulle force d'intelligence; voilà ce qui paraît la caractériser, quant à l'esprit. Quant aux qualités morales, beaucoup de douceur, de docilité; mais un fond d'insouciance qui semble presque incurable; je ne sais quelle indifférence du bien et du mal qui ferait quasi croire que, chez cette malheureuse race, le sens moral s'est altéré sous l'influence de la misère et de la servitude.

Une éducation forte pourrait atténuer ces défauts : mais que d'obstacles s'y opposent! que de causes malfaisantes contre-balancent l'influence de la maison du Bon-Pasteur! C'est d'abord celle de la famille, de ce milieu d'ignorance, de brutalité, de mauvaises mœurs où la plupart de ces pauvres enfants sont nés et continuent de vivre. C'est surtout le peu de temps que dure pour eux la période d'éducation : les parents les retirent dès qu'ils savent quelque chose, et avant que d'autres habitudes morales aient pu prendre racine. « Souvent, nous disent les sœurs, une de « nos élèves manquant à la classe du matin, nous nous « enquérons d'elle à ses camarades. — Elle s'est mariée « hier, nous répondent-elles (et il s'agit d'une petite fille « de dix à douze ans). Quelquefois c'est qu'elle a été seule- « ment fiancée : les fiançailles faites, elles ne remettent plus « le pied à l'école. »

Une des choses qu'on enseigne avec le plus de soin dans ces écoles, non sans raison, c'est le travail manuel, le travail de l'aiguille. Les femmes d'Orient y sont généralement fort ignorantes : et pourtant, quelle plus grande ressource, quelle meilleure distraction que le goût et l'habitude de ces travaux, contre les ennuis de la vie claustrale que la plupart sont condamnées à mener ?

Malgré l'intelligence et la stricte économie avec lesquelles il est administré, l'établissement du Bon-Pasteur du Caire manque souvent de ressources, et les pauvres sœurs ont à lutter contre des difficultés de plus d'une sorte. Il y a quelques années, lors de la grande cherté des blés, leur pénurie fut extrême ; et elles ne durent de pouvoir nourrir tous leurs enfants qu'à l'intervention du docteur Clot-Bey, qui obtint pour elles du pacha une quantité assez considérable de froment. J'étais profondément touché du courage de ces saintes femmes et de la douce simplicité avec laquelle elles racontent leurs épreuves. Presque toutes ont plus ou moins souffert de l'influence du climat et des atteintes de l'ophthalmie. J'ai déjà eu occasion de dire que cette maladie est endémique en Égypte. La peste depuis longtemps ne s'y est pas montrée ; mais l'ophthalmie y règne constamment et y fait, surtout l'été, d'épouvantables ravages. A chaque pas, dans les rues du Caire, vous rencontrez des aveugles ou des borgnes. La moitié de la population peut-être porte les marques de ce mal affreux ; et il y a, dit-on, tel village du Delta où l'on ne trouverait pas un homme ayant gardé l'usage de ses deux yeux. Bien que les Européens soient moins exposés à cette maladie, ils n'y échappent guère si leur séjour en Égypte se prolonge.

Quelle est la cause qui détermine ces ophthalmies ? On l'ignore, à bien dire. Ce n'est pas l'ardeur du soleil, car bien d'autres contrées aussi chaudes en sont exemptes. Ce n'est pas l'action de la poussière, ni la réverbération de la lumière sur le sable, car dans le désert la même influence ne se fait pas sentir. Peut-être l'action des substances salpêtrées qui couvrent le sol en beaucoup d'endroits, et que soulève le vent, y est-elle pour quelque chose. Mais on a lieu de croire que les rosées abondantes qui tombent toutes les nuits dans ce pays, et auxquelles on s'expose l'été en couchant sur les terrasses, sont la cause principale ou du moins une des causes les plus actives de cette terrible maladie.

Nous étions depuis deux mois en Égypte. L'époque fixée pour notre départ était arrivée. Déjà mon frère nous avait quittés, à la fin de janvier, pour se rendre en Palestine et de là à Constantinople. Un instant j'avais eu la pensée de l'accompagner; mais je me suis félicité depuis de n'avoir pas cédé à cette tentation. Ce n'est pas en hiver qu'il faut faire le voyage de Syrie : il y a loin du climat du Caire à celui de Jérusalem. Des chemins défoncés par les pluies, des torrents gonflés et qu'on ne passe pas sans danger, des montagnes couvertes de neiges : voilà ce qu'il faut s'attendre à trouver en Palestine dans cette saison. Je sus bientôt que mon frère en avait fait la rude expérience : il faillit rester dans les boues de Nazareth. Impossible de franchir le Liban, et d'aller voir Balbek. A Smyrne, à Constantinople, même climat, même abondance de pluies et de neiges.

Pour moi, j'avais résolu de revenir en France par l'Italie, et de passer à Naples et à Rome les quelques semaines qui nous séparaient encore du printemps. J'eus moins à me repentir de cette détermination; et pourtant, c'était trop tôt quitter l'Égypte; c'était trop tôt aller en Italie.

Quoi qu'il en soit, au commencement du mois de février, nous nous embarquions à Alexandrie pour venir prendre à Malte les paquebots qui desservent la ligne d'Italie. La mer était grosse encore d'une tempête terrible qui avait éclaté sur les côtes de l'Asie Mineure et de la Syrie. La traversée fut fatigante. Nous étions partis un jour plus tard que le jour fixé par le règlement, à cause du mauvais temps. Retardés encore par l'état de la mer, nous craignions fort de n'arriver à Malte qu'après le départ du bateau de Naples ; or, passer sur ce rocher toute une semaine pour attendre le paquebot suivant, n'était pas une perspective fort gaie. Peu s'en fallut, en effet, que nous n'eussions ce déboire. La Cité-Valette était en vue, quand tout à coup on signale un bateau à vapeur, sous pavillon français, qui file à l'horizon, le cap sur Messine. C'était le *Philippe-Auguste,* qui devait nous emmener. Heureusement on nous reconnaît, et le paquebot rentre dans le port pour nous prendre. Quelques heures après, et sans même mettre pied à terre, nous passions à bord du *Philippe-Auguste.*

Le lendemain, au jour, on entrait dans le détroit de Messine. Les petites montagnes qui le bordent des deux côtés étaient, sur presque toute leur hauteur, revêtues d'une légère couche de neige. Nous étions en Europe ! et dès notre premier pas en Europe, nous trouvions l'hiver et ses frimas. Où donc était notre soleil de Louqsor, et les montagnes roses du Nil, et ses forêts de mimosas et de palmiers ? Cette vue de la neige nous surprit comme un brusque et violent contraste : habitués aux splendeurs d'un ciel d'été, que nous quittions à peine, nous en reçûmes une impression de tristesse et comme une sensation douloureuse.

La journée fut belle toutefois. On relâcha à Messine. Nous montâmes à San-Gregorio, petite église située sur une colline élevée et d'où l'on a une vue superbe. La ville, au bas, se déploie en amphithéâtre. L'œil embrasse toute l'étendue du détroit, qui court de droite à gauche pareil à un grand fleuve aux eaux fortement azurées. En face et au delà, nous voyions les montagnes gracieuses de la Calabre toutes blanches de neige. Un soleil éclatant brillait sur l'horizon ; mais la mer, mais le ciel, tout était froid ; cette lumière sans chaleur éclairait une nature sans vie ; et, par moments, nous frissonnions sous la bise aiguë qui nous venait des montagnes.

Le soir, vers neuf heures, nous passions au-devant des îles Lipari. La lune n'était pas encore levée ; et nous voyions le Stromboli s'allumer comme un fanal à l'horizon. De cinq minutes en cinq minutes, une aigrette de feu jaillissait du sommet du volcan. La mer était paisible ; dans le sillage du bateau à vapeur, des milliers d'étincelles phosphorescentes jaillissaient à chaque tour de roue ; et des lueurs bleuâtres couraient parmi les ondes soulevées et les écumes blanchissantes.

Le lendemain nous étions à Naples.

APPENDICE

L'ISTHME DE SUEZ ET LE CANAL MARITIME

APPENDICE

L'ISTHME DE SUEZ ET LE CANAL MARITIME

A l'époque où j'ai visité l'Egypte, le canal de Suez n'était encore qu'un projet fort discuté par les savants, regardé comme chimérique par nombre de gens, entravé par plus d'une influence politique, et dont la réalisation, à ne considérer même que les difficultés matérielles, semblait encore problématique même à ceux qui la souhaitaient le plus. Depuis lors, grâce à l'indomptable énergie d'un homme qui a poussé l'esprit des grandes entreprises presque jusqu'au génie, et prouvé une fois de plus que la foi et la volonté transportent les montagnes, cette œuvre gigantesque a été accomplie, aux acclamations des deux mondes. Ce sera là assurément un des événements les plus mémorables du XIXe siècle, si l'histoire, troublée par les luttes sanglantes qui déchirent les peuples et semblent menacer de nous ramener à la barbarie, tient encore compte des conquêtes pacifiques et fécondes de la civilisation et de la science.

On a pensé que le lecteur aimerait à trouver ici, à la suite de ce tableau rapide de l'Égypte, quelques détails sur le grand et magnifique travail si courageusement entrepris, si habilement conduit à terme par M. Ferdinand de Lesseps.

L'idée d'établir une communication entre la mer Rouge et la Méditerranée n'est pas une idée nouvelle. Dès les temps les plus reculés, on sait, à n'en pas douter, que des travaux considérables ont été faits dans ce but, plus de six cents ans avant l'ère chrétienne. Necos, fils de Psammetichus, avait entrepris de relier la mer Rouge au Nil par un vaste canal. Ce canal fut achevé par les rois perses, après qu'ils eurent conquis l'Égypte : Hérodote atteste l'avoir vu en pleine activité. Les empereurs Trajan et Adrien, qui le trouvèrent à peu près ruiné, le firent creuser de nouveau, l'agrandirent et le rendirent à la navigation. Lors de la conquête arabe, au vii° siècle, il était encore obstrué : Amrou le répara, en le prolongeant jusqu'au vieux Caire. Mais plus tard, le canal fut abandonné quand les califes allèrent résider à Damas ; la navigation y cessa complétement vers le ix° siècle, et bientôt la barbarie turque acheva de détourner de l'Égypte le trafic que l'Europe s'efforçait d'entretenir avec l'Orient.

C'est seulement dans les temps modernes que devait renaître cette grande idée de la jonction des deux mers. Leibnitz l'avait entrevue : il rêvait la coupure des deux grands isthmes de Suez et de Panama. Le général Bonaparte, lors de son expédition en Égypte, s'occupa aussi de ce projet. On sait qu'il voulut se rendre à Suez, et alla même sur le terrain reconnaître les vestiges, encore visibles, du canal des Ptolémées : c'est dans cette excursion que, s'étant trop aventuré au bord de la mer, il s'égara, fut surpris avec son escorte par la marée montante, et ne dut qu'à sa présence d'esprit et son sang-froid d'échapper à une catastrophe pareille à celle qui jadis, presque à la même place, avait englouti l'armée égyptienne poursuivant les Hébreux. Le temps lui manqua pour mettre ses idées à exécution; mais par ses ordres des études furent faites sur les divers projets de restauration du canal; et le grand mémoire rédigé sur ce sujet par l'ingénieur Lepère devint le point de départ de toutes les entreprises qui, depuis, ont été tentées.

Il y a toutefois ici une remarque importante à faire. C'est que les anciens n'ont jamais eu l'idée d'ouvrir directement une communication de l'une à l'autre mer, en coupant la digue étroite qui les sépare : le seul objet qu'ils se soient jamais proposé, a été de se procurer un passage détourné en réunissant le Nil à la mer Rouge. C'est seulement de nos jours que l'idée d'un trajet direct a été étudiée sérieusement et présentée comme réalisable. L'ingénieur Lepère l'avait signalée, mais sans s'y arrêter. Un tel projet a quelque chose de si simple et de si grand à la fois, qu'on s'étonne qu'il n'ait pas plus tôt séduit les esprits hardis; mais, il faut le dire d'abord, une telle entreprise exigeait des moyens mécaniques puissants que les anciens n'avaient pas à leur disposition. Creuser, de main d'homme, un canal de trente lieues, était une entreprise effrayante, même pour des despotes qui comptaient pour peu la vie humaine.

Il faut ajouter qu'une erreur singulière, et, à ce qu'il semble, très-ancienne, avait sans doute contribué à écarter des esprits l'idée du canal direct : on croyait qu'il existait entre les deux mers une différence de niveau assez considérable; si bien qu'à moins d'employer pour corriger cette différence un système d'écluses compliqué et difficile, on s'exposait, en coupant l'isthme, à rompre d'une façon dangereuse, dans l'une ou l'autre mer, l'équilibre des eaux : au lieu d'un canal on avait un torrent. Par un étrange hasard, les ingénieurs chargés, sous la direction de Lepère, des études préparatoires ordonnées par le général Bonaparte, étaient arrivés, à la suite d'observations faites à la hâte et trop précipitamment, à confirmer l'erreur populaire : il résultait de leurs calculs et de leurs nivellements que les eaux de la mer Rouge auraient été de près de dix mètres plus élevées que les eaux de la Méditerranée. L'illustre Laplace et plusieurs autres savants avaient bien protesté contre cette assertion, au nom des lois générales du système du monde ; le fait semblait donner tort à la théorie. C'est la théorie pourtant qui avait raison. Des travaux plus récents, exécutés dans des conditions d'exactitude absolue, et soumis à des vérifications réitérées, sont venus mettre hors de doute qu'on s'était trompé en 1798 et que le niveau des deux mers est sensiblement le même.

Deux ingénieurs français au service du vice-roi d'Égypte, MM. Linaut-Bey et Mougel-Bey, qui avaient concouru eux-mêmes à ces derniers travaux, en avaient déduit dès lors la possibilité d'un canal maritime direct. Leurs projets n'aboutirent pas; mais ils furent repris un peu plus tard par M. de Lesseps, qui, en 1854, obtint de Saïd-Pacha la concession de l'entreprise. Une grande commission de savants et d'ingénieurs appartenant à toutes les nations européennes fut chargée par lui d'étudier à fond le projet du canal direct de Péluse à Suez, et de dire s'il était réalisable et dans quelles conditions. Cette commission se transporta sur les lieux en 1855 et 1856. Ses conclusions furent toutes favorables au projet. Non-seulement elle constata de nouveau que le niveau des deux mers était identique, mais l'examen des couches géologiques de l'isthme lui démontra qu'autrefois les flots de la Méditerranée et ceux de la mer Rouge se confondaient, à cet endroit-là même, par un détroit. La possibilité de rouvrir cette communication ne lui parut pas douteuse : toutes les objections élevées contre le projet par le préjugé ou la jalousie furent jugées sans valeur; et ni les prétendues vases de Peluse ni les sables du désert ne semblèrent devoir opposer d'obstacle sérieux à l'exécution de cette œuvre d'un intérêt vraiment universel.

Le tracé direct offrait de grands avantages. Outre qu'il était naturellement, et de beaucoup, le plus court, il plaçait la nouvelle voie commerciale presque en dehors de l'Égypte, dans des conditions plus faciles d'indépendance internationale. De plus, au point de vue de l'exécution, il trouvait dans la disposition et les accidents du terrain des facilités toutes particulières. En quittant, en effet, la Méditerranée, un peu à l'ouest des ruines de l'antique Peluse, on rencontrait une vaste nappe d'eau, de cinquante lieues de tour; c'est le lac Menzaleh, qui n'est séparé de la mer que par une mince langue de terre, et qui communique avec elle par plusieurs ouvertures : la seule difficulté qui se présentât là était de creuser un chenal dans un fond marécageux et trop peu consistant. Au delà se trouvent les lacs Ballah, qui sont à sec une partie de l'année. Puis le sol se relève, il faut franchir le *seuil* d'El-Guisr, sorte de colline de dix-neuf mètres au-dessus du niveau de la mer : c'était le plus formidable rempart que rencontrât le canal dans toute l'étendue de l'isthme; on ne pouvait le tourner, il fallait l'ouvrir par une tranchée gigantesque.

Cet obstacle franchi, on trouve un autre lac, le lac Timsah, magnifique bassin creusé par la nature, destiné à devenir, au milieu du parcours du canal, un port intérieur et un vaste entrepôt.

Enfin, après un nouveau relèvement du sol, qu'on appelle le *Seuil* du Sérapéum, haut seulement de dix mètres, s'ouvre un autre bassin beaucoup plus vaste, de vingt-cinq lieues de tour : ce sont les lacs Amers. Cette énorme dépression de terrain, alors à sec, portait sur toute son étendue, à la surface et dans l'épaisseur du sol, les traces évidentes du séjour qu'y ont fait autrefois les eaux de la mer : des bancs de sel marin, des galets, des coquilles marines appartenant aux mêmes espèces qui peuplent la mer Rouge, attestent de la manière la plus éclatante que, dans les temps anciens, le golfe d'Heroopolite s'avançait jusque-là dans les terres. C'est à cet endroit, selon toute vraisemblance, que durent passer les Hébreux en quittant l'Égypte sous la conduite de Moïse.

De là à Suez, il n'y a qu'une vingtaine de kilomètres, et tout cet espace de terre n'est pas élevé de plus d'un mètre au-dessus du niveau de la mer.

A l'ouest des lacs Amers s'ouvre une vaste plaine qui s'incline vers l'Égypte. C'est la vallée de Gessen, en hébreu la *Terre des pâturages*.

Selon l'Écriture, quand Joseph, devenu ministre du Pharaon, appela sa famille en Egypte, il vint au-devant de son père Jacob, de ses frères et de leurs descendants, au nombre de soixante-dix, et leur donna au nom du roi la terre de Gessen, qui s'étendait du Nil à la mer Rouge. Cette contrée, aujourd'hui aride et déserte, devait être alors des plus fertiles, puisque la population des Hébreux s'y accrut, en deux cents ans, au point d'inquiéter les Pharaons. Évidemment cette fertilité était due aux eaux du Nil, que des travaux de canalisation amenaient jusqu'aux bords du golfe.

Après la mort de Joseph, dit encore l'Écriture, il s'éleva un Pharaon qui, oubliant les services rendus par le ministre juif, et redoutant le grand nombre des étrangers qui avaient été accueillis dans le pays, soumit les Hébreux à des travaux excessifs : il leur fit bâtir les villes de *Pithom*, de *Hon* et de *Rhamsès*. *Hon* paraît être la ville d'Héliopolis, dont les ruines offrent un temple magnifique où le soleil était adoré sous la forme du bœuf Mnévis. On croit que *Pithom* n'est autre que Heroopolite, qui était située près de la mer Rouge, c'est-à-dire à cette époque non loin du lac Timsah.

Quant à *Rhamsès*, dont on a retrouvé de beaux vestiges, elle était située à peu près au centre de la vallée de Gessen, et vraisemblablement sur le principal canal de dérivation du Nil. Elle paraît avoir été la résidence des Israélites. C'est de là que, selon toute apparence, ils partirent sous la conduite de Moïse. Leur route est encore visible, et on en retrouve de loin en loin comme les grandes étapes. Au lieu de les diriger vers le nord, qui était le chemin de la Palestine, Moïse les fait descendre au sud, vers le désert du Sinaï, soit pour éviter des conflits avec les Philistins, soit pour se dérober plus sûrement à la poursuite des armées égyptiennes.

« Ils arrivèrent à Mara, et ils ne pouvaient boire des eaux de Mara, parce qu'elles étaient amères. C'est pourquoi on leur donna un nom qui lui était propre en l'appelant Mara, c'est-à-dire amertume.

« Alors le peuple murmura contre Moïse, en disant : Que boirons-nous?

« Mais Moïse cria au Seigneur, lequel lui montra un certain bois qu'il jeta dans les eaux ; et les eaux devinrent douces.. »

Les eaux de Mara sont toujours amères, et les Arabes,

pour les adoucir, se servent toujours du moyen que Moïse montra aux Hébreux : ils y jettent une plante qui croît aux environs du puits et qui rend l'eau potable.

« Les enfants d'Israël vinrent ensuite à Élim, où il y avait douze fontaines et soixante-dix palmiers ; et ils campèrent auprès des eaux. »

On voit encore aujourd'hui les douze sources et les palmiers. C'est en revenant de visiter ce lieu que Bonaparte faillit périr dans la mer Rouge.

Le lundi de Pâques, 25 avril 1859, M. Ferdinand de Lesseps, à la tête d'un petit groupe d'ingénieurs et d'ouvriers, plantait le drapeau égyptien sur la plage de Port-Saïd et y donnait le premier coup de pioche. Le canal maritime de Suez était commencé. M. de Lesseps ne demandait que dix ans pour l'achever : dix ans pour creuser une voie navigable longue de trente lieues, large de cent mètres, pour traverser des marécages, ouvrir des collines, remplir des lacs desséchés, créer deux ports, bâtir deux villes ! certes, c'était peu. Il a cependant tenu parole ; mais pour mener à bonne fin cette effrayante entreprise il a fallu, on peut le dire, des prodiges d'intelligence, de persévérance et de force d'âme.

Les difficultés d'exécution étaient immenses. La première de toutes, et non pas la moindre, était de faire vivre en plein désert une armée de travailleurs ; — et avant tout, pour les faire vivre, de les pourvoir abondamment d'eau ; car l'eau est la première et la plus absolue nécessité sous ce ciel meurtrier, dévorant. Suez n'a pas d'eau ; Suez était, on peut le dire, avant le chemin de fer exposée tous les jours à mourir de soif, quand la pluie ne remplissait pas ses citernes ; depuis le chemin de fer, l'eau du Nil lui arrivait, à grands frais, dans des caisses de fer. Cela ne pouvait pas alimenter les chantiers.

On songea à ramener, par un canal de dérivation, les eaux du Nil dans cette contrée dont elles avaient fait autrefois la fécondité et la richesse. Méhémet-Ali avait eu un instant la pensée de rendre par ce moyen son ancienne fertilité à la terre de Gessen. L'idée fut reprise par M. de Lesseps, et dès le commencement de l'année 1861 un canal d'eau douce, assez large pour porter des barques de petite dimension, amenait les eaux du Nil d'un côté à Suez, de l'autre à la ville nouvelle d'Ismaïlia, qui commençait à s'élever sur les bords du lac de Timsah. Par cette grande opération, on atteignait un double résultat : d'une part on fournissait abondamment d'eau potable les ouvriers du canal maritime; de l'autre on fertilisait d'immenses terrains abandonnés à l'inculture depuis des siècles. Quelques années à peine s'étaient écoulées, et déjà cette terre, jadis fameuse par ses pâturages, la veille encore aride et nue, se couvrait d'une admirable végétation : les dattiers, les oliviers, les orangers y croissent à profusion; le mûrier y prospère, et les plus précieuses variétés du coton y promettent de riches récoltes.

Ces gigantesques travaux, tant du canal d'eau douce que du canal maritime, se firent d'abord, pour la plus grande partie, par des ouvriers indigènes : ces hommes étaient naturellement bien plus capables que les Européens de résister aux influences dangereuses du climat. On sait d'ailleurs que les fellahs d'Égypte sont assujettis par le gouvernement à un service de corvées : le vice-roi les nourrit, mais ne les paie pas. M. de Lesseps avait obtenu du gouvernement égyptien que les corvées qui lui étaient dues seraient cédées à la compagnie du canal, avec cette différence essentielle que la compagnie s'engageait, non-seulement à nourrir ces ouvriers, mais à les payer. C'était concilier l'avantage des populations avec celle de l'entreprise ; et il semble que ni au point de vue de la justice, ni à celui de l'humanité, une pareille convention ne pouvait être critiquée.

Elle le fut cependant avec une singulière amertume et une singulière passion. La jalousie de l'Angleterre, ou plutôt de lord Palmerston, après avoir essayé, par tous les moyens diplomatiques, d'entraver au début l'œuvre de M. de Lesseps, se saisit ardemment de ce prétexte des corvées pour lui créer, dès ses premiers pas, de nouveaux obstacles. Les journaux anglais retentirent de déclamations contre cette exploitation des populations indigènes, qui rappelait, disait-on, l'esclavage antique et les excès monstrueux du despotisme asiatique... Toujours défiante et envieuse de l'Égypte, sa puissante vassale, la Turquie s'associa à ces récriminations. La compagnie dut renoncer au système des corvées.

Il semblait que ce dût être là pour elle un coup mortel. Grâce à Dieu, il n'en fut rien. L'énergie de ses chefs et l'esprit inventif de ses ingénieurs triomphèrent de toutes les difficultés. Les hommes manquant, on eut recours aux machines ; on inventa des appareils admirables pour suppléer aux bras qui faisaient défaut ; on employa des dragues puissantes, mues par la vapeur, et qui, à l'aide de longs déversoirs, rejetaient d'elles-mêmes sur les rives les montagnes de déblais qu'elles enlevaient du fond du canal. Les travaux, un instant ralentis, marchèrent avec une rapidité plus grande.

Sur d'autres points, des difficultés d'une autre sorte furent surmontées avec non moins de bonheur. A Port-Saïd, la pierre manquait absolument pour construire les deux jetées qui devaient s'avancer dans la mer, l'une à trois mille cinq cents mètres, l'autre à deux mille cinq cents mètres, pour former à l'entrée du canal un avant-port vaste et sûr. Les pierres qu'on n'avait pas, on les a fabriquées de toutes pièces : un mélange de chaux, de sable et d'eau était coulé dans des moules de dix mètres cubes; ce béton, exposé au soleil, devenait, au bout de deux mois, dur comme du granit. Les blocs ainsi obtenus pesaient vingt tonnes; transportés sur des alléges et précipités dans la mer, ils ont formé d'immenses digues contre lesquelles vient se briser l'effort des plus violentes tempêtes.

Commencé en 1859, le canal, comme l'avait promis M. de Lesseps, était ouvert au bout de dix ans. Le 17 novembre 1869, l'inauguration en était faite en présence de l'impératrice Eugénie et de l'empereur d'Autriche. Une flotte de trente navires passait ce jour-là d'une mer à l'autre. La route directe des Indes était ouverte au commerce européen; les distances qui séparent les principaux ports du monde occidental, de l'extrême Orient, étaient abrégées de moitié [1]. C'est là dans l'histoire de la navigation un fait aussi éclatant et d'une portée aussi considérable que le fut, il y a trois siècles, la découverte du cap de Bonne-Espérance.

Deux grandes barrières interceptaient sur les mers les

---

[1] Voici quelques chiffres qui peuvent donner idée des résultats obtenus de ce côté. L'abréviation de la distance, quand on passe par le canal de Suez, au lieu de faire le tour par le cap de Bonne-Espérance, est :

Pour Constantinople de.	4,000 lieues.
— Marseille.	3,200 —
— Le Havre.	3,000 —
— Londres.	2,800 —
— New-York.	2,400 —

communications commerciales des nations : l'isthme de Suez dans le monde ancien, l'isthme de Panama dans le nouveau monde. L'une de ces barrières est tombée; le rêve de Leibnitz est à moitié réalisé, et c'est à la France que la gloire en est due.

FIN

TABLE

CHAPITRE I
Le départ. — La traversée. 9

CHAPITRE II
Alexandrie. — La colonne de Pompée. — Les aiguilles de Cléopâtre. — Le canal Mahmoudieh. 27

CHAPITRE III
D'Alexandrie au Caire. — Le chemin de fer. — Le Delta. 45

CHAPITRE IV
Le Caire. — La place de l'Ezbekieh. — Les rues. — Les bazars. 63

CHAPITRE V
Le Caire (suite). — La citadelle. — Les mosquées. 85

CHAPITRE VI

Le Vieux-Caire. — Rhodah. — La mosquée d'Amrou. — Les derviches hurleurs... 107

CHAPITRE VII

Départ pour la haute Égypte. — Boulaq. — La cange. — Journal du Nil. — Les femmes du Nil. — La montagne des oiseaux. — Le couvent des Coptes. — Les chadoufs. — La plaine de Syout. — Ghirgheh. — Le jour de Noël. — Arrivée à Louqsor................. 125

CHAPITRE VIII

Thèbes. — Gournah. — Le Rhamesséum. — Les livres égyptiens. — Le colosse de Memnon................................. 167

CHAPITRE IX

Thèbes (suite). — Médinet-Abou. — Les fellahs et l'agriculture. — Une soirée à Louqsor.................................. 193

CHAPITRE X

Thèbes (suite). — Les hypogées. — Les tombeaux des rois. — Karnac au clair de lune................................... 213

CHAPITRE XI

Thèbes (suite). — Louqsor. — Karnac................. 237

CHAPITRE XII

Dernière visite aux ruines de Thèbes. — Philæ. — Les cataractes. — Les sources du Nil. — Adieu à Karnac. — Départ de Louqsor. — Denderah... 261

CHAPITRE XIII

Le Nil à la descente. — Un santon. — Abydos. — Syout, son bazar et son cimetière. — Antinoë. — Les crocodiles. — Les hypogées de Béni-Assan. — Le Kamsin................................. 283

CHAPITRE XIV

Memphis. — Les pyramides de Sakkarah. — Le Puits des oiseaux. — Le Sérapéum. — Les pyramides de Ghizeh. — Le sphinx.. 303

CHAPITRE XV

Retour au Caire. — Une visite au harem du vice-roi. — Les femmes turques. — Les esclaves 333

CHAPITRE XVI

Choubrah. — Les tombeaux des califes. — Héliopolis. — Le barrage. — Les maisons du Caire. — Le couvent du Bon-Pasteur au Caire. — Départ. 359

APPENDICE

L'isthme de Suez et le canal maritime. 383

5817. — Tours, impr. MAME.

www.ingramcontent.com/pod-product-compliance
Lightning Source LLC
Chambersburg PA
CBHW050438170426
43201CB00008B/719